MUSIQUES
TRADITIONNELLES
Guide du disque

Laurent Aubert

MUSIQUES TRADITIONNELLES

Guide du disque

1991

Ateliers d'ethnomusicologie

Couverture : Carlo MATTONI, Varese

Mise en page : Hans WEIDMANN, Versoix/GE

ISBN 2-8257-0426-1

Préface

Témoin de toutes les musiques, le disque nous offre le moyen d'apprécier celles auxquelles nous n'aurions jamais eu accès autrement. Pour orienter son choix, l'auditeur de musique classique occidentale dispose de nombreux dictionnaires, guides et répertoires. C'est aussi le cas, encore que dans une moindre mesure, en ce qui concerne le jazz, le rock et la chanson. Mais, à ce jour, aucun ouvrage de référence ne permettait à l'amateur de musiques traditionnelles d'acquérir une vue d'ensemble de son domaine de prédilection. Un tel manque était d'autant plus regrettable que, bien que pour la plupart encore mal connues du grand public, ces musiques sont aujourd'hui largement diffusées au-delà de leurs frontières culturelles ordinaires.

Chaque année paraissent des centaines de nouveaux disques, qui nous permettent d'élargir notre horizon et de développer notre connaissance des musiques du monde. Mais, dans une production aussi vaste et disparate, il demeure difficile de s'y retrouver et de séparer d'emblée l'ivraie du bon grain. Sans prétendre à l'exhaustivité, ce guide propose un choix large et représentatif des disques, microsillons et compacts, ainsi que quelques cassettes et une vingtaine de livres disponibles en France et dans les pays voisins. Les quelque cinq cents titres répertoriés ici illustrent la plupart des traditions musicales du globe, et si certaines cultures ou certains genres paraissent favorisés, c'est que, en raison de leur intérêt artistique ou commercial particulier, ils ont suscité une discographie abondante, alors que d'autres sont peu ou pas du tout représentés.

Ce guide réunit des critiques préalablement publiées dans *Le Monde de la Musique* de 1985 à 1991. Leur présente répartition a été établie selon un ordre géographique, destiné à faciliter leur consultation et leur éventuelle comparaison. La plupart des articles ont été reproduits tels quels, mais certains ont été légèrement remaniés. Ainsi, ceux qui avaient dû être abrégés pour des raisons de place figurent ici intégralement; les éventuelles références à un événement donné, culturel ou politique, ont parfois été modifiées ou supprimées lorsque celui-ci n'était plus d'actualité; quant au système de renvois d'un disque à l'autre, il a été adapté à la présente numérotation.

La planète a ici été découpée quelque peu arbitrairement en dix-huit zones de dimensions inégales, mais correspondant à une distribution géographique aussi cohérente que possible:

1. *AMÉRIQUE DU NORD*
   Canada, Etats-Unis, Groenland.

2. *AMÉRIQUE CENTRALE ET ANTILLES*
   Costa Rica, Cuba, République Dominicaine, El Salvador, Guadeloupe, Guatémala, Haïti, Honduras, Jamaïque, Martinique, Mexique, Nicaragua, Panama, Porto Rico, Sainte-Lucie, Trinidad et Tobago.

3. *AMÉRIQUE DU SUD ANDINE*
   Bolivie, Chili, Colombie, Equateur, Pérou.

4. *AMÉRIQUE DU SUD NON ANDINE*
   Argentine, Brésil, Guyane, Paraguay, Surinam, Uruguay, Vénézuéla.

5. *AFRIQUE OCCIDENTALE*
   Bénin, Burkina Faso, Côte d'Ivoire, Gambie, Ghana, Guinée, Guinée-Bissau, Libéria, Mali, Niger, Nigéria, Sénégal, Sierra Leone, Togo.

6. *AFRIQUE CENTRALE ET AUSTRALE*
   Afrique du Sud, Angola, Botswana, Cameroun, Centrafrique, Congo, Gabon, Guinée équatoriale, Lesotho, Namibie, Swasiland, Tchad, Zaïre.

7. *AFRIQUE ORIENTALE*
   Burundi, Comores, Ethiopie, Kenya, Madagascar, Malawi, île Maurice, Mozambique, Ouganda, île de la Réunion, Rwanda, Somalie, Soudan, Tanzanie, Zambie, Zimbabwe.

8. *AFRIQUE DU NORD*
   Algérie, Egypte, Lybie, Maroc, Mauritanie, Tunisie.

9. *EUROPE MERIDIONALE*
   Albanie, Espagne, Grèce, Italie, Malte, Portugal, Yougoslavie.

10. *EUROPE OCCIDENTALE*
    Allemagne, Autriche, Belgique, France, Luxembourg, Pays-Bas, Suisse.

11. *EUROPE SEPTENTRIONALE*
    Danemark, Finlande, Irlande, Islande, Norvège, Royaume-Uni, Suède.

12. *EUROPE ORIENTALE*
    Bulgarie, Hongrie, Pologne, Roumanie, Tchécoslovaquie.

13. *ASIE OCCIDENTALE*
    Arabie saoudite, Chypre, Emirats arabes unis, Irak, Israël, Jordanie, Kuweit, Liban, Oman, Palestine, Syrie, Turquie, Yémen.

14. *CAUCASE, ASIE CENTRALE ET SEPTENTRIONALE*
    Mongolie, U.R.S.S. (républiques européennes et asiatiques).

15. *ASIE MERIDIONALE ET HIMALAYENNE*
    Afghanistan, Bangladesh, Bhoutan, Inde, Iran, Népal, Pakistan, Sri Lanka, Tibet.

16. *ASIE DU SUD-EST*
    Birmanie, Cambodge, Indonésie, Laos, Malaisie, Philippines, Singapour, Thaïlande, Viêt-Nam.

17. *ASIE ORIENTALE*
    République de Chine à Taiwan, République populaire de Chine, République
    de Corée, République populaire de Corée, Hong-Kong, Japon.

18. *OCÉANIE*
    Australie, Nouvelle Zélande, Papouasie-Nouvelle Guinée, autres Etats de
    Mélanésie, de Micronésie et de Polynésie.

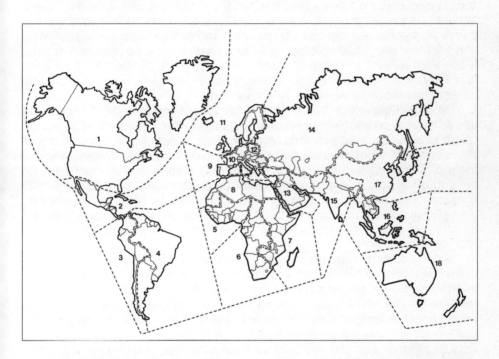

Chaque zone regroupe un certain nombre de pays, ou plutôt d'Etats selon
leurs frontières actuelles, lesquelles ne correspondent pas toujours à des
délimitations culturelles pertinentes. Ainsi l'U.R.S.S. et la Turquie, bien que
répandues à la fois sur l'Europe et l'Asie, figurent ici d'après leur appartenance asiatique. L'ensemble du continent américain a pour sa part subi un
découpage ne faisant pas ressortir ses composantes ethniques: dans un
pays comme le Brésil, le monde sonore des Indiens d'Amazonie voisine ainsi
avec la *samba* afro-brésilienne et l'art des *trovadores* du Nordeste. De même,
la France a été située en «Europe occidentale», alors que le Midi fait indiscu-
tablement partie de l'«Europe méridionale». Quant à l'Océanie, culturellement
si diverse, elle ne correspond qu'à une seule aire, vu la rareté des publications récentes la concernant. En revanche le Tibet a été localisé en «Asie
méridionale et himalayenne» bien qu'il fasse aujourd'hui partie de la République populaire de Chine. Il n'y avait en effet pas de raison de séparer les

différentes expressions de la culture himalayenne, d'autant plus que la plupart des enregistrements de musique tibétaine ont été réalisés auprès des communautés réfugiées en Inde ou au Népal.

La récente invention du disque compact a ouvert de nouveaux horizons à la production musicale. Censé restituer la «vérité absolue» du son enregistré, il s'est rapidement imposé sur le marché, à tel point que le disque noir paraît voué à disparaître à brève échéance. Mais sa meilleure définition du spectre sonore – laquelle ne fait d'ailleurs pas l'unanimité des mélomanes – n'est pas le plus grand avantage du CD, pas plus que la facilité de son maniement: son intérêt majeur réside plutôt dans l'accroissement de son temps d'écoute. Il est ainsi devenu possible d'apprécier des œuvres de longue durée dans leur intégralité, et cela constitue, notamment pour les musiques traditionnelles, l'innovation la plus utile du disque laser.

De plus, l'apparition de ce nouveau support sonore a obligé l'ensemble des éditeurs à adapter leur conception d'un produit éprouvé par quatre décennies d'expérience. Avec ses deux faces de vingt à vingt-cinq minutes, le microsillon imposait un découpage dichotomique de la matière musicale, évidemment plus limitatif que les quelque soixante-dix à soixante-quinze minutes en continu offertes par le disque compact. La reproduction telle quelle en CD d'un montage initialement prévu pour le disque noir se révèle d'ailleurs souvent gênante. C'est pourquoi certains éditeurs en ont profité pour élargir leur sélection musicale, et parfois pour changer l'ordre des pièces, en republiant d'anciens documents.

Enfin, l'apparition du disque compact a stimulé la création de nouvelles collections, tout en permettant de remettre en circulation de vieux enregistrements parfois un peu vite oubliés en raison des lois du commerce. Il faut reconnaître que, dans l'ensemble, la musique sort bénéficiaire de ce bouleversement technologique, et que seule la généralisation du vidéo-disque pourrait fournir une innovation substantielle aux performances actuelles du CD. Pour une grande partie des musiques traditionnelles, profondément ancrées dans leur contexte événementiel, l'apport de l'image permettrait d'élargir considérablement le champ de l'information, et donc de restituer un maximum de données sur la musique en tant que système formel, que phénomène social et que véhicule spirituel.

La musique est certainement un des modes d'expression les plus universellement répandus, à tel point qu'on hésite peu à considérer sa pratique comme inhérente à la nature humaine. Dès notre enfance, nous avons tous appris à distinguer un grand nombre de genres et de styles musicaux, au sein desquels nous nous sentons libres d'apprécier ceux qui correspondent à nos affinités et de rejeter ceux qui ne s'y accordent pas. Le goût musical nous apparaît comme une affaire éminemment individuelle, car la musique ne nous semble pas répondre à d'autre finalité que celle de satisfaire notre sens esthétique ou, éventuellement, de créer une ambiance propre à susciter telle ou telle disposition psychologique.

Pourtant, notre perception consciente ne représente qu'une infime parcelle du champ de notre réceptivité auditive. Les psycho-acousticiens s'intéressent depuis longtemps aux messages subliminaux véhiculés par certaines musiques. Des orgues d'église aux orchestres de rock, en passant par les fanfares militaires et les mélodies lénifiantes des supermarchés, toutes sont porteuses d'effets, dans la mesure où leurs formes sont adaptées à leur propos.

Le concept de «l'art pour l'art» est une invention du XIXᵉ siècle européen, et il demeure totalement étranger à la perspective de la grande majorité de l'humanité. Ainsi, de nombreuses langues ne comportent pas d'équivalent du mot «musique», car ceux qui les parlent ignorent le concept de musique «pure» et, dans une large mesure, celui d'intention esthétique qui lui est lié. Ils n'envisagent la musique que comme un élément indissociable d'un fait social plus large, d'un événement précis, hors duquel elle perdrait toute raison d'être, et donc toute réalité. Invocation des puissances de l'Invisible, énoncé du mythe ou récit épique, chant de travail, appel à la pluie, éloge ou insulte, cour d'amour ou signe de la fête, la musique qualifie le temps, en marquant parfois le passage du temps ordinaire au temps sacralisé.

Quelle que soit sa fonction, la musique est essentiellement une forme, dont les réalisations se basent sur une théorie, explicitée ou non par ses dépositaires. Une modalité commune aux musiques traditionnelles est le caractère impersonnel, intemporel et objectif de leurs principes: là réside peut-être le fondement de leur spécificité au sein de la production musicale mondiale. Une musique peut être dite traditionnelle si elle exprime avant tout la perspective, le génie et le «style» d'une civilisation ou d'une société donnée, selon des modalités nécessairement déterminées par les contingences, notamment par les contacts entretenus avec d'autres cultures et les apports de personnalités musicales marquantes.

Dans ce cadre, le rôle du musicien – de métier ou occasionnel – est néanmoins crucial: maillon d'une chaîne ininterrompue, il est le légataire d'enseignements, autant éthiques qu'esthétiques, dont bénéficie toute la communauté à laquelle il appartient. Il est l'artisan de nombreux événements sociaux, ainsi que, souvent, l'intermédiaire privilégié entre le monde des humains et les forces surnaturelles et occultes qui l'environnent. Le musicien traditionnel ne cherche pas d'emblée à s'exprimer, à affirmer son individualité: il est plutôt l'instrument d'une réalité qui le transcende et à laquelle il s'identifie, d'une «idée», dans le sens platonicien du terme. Sa responsabilité est donc de manifester en termes sonores la norme de la société ou d'une de ses composantes. Cette conformité contribue, dans certains cas et sous certaines conditions, à la réalisation de son Soi profond, révélé par l'alchimie des formes musicales.

Lorsque nous tentons d'évaluer l'ensemble des expressions musicales – ou considérées comme telles – de l'humanité, nous sommes confrontés à une multitude de modes de production sonore et de circonstances de jeu qui nous amènent à élargir considérablement notre conception du fait musical. Certaines musiques heurtent a priori notre oreille, parce que nous n'en discernons pas la cohérence et que leur organisation formelle ne s'accorde pas à nos critères du beau et du juste. Pour les appréhender, il nous faut nécessairement remettre en question nos repères habituels. D'autres se sont plus rapidement imposées, peut-être parce que, dans leur propre contexte culturel, elles s'inscrivent dans des «situations musicales» proches de celles auxquelles nous sommes habitués.

Ainsi, la plupart des formes dites classiques d'Orient ont connu un développement historique à bien des égards comparable à celui de la musique classique occidentale: après avoir été l'apanage d'une élite, notamment de la noblesse, elles se sont converties en musiques de concert, en principe accessibles à tous, même si, dans les faits, elles ne sont appréciées que par une minorité «cultivée».

En soi, le concert constitue ce qu'on pourrait appeler le «niveau minimal d'insertion sociale» de la performance musicale, car ses circonstances spatiales, temporelles et événementielles sont, dans une large mesure, indifférentes à son contenu musical. On peut aussi relever que, pour de nombreux mélomanes, la musique s'est pratiquement substituée à la religion, et que le concert est vécu comme une sorte de rite laïque, sans fondement doctrinal et sans objet sacramentel. Tout cela, lié au «parfum spirituel» de l'Orient, explique que les musiques asiatiques en question s'exportent bien et que les plus prestigieuses se soient fait une place, certes modeste mais non négligeable, dans notre univers musical et dans l'industrie du disque qui le reflète.

A en juger par le nombre et la régularité des parutions la concernant, la musique de l'Inde demeure la plus appréciée. Avec leur formidable potentiel créatif assis sur une pratique séculaire, les genres classiques du Nord (tradition hindoustani) et du Sud (tradition carnatique) du sous-continent ont suscité en Occident un vaste courant de sympathie, au sein duquel les inconditionnels de la civilisation et du message spirituel de l'Inde côtoient les mélomanes les plus exigeants. De plus, la reconnaissance de la musique indienne a largement contribué à populariser chez nous les autres expressions orientales de tradition savante. Parmi celles-ci figurent en bonne place celles du monde islamique (pays arabes, Turquie, Iran, Caucase, Asie centrale, Pakistan...), d'Asie du Sud-Est, notamment les fameux gamelans de Java et de Bali, et d'Extrême-Orient (Chine, Corée et Japon). Il faut en outre noter que le Japon est à l'heure actuelle un des plus importants producteurs de disques de musiques traditionnelles au monde, toutes provenances confondues.

La discographie africaine est aujourd'hui aussi abondante, mais surtout dans le domaine de la musique populaire moderne, qui sort des limites de ce guide. En grande partie calquée sur la musique afro-cubaine, celle-ci bénéficiait jusqu'aux années soixante-dix d'une vaste audience répartie dans toutes les régions africaines d'influence urbaine. Par la suite, l'émigration

massive vers l'Europe a engendré une «nouvelle musique africaine» internationale, électrifiée et largement adaptée au goût d'une jeunesse européenne
friande de rythmes exotiques.

Bien que née dans les studios parisiens et londoniens, elle s'inscrit pourtant dans le prolongement de l'art des griots d'Afrique occidentale et de leurs
pairs dans le reste du continent. Constituant une caste dont la musique est
une des principales attributions, les griots traversent actuellement une
période délicate et complexe: gardiens de traditions ancestrales, ils sont en
même temps les témoins et les acteurs d'une réalité sociale en pleine mutation, dont leur fonction leur impose de suivre le courant.

Mais le monde des griots ne représente qu'une partie de l'immense
mosaïque musicale africaine. Ancrés dans un contexte cérémoniel précis,
d'autres genres musicaux sont actuellement menacés dans leur existence
même par les rapides transformations des mentalités et de l'environnement.
A juste titre convaincus de l'urgence de la situation, plusieurs ethnomusicologues ont entrepris à leur endroit une importante action de sauvegarde et
de documentation qui, dans le pire des cas, permettra au moins de préserver leur mémoire. Fruit de ce type de recherches, certains disques constituent d'ores et déjà des témoignages précieux sur des expressions musicales en voie d'extinction. Ils soumettent en outre à notre appréciation de
remarquables exemples d'arts d'une beauté et d'une ingéniosité souvent
insoupçonnées.

On rencontre des situations comparables en d'autres régions du globe,
notamment chez les populations autochtones du Pacifique Sud – faiblement
représentées dans ce guide – et des Amériques. Là aussi, l'«ethnomusicologie d'urgence» revêt un caractère extrême, du fait des menaces pressantes –
écologiques autant que politiques, économiques et sociales – qui pèsent sur
ces peuples. Des Inuit du grand Nord aux Indiens des forêts ou des hauts-plateaux, tous sont menacés, culturellement et souvent physiquement, par les
effets d'une lente et implacable «guerre de pacification». Aussi peut-on
craindre que, à plus ou moins brève échéance, toutes les civilisations amérin-
diennes soient amenées à disparaître et, avec elles, les ultimes manifestations d'un art de vivre en parfaite symbiose avec la nature.

Hormis celles de ces minorités au destin fragile, les pratiques musicales
du continent américain témoignent toutes d'un inextricable métissage culturel, au sein duquel il est difficile d'identifier de véritables traditions, dans le
sens revêtu par ce terme en Asie, en Afrique et, dans une moindre mesure,
en Europe. Pourtant, sous couvert d'une christianisation superficielle, se sont
maintenues en Amérique latine de nombreuses croyances et coutumes cérémonielles d'origine africaine – le Vaudou en Haïti, la Santeria à Cuba, le
Candomblé au Brésil, etc. – et, avec elles, des expressions musicales dont
on peut déterminer la provenance et retracer le cheminement avec une rela-
tive précision.

Quant aux musiques populaires d'origine européenne, elles sont souvent
marquées par un étonnant conservatisme dans les régions rurales des deux

Amériques, et il n'est pas rare d'y retrouver des instruments et parfois des répertoires entiers préservés quasiment tels quels depuis les premières vagues d'émigration.

Les disques américains sélectionnés pour ce guide reflètent ces différentes composantes. Les genres musicaux spécifiquement modernes ou ceux faisant état d'une orchestration contemporaine en ont, ici aussi, été exclus. On y trouve en revanche quelques exemples de folklore commercial, notamment andin, destinés à illustrer les modifications, pas toujours évidentes, subies par certaines musiques sous la pression d'impératifs économiques.

Pour ce qui est de l'Europe, la part du lion revient bien sûr ici à la France. Une fois le divorce avec la musique savante consommé – s'il y a jamais eu mariage – et depuis la disparition des derniers musiciens routiniers, on aurait pu craindre l'abandon pur et simple de la musique de tradition populaire en France. Et pourtant, elle revient en force depuis quelques années, animée d'un second souffle. Encouragé par diverses associations nationales et régionales, dont certaines sont parcimonieusement soutenues par le gouvernement, le renouveau des musiques «d'en France» s'est aujourd'hui détaché de son image de «mode alternative» imprimée dans les années soixante par les ardeurs du mouvement *folk*; il s'affirme aujourd'hui comme un courant musical à part entière. On a trop souvent voulu n'y voir que la marque de régionalismes étroits ou la perpétuation artificielle et nostalgique d'expressions d'un passé idéalisé. Certains de ses tenants ont peut-être peu fait pour désavouer ces clichés, mais ils ont par là même contribué à réhabiliter sous nos latitudes la musique de tradition orale et, à travers elle, à raffermir un sentiment d'identité culturelle. Loin des spectacles parodiques que nous infligent encore trop souvent la plupart des troupes folkloriques officielles, leur démarche a permis de vivifier plusieurs aspects de la musique populaire et, en la modernisant parfois avec plus ou moins de bonheur, de la resituer dans le contexte contemporain.

Des phénomènes semblables, encore que provoqués par des causes immédiates diverses, peuvent d'ailleurs être observés dans toute l'Europe. Il suffit pour s'en convaincre de constater le succès que connaissent actuellement le *flamenco*, les musiques «celtiques» ou celles des Balkans, notamment de Grèce et de Roumanie, sans parler des fameuses voix des femmes bulgares, dont le mystère dévoilé a suscité une des plus juteuses opérations commerciales de ces dernières années.

La généralisation du label de «musiques traditionnelles» semble indiquer qu'il existe une certaine parenté entre toutes les expressions musicales entrant dans cette catégorie et que, sous cet angle, elles se distinguent clairement de celles qui en sont exclues. Cette différenciation comporte évidemment une bonne dose d'arbitraire car, quel que soit le contexte culturel envisagé, la frontière entre ce qui relève de la tradition et ce qui s'en écarte est souvent floue.

Toutes les sociétés humaines sont actuellement confrontées au problème de l'adaptation à un environnement en rapide mutation. La colonisation, puis les révolutions politiques et technologiques et l'ensemble des mouvements migratoires ayant récemment affecté l'humanité ont été d'une ampleur sans commune mesure avec les bouleversements sociaux antérieurs, et l'accélération de ces phénomènes est chaque année plus grande. Leurs répercussions musicales sont considérables, à tel point que, nous l'avons vu, la collecte de documents ethnomusicologiques revêt déjà un caractère d'urgence en plus d'une région du monde. De nombreuses traditions musicales probablement millénaires ne subsistent souvent que des bribes témoignant mal de leur ampleur passée, ou alors des rejetons hybrides difficilement identifiables.

Faut-il alors considérer les musiques traditionnelles comme des organismes vivant en sursis, tous appelés à plus ou moins brève échéance à disparaître ou à devenir des pièces de musée indéfiniment figées dans un environnement qui leur est devenu hostile? Une bonne part des disques répertoriés tend heureusement à démontrer le contraire, en faisant état d'un renouveau réjouissant de certaines expressions traditionnelles. Mais un grand nombre d'entre eux nous amène à nous poser plusieurs questions fondamentales relatives à la notion même de tradition et à son application au domaine musical. Que sont les musiques traditionnelles et quelles sont leurs limites? A partir de quand leur développement cesse-t-il de répondre aux critères de la tradition? Quels sont ces critères? Et, plus concrètement, sur quelle base déterminer si un disque mérite ou non de figurer ici? Plutôt que de fournir une réponse globale, laquelle pourra se dégager de l'ensemble de ce volume, citons plutôt quelques cas-limites qui, lorsqu'ils se sont présentés au fil de l'écoute, ont tous été traités avec circonspection:

– les formes syncrétiques, provenant du métissage de traditions d'origine distincte;

– les musiques spécifiquement urbaines, en tant que telles plus sujettes aux changements que celles des zones rurales;

– les musiques folkloriques commercialisées, avant tout destinées à la production scénique, à la consommation touristique et à l'exportation;

– les créations contemporaines s'inscrivant dans le prolongement d'une tradition, qui mêlent souvent des techniques et des procédés compositionnels traditionnels à d'autres spécifiquement modernes;

– l'harmonisation – généralement selon l'usage du XIXe siècle européen – de mélodies traditionnelles;

– les répertoires traditionnels interprétés sur des instruments modernes, importés ou électrifiés;

– les tentatives de reconstitution de musiques anciennes dont la chaîne traditionnelle avait été rompue;

- les musiques détournées de leur rôle traditionnel au profit d'un usage nouveau;
- les musiques enregistrées hors contexte, en studio ou en concert, voire sur place, mais à la demande expresse du réalisateur.

Les cas de figure sont nombreux, et cette liste n'est en aucune manière exhaustive. Elle indique néanmoins quelques axes généraux dont la critique doit nécessairement tenir compte, faute de quoi elle risque de perdre une bonne part de sa crédibilité. Cela peut paraître un truisme, mais le critère premier dans l'évaluation d'un disque de musique traditionnelle se doit autant que possible d'être celui de la tradition. En d'autres termes, il faut d'emblée viser à se départir de toute tentation d'ethnocentrisme et de référence implicite à son échelle de valeurs habituelle si l'on veut être pertinent. Il ne s'agit pas non plus de condamner a priori toute réalisation faisant état d'innovations dans tel ou tel genre musical, mais, le cas échéant, de s'efforcer de situer une démarche, individuelle ou collective, selon le point de vue de la culture dont elle est issue. Certaines nouveautés enrichissent un langage, d'autres l'affaiblissent et le banalisent sous prétexte de l'universaliser.

Il est en outre évident que, en musiques traditionnelles comme ailleurs, il existe de bons interprètes et d'autres au talent médiocre, de même que le degré d'inspiration de chacun peut varier selon les circonstances. Le fait qu'un musicien respecte les canons de sa tradition n'est pas une raison suffisante pour l'encenser, et les éventuels écarts d'une autre peuvent être pleinement justifiables. Une critique comparative permet d'évaluer une prestation en fonction des critères d'excellence du genre et, autant que possible, des capacités attestées des musiciens considérés.

En ce qui concerne les disques à caractère ethnomusicologique, qui constituent bien sûr une grande partie de ce guide, il faut se poser la question de savoir s'ils apportent une contribution judicieuse, cohérente et inédite à la connaissance de la culture musicale qu'ils illustrent, s'ils reflètent fidèlement la réalité qu'ils se proposent d'exemplifier, et si le choix des interprètes et des répertoires est représentatif. L'attention du critique doit ici être portée autant sur le mode de présentation d'une musique que sur la matière musicale. Le commentaire fourni par la notice et son éventuelle iconographie sont d'une importance capitale; ils doivent permettre à l'auditeur d'aborder un document sonore en sachant avec un maximum d'exactitude ce qu'il écoute et, éventuellement, comment l'écouter. Il est capital que des enregistrements de cette nature soient accompagnés d'une information substantielle sur le contexte et la signification de ce qu'ils présentent, autant que sur les techniques musicales mises en jeu.

Depuis sa fondation, *Le Monde de la Musique* a toujours accordé une place satisfaisante aux musiques traditionnelles, que ce soit sous forme d'articles de fond, de colonnes d'actualités ou de critiques de livres ou de disques.

Mais, jusqu'en 1985, aucune rubrique spéciale ne leur était exclusivement dédiée. Au printemps de cette année, sur la suggestion de Pierre Toureille et d'Alain Lompech, Alain Corroler, alors rédacteur en chef, décida de me confier la responsabilité d'une page mensuelle sur les disques de musiques traditionnelles, compte tenu de la croissance du nombre de publications intéressantes dans ce domaine. Ses successeurs, le regretté François Pigeaud, puis Thierry Beauvert, m'ayant également accordé leur confiance, cette chronique a pu se développer harmonieusement jusqu'à s'imposer comme un des rares espaces dans la presse musicale francophone où l'ensemble des musiques traditionnelles du monde a régulièrement droit de cité.

Peu à peu, l'idée a germé de réunir ce matériel accumulé au fil des ans en un recueil aisément consultable. Ce guide des musiques traditionnelles enregistrées n'est évidemment pas complet, car la production mondiale est immense et en grande partie inaccessible par les canaux de distribution ordinaires. Les disques figurant ici reflètent donc essentiellement le marché hexagonal; à de rares exceptions près, ils sont ceux qui ont été envoyés à la rédaction du *Monde de la Musique* par les services de presse des éditeurs et des distributeurs français. Leur commentaire a été complété par celui de quelques livres récents, destinés à offrir aux amateurs une plus ample information sur l'une ou l'autre de ces musiques.

Depuis 1985, quelques disques de musiques traditionnelles ont été critiqués par d'autres collaborateurs du *Monde de la Musique*; ils ont naturellement été inclus dans ce guide, afin de ne pas injustement écarter une partie de la production. Qu'il me soit à ce propos permis de remercier ici Myriam Anissimov, François Borel, Costin Cazaban, Claire Delamarche, Marc Desmet, François Picard et Isabelle Talagrand pour leurs contributions.

Un mot mérite aussi d'être dit sur les cotes d'appréciation mises à chaque disque répertorié. Ce procédé pratique faisant partie des règles du jeu au *Monde de la Musique*, il a ici été repris tel quel. Quoique discutable dans un domaine où l'intérêt documentaire compte souvent autant que la qualité artistique, il permet néanmoins de se faire une idée de la valeur attribuée à un disque. La mention «choc» ne couronne ainsi en principe que des réalisations irréprochables à tout point de vue, tant en ce qui concerne la musique que la prise de son et le mode de présentation. Quatre ou trois étoiles noires signalent des disques valables, mais de moindre intérêt selon l'un de ces critères, ou alors des documents de haute qualité, mais dont l'écoute peut se révéler ardue à des non-spécialistes: certaines musiques tribales ou rituelles par exemple. Deux étoiles dénotent des publications présentant des faiblesses notoires: médiocrité des interprètes ou contre-performance d'artistes qualifiés, prise de son ou montage déficient, réalisation douteuse quant à l'authenticité de la musique, produit ne correspondant pas à son étiquette... les disques dotés d'une seule étoile noire sont franchement déconseillés pour des raisons du même genre. Quant à l'étoile blanche, elle n'a été attribuée qu'à de rares exemples caractéristiques de ce qu'il faut éviter à tout prix.

D'une manière générale, ce guide ne doit pas être considéré comme une encyclopédie des musiques traditionnelles enregistrées, pas plus que comme un traité d'ethnomusicologie. Il a été conçu avant tout comme un outil de référence destiné aux amateurs et, autant que possible, comme un repère pouvant être utile aux chercheurs. C'est pourquoi il a été complété par une vingtaine de comptes rendus de livres, précédemment publiés dans le *Monde de la Musique* au hasard des envois effectués par les éditeurs. Il s'agit dans l'ensemble d'ouvrages ne s'adressant pas exclusivement aux spécialistes, et dont la lecture fournit une introduction utile à l'appréciation de la musique ou des musiques dont ils traitent.

Les musiques traditionnelles du monde représentent bien entendu un champ trop vaste pour que quiconque puisse les connaître toutes, et l'auteur ne prétend pas faire exception à la règle. Les spécialistes de tel ou tel domaine trouveront certainement beaucoup à redire aux appréciations formulées dans ce guide. On y rencontre des critiques d'humeur, d'autres suscitées par une émotion profonde ressentie à la découverte d'un genre inconnu ou d'enregistrements inédits d'un vieux maître; en revanche, d'autres ont été entravées par un manque d'affinités personnelles avec une esthétique musicale ou une démarche pourtant fondée; d'autres encore sont intentionnellement descriptives, voire didactiques lorsque, pour une raison ou pour une autre, il s'agit d'expressions musicales difficiles à aborder par le commun des mortels. Mais toutes ont été formulées sans préjugés ni pressions d'aucune sorte, avec le même respect et la même estime pour l'ensemble des manifestations musicales de l'humanité, quelle que soit leur origine.

Laurent Aubert

Remarques

Le numéro donné à chaque disque dans ce guide est simplement destiné à faciliter la lecture et la consultation de l'index des auteurs.

La cote figurant en regard de chaque titre indique une appréciation personnelle de l'auteur, selon les critères en vigueur au *Monde de la Musique*. Elles correspondent aux estimations suivantes:

CHOC .... indispensable

★★★★ .... très bon

★★★ .... bon

★★ .... médiocre

★ .... mauvais

☆ .... à fuir

Les initiales **LP** indiquent un microsillon 33 tours (*Long Playing*);

CD un disque compact (*Compact Disc*);

K7 une mini-cassette (*Cassette*).

Elles sont suivies de la mention de la marque du disque, éventuellement complétée par celle de la collection à laquelle il appartient, puis du numéro d'édition.

Lorsqu'elle figure, l'indication de l'auteur ou des auteurs se réfère à la personne ou aux personnes qui ont réalisé l'enregistrement et rédigé les textes de la pochette ou du livret.

La dernière mention précise l'édition originale du compte rendu dans le *Monde de la Musique*. **136/1990** indique par exemple que l'article a antérieurement été publié en 1990 dans le numéro 136 du mensuel. L'indication **s.d.** (sans date) signifie qu'il n'a jamais préalablement paru dans le *Monde de la Musique*.

En fin d'ouvrage figurent deux **index**: celui des **auteurs**, dont le nom est suivi des numéros correspondant dans ce guide aux disques qu'ils ont réalisés; et celui des **marques** des disques, suivies de l'indication de leur **distributeur** en France, lorsqu'elle nous a été communiquée. L'adresse des éditeurs et distributeurs connus complète ce dernier index.

Quelques disques ont été critiqués par d'autres auteurs que Laurent Aubert. Il s'agit des suivants: Myriam Anissimov (287), François Borel (483-488), Costin Cabazan (243, 245-247), Claire Delamarche (236-241, 244), Marc Desmet (167, 256), François Picard (26, 37, 266, 267, 316, 332, 400) et Isabelle Talagrand (235).

AMÉRIQUE
DU NORD

CANADA 1
Chants et jeux des Inuit
 ★★

Certains se souviendront de la curieuse démonstration de jeux vocaux donnée il y a quelques années à Paris par un groupe de femmes esquimaux. Il semble que les Esquimaux, ou plutôt les Inuit (littéralement: «hommes»), comme ils préfèrent se dénommer eux-mêmes, n'aient conservé de leurs chants traditionnels que ceux comportant un aspect ludique dominant. C'est du moins ce que tendent à démontrer ces documents, recueillis de 1974 à 1976 dans trois régions du Nord-Est canadien: la terre de Baffin, la baie d'Ungava et la baie d'Hudson, où l'ethnologue Jean Gabus avait effectué les tout premiers enregistrements de musique inuit en 1938.

Le principal de ces jeux est le *katajjaq,* une sorte de compétition vocale entre deux femmes ou équipes de femmes, disposées face à face. Le *katajjaq* se présente comme la scansion rythmée de motifs, mélodiques ou non, comportant un nombre donné de syllabes, parfois sonores, parfois sourdes, répétés jusqu'à épuisement d'une des adversaires: de quoi se réchauffer pendant les longs hivers arctiques!

Mais le chant proprement dit et la musique instrumentale ne sont pas absents du répertoire inuit; parmi les quelques mélopées figurant dans ce disque, on retiendra notamment un chant de chaman, sur lequel on aurait voulu en apprendre plus. Quant aux deux instruments présentés ici, la guimbarde *qanirvaluutik* et la vièle *tautirut,* on regrettera qu'une place plus large ne leur soit pas consacrée.

1 LP GREM, G 1036.
Auteurs: Jean-Jacques Nattiez,
Nicole Beaudry, Claude Charron,
Denise Harvey.
89/1986

CANADA 2
Musique des Inuit - La tradition des Eskimos du Cuivre
 ★★

En complément aux *Chants et jeux des Inuit* du Nord canadien, ce disque porte à notre connaissance la tradition vocale du groupe appelé les Eskimos du Cuivre. Deux genres distincts apparaissent ici: le *piheq,* chant dansé collectif accompagné de tambour sur cadre, et le *aton,* en solo ou en duo *a cappella,* qui était pratiqué lors d'échanges rituels entre individus ou sous-groupes. Mais les «maisons de danse» n'existent plus aujourd'hui, et les goûts musicaux de la jeunesse sont les mêmes là qu'à Montréal ou à Ottawa. Ces documents récents proviennent donc d'exécutions suscitées par quelques anthropologues, eux-mêmes «entrés dans la danse» à cet effet.

Le résultat est probant et on ne sent à aucun moment l'artifice de la reconstitution. Les voix rudes de ces anciens chasseurs-pêcheurs n'ont rien perdu de leur puissance; leurs chants évoquent toujours les tribulations de l'errance dans le grand Nord et de la quête du gibier, peut-être ici pour la dernière fois.

1 LP EMI/UNESCO, 64-2402781.
Auteurs: J.F. et M. Le Mouël.
97/1987

JEAN MALAURIE 3
Chants et tambours inuit de Thulé au détroit de Béring
 ★★★★

C'est en écoutant les chants étranges des aèdes hyperboréens que, selon ses propres termes, l'ethnologue Jean Malaurie est parvenu à comprendre et à apprécier la civilisation inuit, «un des grands défis de courage et de sagesse de l'histoire de l'humanité». A travers de nombreux enregistrements patiemment collectés de 1960 à 1987, l'auteur des *Derniers Rois de Thulé* nous propose ici une anthologie raisonnée de la musique de six peuples du Grand Nord: les Esquimaux polaires du Groënland (Thulé), ceux du nord-est canadien (Frobisher Bay, Iglulik et Spence Bay), et enfin ceux de l'Alaska (Ile Saint-Laurent et Chivak).

Si la culture matérielle y est de plus en plus marquée par l'apport du monde moderne, la musique fait partie du noyau dur jalousement préservé des influences extérieures. Pour les Inuit, le chant demeure un moyen privilégié de communiquer avec leurs semblables et, plus encore, avec les puissances de l'Invisible. De leurs voix nues ou à l'aide du tambour chamanique, ils nous font vivre quelques instants de pure éternité, au-delà de toute velléité d'appréciation esthétique.

1 CD Ocora, C559021.
Auteur: Jean Malaurie.
124/1989

CANADA   4
Jeux vocaux des Inuit
Inuit du Caribou, Netsilik et Igloolik

★★★★

Le moins qu'on puisse dire, c'est que Jean-Jacques Nattiez et son équipe se sont bien amusés en réalisant cette anthologie. Les jeux vocaux des Inuit du Nord canadien ne nous étaient pas inconnus, mais ce disque se singularise par une conception radicalement originale. A la fois source de plaisir et outil pédagogique et scientifique, comme le souligne la notice, cet album se présente sous forme d'un «jeu audio» en quatre-vingt-dix pièces programmables selon les goûts et les options de l'auditeur.

A partir d'un montage suivant des critères esthétiques proposés par le compositeur électro-acousticien Stéphane Roy, on peut ensuite choisir son écoute soit selon les aires culturelles, les villages et les genres, soit encore selon les types de jeux. Ingénieux et ludique, le procédé est en outre peut-être le seul permettant de rendre compte de toute la diversité de cette hilarante technique de jeu de gorge inuit qu'est le *katajjaq*. Le disque compact en tant que banque de données permutables: encore fallait-il y penser! N'est-ce d'ailleurs pas le propre de l'ethnomusicologie que de mettre les supports technologiques les plus sophistiqués au service des expressions musicales – ou, comme ici, para-musicales – souvent les plus archaïques qui soient?

1 CD Ocora/Faculté de musique,
Université de Montréal, C 559071.
Auteur: Jean-Jacques Nattiez.
132/1990

AMERICAN INDIAN   5
DANCE THEATRE
Apache - Assiboine - Bannock - Chippewa - Comanche - Cree - Kiowa - Mandan - Navajo - Shoshoni - Sioux - Southern Ute - Zuni

★★

Comme son titre le laisse entendre, ce disque offre un patchwork de danses de provenances diverses, interprétées par une troupe plus que composite. Crees, Zunis, Navajos et Apaches se trouvent ici associés pour les besoins de la scène, et leur spectacle, présenté récemment à Paris, propose un abord esthétisant de traditions difficilement identifiables. Le résultat sonore ne manque pas d'attraits, et on reste surtout séduit par de magnifiques voix au timbre rauque.

Dédiées à l'aigle sacré, au papillon ou au buffle, à l'arc-en-ciel ou à l'esprit de la montagne, ces mélopées incantatoires sont sobrement accompagnées d'un tambour, d'une flûte ou d'un hochet. Une telle ambiance sonore évoque immanquablement l'univers peau-rouge qui a hanté l'imaginaire de notre enfance; mais, au delà du fantasme, il est évident que cette habile reconstitution ne remplace en rien des documents tels que ceux édités par *Folkways* depuis plusieurs dizaines d'années.

1 CD Buda Records, 82431-2.
128 / 1989

---

desopilantes fanfares des villages italiens. Des cuivres volubiles et tonitruants, une verve endiablée, avec quelques clins d'œil du côté de Duke Ellington et de Benny Goodman. Ca n'est pas très sérieux, mais ça peut faire du bien. Particulièrement recommandé les soirs de grande déprime...

1 LP Bleu Ciel Records, 10011.
1 LP Le Chant du monde, LDX 74854.
106 / 1987

BERTRAND COQUEUGNIOT 6
Banjo Rendez-vous
 ★★★

THE KLEZMORIM 7
★★

Traditionnel ou non, le *bluegrass*? Laissons à d'autres le soin de trancher et bornons-nous à admirer l'aisance avec laquelle Bertrand Coqueugniot et ses amis baignent dans le monde de la *country music*. Excellent technicien du banjo à cinq cordes, ce *frenchie* aux doigts lestes ne se borne pas à imiter servilement ses modèles américains; il signe aussi plusieurs compositions originales attestant sa parfaite assimilation du genre.

Les réminiscences de Far West peuplant notre imaginaire retrouvent toute leur fraîcheur à travers une douzaine d'arrangements rondement menés. Du *blues* au *rag* et au *gospel* en passant par le *reel* irlandais: autant d'ingrédients savamment dosés qui confèrent à cette décoction la saveur distinctive du «son Nashville».

Restons aux Etats-Unis avec les Klezmorim, exubérant *brass-band* judéo-californien, dont le rapport avec la tradition est encore plus douteux. Défini comme «un mélange de jazz Dixieland, de rhapsodies tziganes et de musiques de films du genre *Guerre des étoiles*, le style des Klezmorim évoque aussi les

LOUISIANE - U.S.A. 8
Musique cajun
 ★★

Chassés de la presqu'île d'Acadie au sud-est du Canada, les descendants des anciens colons français ont émigré en Louisiane, où ils maintiennent fermement leur îlot francophone. Dans ce Sud profond, qui est aussi la patrie du *blues,* les accents nostalgiques des complaintes négro-américaines n'ont pas leur place chez les Cajuns. Leur musique rappelle plutôt les rengaines du *country and western music*, voir les *hollers* des «pauvres blancs». L'accordéon diatonique et le violon se disputent la vedette dans ces valses traînardes et ces *two steps* endiablés. Car il s'agit bien ici de musique de fête, et si les Cajuns l'appellent «fais-dodo», c'est que, quand les parents dansent, ils n'espèrent rien d'autre de leurs enfants! Les exemples choisis dans ce disque (notamment le fameux *Mamou two steps*, véritable tube cajun) illustrent bien l'ambiance champêtre et musclée de ces réjouissances populaires; mais leurs interprètes seraient-ils à ce point insignifiants que M. Jean-Pierre Tzaud ne juge pas nécessaire de les nommer dans sa notice?

1 CD Playa Sound, PS 65024.
Auteur: Jean-Pierre Tzaud.
118 / 1989

AMÉRIQUE CENTRALE ET ANTILLES

¡VIVA MEXICO!   9
Mariachis & marimbas
★

On ne peut pas demander à la musique des *mariachis* d'être autre chose que ce qu'elle est! Cela dit, il y a des degrés, même dans le sirupeux. Passés à la moulinette d'une commercialisation outrancière, les violons et les trompettes de Mariachi Mexico nous servent une version par trop édulcorée de toutes les rengaines du genre.

    Quant aux *marimbas* de Vera Cruz, si effectivement elles dérivent des balafons africains, leur jeu dans un tel contexte n'en conserve aucune trace. Malgré une belle technique instrumentale, tout ceci est d'une cruelle banalité, dépourvu de la moindre émotion.

    Ce «cocktail tropical» serait-il vraiment tout ce qui reste du *mundo loco* évoqué par les délires éthyliques de Malcolm Lowry?

1 CD Playa Sound, PS 65001.
Auteurs: Edgar Zamudis, Jean-Pierre Tzaud.
115/1988

CUBA   10
Les Danses des dieux

Aux sources de la *salsa* se trouve le *son* cubain, et à l'origine du *son*, nous rencontrons une étonnante diversité d'influences musicales africaines. Mais le développement de la musique populaire urbaine n'a jamais affecté les traditions plus anciennes, et l'émigration massive des blancs lors de la révolution castriste a même renforcé la vitalité des cultures afro-cubaines. Il en va de même dans le domaine religieux: sous couvert de chris-

tianisme, les rites ancestraux des Yoruba, des Ewé et des différents groupes bantous d'Afrique ont été transférés à peu près tels quels à Cuba; la Santeria, le culte des inités ararâ et la *regla conga* en proviennent de manière directe.

    Ces documents de terrain réunis par Herman Vuylsteke témoignent amplement de ce qu'on pourrait appeler le «faux syncrétisme» cubain: autant que ceux qui la pratiquent et les dieux qu'ils invoquent, la musique des *cabildos* est de toute évidence africaine. Les polyrythmies des tambours *batá* ou les chants responsoriels des Abakwa présentés ici sont à cet égard éloquents, et les expressions récréatives telles que la *rumba* primitive et les *tambores yuka* en sont les prolongements directs.

1 CD Ocora, C559051.
Auteur: Herman C. Vuylsteke.
123/1989

TOTO BISSAINTHE   11
CHANTE HAÏTI
avec Marie-Claude Benoît et Mariann Mathéus
★★

Dans la conscience des Haïtiens descendants d'esclaves, le Vaudou demeure un ferment identitaire puissant; pour une artiste comme Toto Bissainthe, il est une constante source d'inspiration. Qu'elle chante Ibo, Ogoun ou Papadanmbalah, c'est afin de mieux mettre son âme à nu. Les amateurs de musiques traditionnelles ne s'attendront donc pas à trouver ici un document ethnomusicologique sur le culte du Vaudou: le propos est ailleurs. A travers ses évocations, c'est toute l'Afrique qui est célébrée par Toto, une Afrique lointaine mais toujours présente, transposée au gré de son tempérament chaleureux. Ainsi, ce n'est pas par hasard si on rencontre à ses côtés aussi bien le bassiste français Beb Gué-rin que Akonio Dolo, percussionniste dogon du Mali.

Enregistrés à Paris en 1977, ses chants de révolte et d'espoir n'ont pas pris une ride et, s'ils vibrent encore de la même intensité, c'est hélas peut-être que les misères de cette «Haïti zombifiée» restent tristement actuelles.

1 CD Arion, ARN 64086.
129 / 1990

FÊTE CRÉOLE AUX ANTILLES 12
Gérard La Viny, les Bélaiseries et les Doudous de la Grande Terre

Pochette aguicheuse, titre passe-partout, commentaire superficiel, tous les ingrédients de l'exotisme de pacotille le plus banal paraissent réunis. L'image affligeante d'une belle métisse rieuse aux seins nus grimpant allègrement sur un cocotier n'est en effet pas pour susciter la bienveillance à l'égard d'une telle production.

Le contenu est, hélas, au niveau de l'emballage: une musique de variétés de la pire espèce, paraissant faite pour égayer les nuits câlines d'un club de vacances. Entendons-nous bien: le propos n'est pas ici de dénigrer d'un bloc la musique antillaise. Lorsqu'ils sont eux-mêmes, le *merengué* de Saint-Dominique et la *biguine* martiniquaise sont non seulement des expressions légitimes et dignes de respect, ils représentent aussi un des genres musicaux les plus originaux du syncrétisme culturel négro-améri-cain. Mais ce type de contrefaçon est à fuir, il ne reflète rien d'autre que les intentions mercantiles de quelque promoteur en mal de dépaysement.

1 CD Arion, ARN 64034.
106 / 1987

TRINIDAD ET TOBAGO 13
Steel band des Caraïbes

Ce second volume consacré par Arion au *steel band* nous plonge comme le précédent (*Steel band de la Trinidad*, ARN 64051) dans l'ambiance allègre et insouciante des carnavals de Trinidad et Tobago. Produit de l'art de la récupération, le *steel drum* ou «tambour d'acier» n'est rien d'autre qu'un fût à essence dont une face a été martelée afin de produire une série de son accordés. Inventé dans les années 1940, il atteste l'ingéniosité d'un peuple privé par les missionnaires de sa musique et de ses instruments traditionnels.

Dans la lignée d'un Harry Belafonte, l'orchestre dirigé par Kenneth Johnson interprète ici une musique composite, où les airs populaires voisinent avec des succès de Sam Cooke ou de Bob Marley. Là réside d'ailleurs la faiblesse de la plupart des *steel bands*, et celui-ci n'échappe pas à la règle: en l'absence d'un répertoire propre, ils tombent avec un peu trop de complaisance dans le piège de la musique de variétés.

1 CD Arion, ARN 64082.
Auteur: Gilles Roussel.
126 / 1989

AMÉRIQUE DU SUD ANDINE

COLOMBIE 14
Toto la Momposina y sus Tambores
★★★

Dans cette série de *bailes cantados* («danses chantées»), Toto la Momposina affirme une personnalité ardente, servie par une instrumentation *sui generis* ne tombant pas dans le piège du commercialisme. Tambours «mâle» et «femelle», *bombo* et *gouache* forment une section rythmique soudée, à laquelle s'adjoint occasionnellement la *marimbula*, lamellophone descendant en ligne directe des *sanza* africaines. L'Afrique est bien présente dans cette musique, mais sous-entendue, comme une référence lointaine à partir de laquelle s'est développée l'expression des *costeños* colombiens.

Pendant le carnaval, qui dure plus d'un mois en Colombie, le théâtre est dans la rue. C'est pour la fête et par la fête que le peuple sublime ses peines et sa misère. Reine de la fête, la Momposina incarne par sa musique les aspirations des siens. Sa voix vibrante touche juste, et les folles envolées de la flûte de *millo* apportent l'indispensable note d'humour sans laquelle la *cumbia* ne serait rien.

1 CD ASPIC, X 55509.
97/1987

COLOMBIA 15
La Ceiba
★★★★

ECUADOR 16
Jatun Cayambe
★★★★

Pour les Colombiens descendants d'esclaves noirs, la *ceiba*, l'arbre sacré des Yoruba, est demeuré le symbole d'une identité aléatoire, le signe de leur rattachement à une Afrique devenue avec le temps quasi mythique. Cette Afrique transparaît pourtant, elle domine même dans les rythmes de ces *bailes cantados* colombiens, ne serait-ce que par l'omniprésence des percussions; mais elle y est évidemment revue et corrigée par des siècles de cohabitation avec les cultures aussi bien indigènes qu'hispanique.

L'ambiance qui devait régner les jours de fête dans les *palenques*, les villages fortifiés où se regroupaient les rescapés de l'esclavagisme, est encore très sensible dans les *bullerengues*, chants responsoriels accompagnés de tambours, alors que les signaux vocaux appelés *gritos* sont semblables aux appels de chasseurs et de guerriers qui résonnent encore parfois plus à l'intérieur des terres, du côté de l'Amazonie. Mais le tableau aurait été incomplet en l'absence des *bandas*, les fanfares tonitruantes dont la Colombie et l'Equateur se disputent la palme.

Plus conforme à notre attente, la démarche d'un groupe équatorien comme Nanda Manachi est comparable, dans un répertoire voisin, à celle de Bolivia Manta. Débarrassées des scories du folklorisme, sa musique allie le respect du répertoire traditionnel à une interprétation vivante et chaleureuse.

Quant à Juan Cayambe le vieux harpeur, il incarne peut-être à lui seul toute l'âme de la musique populaire équatorienne. De sa voix cassée, il nous transporte au bord des larmes, alors que ses doigts égrènent les tendres mélodies de son enfance. Les frères Arguedas ont eu le privilège de le rencontrer et de recueillir ses plus belles chansons avant que, comme tout ce qui est né de la misère, elles ne tombent dans l'oubli.

Signalons encore que ces deux disques font partie d'une série réalisée avec beaucoup de goût et de soin par

Carlos Arguedas et l'Aspic (Association pour la sauvegarde du patrimoine et de l'indépendance culturelle).

2 CD ASPIC, X 55504 et X 55505.
120 / 1989

PÉROU : TAQUILE, ÎLE DU CIEL 17
Musique quechua du lac Titicaca
★★★

Il était temps que notre connaissance des musiques andines dépasse les versions édulcorées qu'en proposent, depuis des décennies déjà, les divers ensembles folkloriques venus en Europe.

C'est aujourd'hui chose faite grâce aux documents recueillis par Xavier Bellenger dans une communauté quechua vivant sur l'île de Taquile, située dans le lac Titicaca, berceau de la civilisation inca. Il serait vain de chercher à séparer dans ces manifestations musicales les éléments prétendus précolombiens des apports hispaniques.

En effet, les instruments à cordes et les flûtes à bec, introduits dès la *Conquista*, ont été adoptés aux côtés des flûtes de Pan, des *quenas* et des tambours quechua, et les fêtes chrétiennes intégrées aux cérémonies du cycle agraire traditionnel, dans la mesure où elles coïncidaient à des dates marquantes de l'ancien calendrier inca.

Cependant, ce disque tend à montrer que le mélange des cordes et des instruments à vent, auquel nous ont habitués les groupes commerciaux, n'est pas coutumier chez les Quechua. Au contraire, chaque pièce enregistrée témoigne d'une homogénéité de timbre frappante. L'exemple le plus remarquable en est celui donné par les ensembles de flûtes de Pan, s'opposant symboliquement par paires de quatre tailles différentes, comme c'est le cas dans la danse des «quatre coins» (*Qua-*

tro esquinas), véritable joute entre deux groupes représentant les deux moitiés de la communauté.

En raison des conditions de «terrain» souvent difficiles, la qualité des enregistrements est inégale, et le montage s'en ressent quelque peu. Ceci n'enlève toutefois rien à la valeur des témoignages musicaux offerts dans ce disque.

1 LP Ocora, 556651.
Auteur : Xavier Bellenger.
78 / 1985

PÉROU   18
Julio Benavente Diaz
Le charango de Cuzco
★★★

Le *charango*, petite guitare hybride des Andes qu'on a coutume d'entendre au sein des groupes folkloriques péruviens et boliviens, devient entre les mains de Julio Benavente Diaz un instrument soliste à part entière.

Contrairement au modèle bolivien, utilisé notamment par le virtuose Ernesto Cavour, qui a une caisse de résonance en carapace de tatou, le *charango* de Diaz, à cinq chœurs, est entièrement construit en bois, à la façon de la *vihuela* espagnole dont il est dérivé.

Les pièces sélectionnées pour ce disque proviennent en majorité du répertoire instrumental quechua de la région de Cuzco. Reprises telles quelles ou adaptées par l'interprète, ces mélodies, reposant presque exclusivement sur un système pentatonique, expriment un sentiment paisible empreint de mélancolie, servi par une exécution délicate. Si cette musique ne révèle pas de grandes découvertes, elle a toutefois le bon goût de ne jamais tomber dans la sensiblerie bon marché dont font preuve certains ensembles commerciaux d'origine semblable.

Compte tenu du cadre ethnomusicologique dans lequel ces enregistrements ont été recueillis, on regrettera que le texte de la pochette ne fournisse pas d'informations plus précises sur le contexte événementiel des morceaux et sur des termes tels que *wayno*, *yaravi*, *muliza* ou *marinera*, employés pour définir chacun. Ocora nous avait habitués à des présentations plus détaillées.

1 LP Ocora, 558647.
Rééd. augmentée : 1 CD Ocora, C 559035.
Auteur : Rafael Parejo.
84/1985

PÉROU 19
Le Callejon de Huaylas
Musiques et chants des Cordillères noires et blanches
 ★

Vallée perdue quelque part dans les Cordillères péruviennes, le Callejon de Huaylas est le berceau d'une culture créole très attachante. Pour la communauté agro-pastorale des environs de Huaraz, la musique demeure un des rares moyens de transcender la précarité d'une existence soumise aux caprices des éléments. Modelée par des siècles d'assimilation, son esthétique fragile reflète une des manifestations les plus spontanées du syncrétisme andin : d'une part, les mélodies pentatoniques des flûtes *quena*, *flautin* et *rondador* attestent la persistance d'éléments d'origine quechua, autant que les voix fluettes et haut perchées des jeunes chanteuses ; de l'autre, l'influence hispanique est constamment sensible, ne serait-ce que par l'omniprésence de nombreux instruments à cordes.

Mais il est désolant que cette musique soit ici desservie par des interprètes d'une si piètre qualité. Les instruments sont désaccordés, les chanteurs chantent faux ; aucun souci d'« authenticité » ne saurait excuser une production aussi lamentable.

1 CD Globe, GMCD 101.
Auteur : Sylvie Meyer.
s.d.

BOLIVIA MANTA 20
Pak'cha
★★★

«*Pak'cha*, cascade située dans un lieu magique où les musiciens communient avec les forces de la nature.» Ce nouveau disque de Bolivia Manta est présenté comme un hommage rendu aux orchestres populaires des Andes. Il nous propose un itinéraire musical passant par l'Equateur, le Pérou et la Bolivie, en quête des mélodies quotidiennes et des airs de fête propres aux communautés paysannes quechua et aymara.

Renonçant pour ce disque à l'ensemble archaïque des flûtes de Pan qu'on a pu apprécier dans leurs productions précédentes, les frères Arguedas et leurs amis nous plongent aux sources d'une musique populaire marquée dans son instrumentation par l'influence hispanique. Mais les guitares, mandolines, harpes, violons et autres *bandurrias*, mêlées au *charango*, à la *quena* et aux percussions, prennent ici une couleur distinctive, dont on cherchera en vain la trace chez tant d'orchestres à succès qui ont commercialisé une version édulcorée de ce répertoire.

Il y a certes chez Bolivia Manta une volonté professionnaliste forgée au contact de la scène européenne, laquelle se traduit par des orchestrations raffinées laissant peu de place à la spontanéité de l'interprète ; mais ce souci, mis au service de la cause défendue par cet ensemble, engendre une musique de très grande qualité. A côté de nombreux airs de danse et de pièces instrumentales, on appréciera particulièrement la voix haut perchée de la chanteuse, au timbre nasillard, bien mise en valeur dans des pièces telles que *Pharilla Phallcha*, « petite couronne de gentiane » ou *Lunarijitu*, « le jeune homme au grain de beauté ».

Un très beau disque, donc, qui rend justice à la culture indigène des hauts plateaux andins.

**1 CD Auvidis, A 6127.
85 / 1986**

PÉROU   21
Raúl García Zárate (guitarra)
★★★★

BOLIVIA MANTA   22
Chants et musiques populaires des Andes
★★★

Une technique élégante, qui doit plus à l'héritage de la *vihuela* espagnole qu'à l'apport du *charango* des hauts-plateaux, permet à Raúl García Zárate de peindre avec délicatesse l'univers sonore de la sierra du Pérou. Loin d'en trahir l'esprit, ses arrangements sophistiqués mettent en évidence les ressources de la créativité populaire. Depuis plusieurs générations, l'école d'Ayacucho, à laquelle il se rattache, a su forger le jeu nécessairement intimiste de la guitare aux contours d'une sensibilité tout andine. Transcendant les règles strictes des genres qu'il aborde, Zárate nous en propose une vision poétique très personnelle, pleine de tendresse et d'expressivité.

Dans la même série, le nouveau disque de Bolivia Manta n'offre plus guère de surprises, tant les réalisations de cet ensemble sont de notoriété publique. Irréprochable, le professionnalisme du meilleur groupe andin de France est toujours au service d'une démarche foncièrement honnête ; et l'on ne saurait recommander meilleure introduction à qui voudrait se familiariser avec la diversité des timbres, des styles et des formations musicales de la Cordillère.

**2 CD Auvidis, SRC 4112 et 4009.
121 / 1989**

BOLIVIA MANTA   23
Tinkuna
Chants et musiques populaires des Andes
★★★

BOLIVIA   24
Larecaja & Omasuyos
CHOC

GUILLERMO DE LA ROCA   25
Flûtes traditionnelles d'Amérique latine
« Cathédrale des Andes » - « Musica criolla »
★

Tinkuna, « rencontre » en langue quechua, ce terme évoque les joutes musicales des fêtes andines ; mais il définit mal le nouveau disque de Bolivia Manta, centré sur la musique créole du Pérou et de Bolivie. Il y a incontestablement un « son » Bolivia Manta : Carlos Arguedas et ses amis ont su imposer leur démarche exigeante, tant sur le plan de l'interprétation que sur celui de la prise de son.

Xavier Bellenger a réalisé de remarquables enregistrements de terrain à Tambocusi, au nord de la capitale bolivienne. A la qualité de la musique s'ajoute ici l'ambiance inimitable des documents recueillis en situation. Réunis pour célébrer la mémoire d'un célèbre résistant aymara, les *tropas* des provinces de Larecaja et d'Omasuyos rivalisent de puissance et de fierté. Ecoutez leurs graves *chiriwanos* et leurs lancinantes *mohoceñadas*: ce sont les entrailles de la terre mises à nu!

En comparaison, les jolis airs de flûte de Guillermo de la Roca paraissent bien mièvres. Ce chantre adulé du folklore de salon n'en est pas à son premier essai: après sa collaboration à des groupes comme Los Incas, Los Calchakis ou Los Machucambos, le virtuose de la *quena* fait aujourd'hui cavalier seul, et si, comme Zamfir, il aime bien se faire accompagner à l'orgue, ce n'est certainement pas pour l'honneur.

1 CD ASPIC, X 55511.
Auteur: Carlos Arguedas.

1 CD GREM, G 8901.
Auteurs: Xavier Bellenger, Thierry Saignes.

1 CD Adès/EPM, FDC 1059.
134/1990

RITUAL 26
Musique rituelle andine
Manco Capac

★★★

C'était un pari risqué que celui du groupe Manco Capac: sortir la musique des Andes du «typico-commercial», de l'exotisme frileux, pour la faire accéder au rang de musique à jouer, de musique à entendre. L'honnêteté et la ferveur des musiciens rassemblés sous la houlette de Pancho Valdivia Taucan et le patronage de Xavier Bellenger confèrent à l'enregistrement de ce groupe helvético-alsacien la qualité qu'on attendait en vain de nombre de groupes «natifs», dans un répertoire puisé aux meilleures sources. Beaucoup de flûtes bien sûr, de toutes tailles et de tous types, quelques

voix qui nous épargnent enfin les *allegrias* hérissants auxquels se sentent tenus les groupes folkloriques. Musique malgré tout joyeuse ou triste à nos oreilles, tant celles-ci ont de peine à effectuer la plongée au cœur du purement musical à laquelle ces admirables sonorités nous convient pourtant.

Il faut quand même avouer que le groupe ne nous y aide pas quand il qualifie de «rituelle» une musique de studio (fort bien) mise en boîte dans les durées standardisées. La musique rituelle, dans les Andes comme ailleurs, c'est une structuration du temps par le son. La durée y est essentielle, comme l'organisation. Quant à l'argument selon lequel les mots *religion* et *musique* n'existent pas en quechua, il faudrait alors dire que les mots *opera*, *adagio*, *Klangfarbenmelodie* ou *cluster* n'existent pas en français.

Baste! Encore un effort et la musique des Andes sera enfin de la musique qui s'écoute et s'interprète.

François Picard

1 CD VDE, CD-606.
Auteurs: Xavier Bellenger,
Jean-Marc Grassler.
134/1990

BOLIVIE 27
Musique des hauts-plateaux
★★★★

Malgré un contexte événementiel apparemment conditionné par le calendrier chrétien, les *Indios* de l'Altiplano bolivien ont su préserver leur identité culturelle. Ce document fait état d'une musique peu marquée par l'influence hispanique, malgré la présence occasionnelle d'instruments à cordes tels que le *charango* et la *guitarrilla*, dérivés de la guitare. Mais le syncrétisme musical reste superficiel, et les éléments de la culture coloniale ne sont intégrés que dans la mesure de leur compatibilité.

Dans cet album réalisé par Max Peter Baumann, la chronologie sert de fil conducteur à un panorama de la musique indigène. Les flûtes, jouées en ensembles homogènes, sont d'une étonnante diversité : flûtes de Pan, flûtes à encoche – la célèbre *quena* –, à bloc, à conduit, etc. Accompagnées de grands tambours et de percussions métalliques, elles animent les danses collectives et les réjouissances locales. La majeure partie de leur répertoire est construite sur une structure pentatonique, les mélodies étant souvent doublées à la quinte et à l'octave : autant de caractéristiques qui différencient cette musique des mélopées acculturées popularisées par les *conjuntos* folkloriques urbains.

2 LP Museum Collection, Berlin, MC 14.
Auteur : Max Peter Baumann.
95 / 1986

BOLIVIE   28
Syrinx de Bolivie
★★★★

Réunissant des enregistrements de terrain effectués entre 1955 et 1973 par Louis Girault lors de ses nombreuses missions en Bolivie, ce volume est exclusivement consacré aux ensembles de flûtes de Pan de deux peuples andins : les Quechua des vallées, descendants des Incas, et les Aymara de l'Altiplano. Accompagnées par le rythme sourd des tambours *wankara*, les flûtes de Pan – ou syrinx – sont toujours jouées en groupes de douze à vingt-huit, réparties en quatre tailles différentes. L'aspect technique de cette musique est intéressant : chaque ligne mélodique est produite par une paire d'instruments complémentaires de même grandeur jouant en hoquet, et l'ensemble produit une masse sonore

dense, invariablement constituée de quartes et quintes parallèles. Malgré une parenté organologique et culturelle évidente, il faut toutefois noter la disparité des esthétiques musicales quechua et aymara : l'une plus extravertie, et à la fois plus métissée – malgré l'absence d'instruments à cordes dans ce répertoire de danses –, et l'autre plus discrète et confidentielle, paraissant plus proche de son héritage préhispanique.

A rapprocher de celui de Max Peter Baumann, ce disque demeure un des rares documents de qualité sur les musiques traditionnelles andines.

1 CD Auvidis / UNESCO, D 8009.
Auteur : Louis Girault.
110 / 1988

LES CALCHAKIS AVEC   29
CHŒURS
Misa Criolla avec le chœur Oratorio - Hombre libre, avec le chœur de la Sorbonne - Mundó nuevo, avec l'Octeto vocal latino
★★

CALCHAKIS   30
Sur les ailes du condor
★

Vingt-cinq ans après sa composition, la *Misa Criolla* des Calchakis réapparaît, associée à deux cantates du même acabit. Cette nouvelle version de l'œuvre d'Ariel Ramirez a le mérite de réintégrer la partie chorale, prévue par la partition originale, mais absente de l'enregistrement de 1970. Faisant fi de tous les intégrismes, la Messe représente un courant aujourd'hui largement répandu, qui s'identifie aux acquis d'une Eglise latino-américaine en marche. Laissons à d'autres la responsabilité d'un débat théologique et parlons musique : le mélange des timbres instrumentaux andins aux techniques vocales et compositionnelles académiques ne parvient guère qu'à générer une musique insipide et sentimentale, propre à conforter les esprits les plus démagogues.

Signalons aussi pour les inconditionnels qu'Arion réédite à tour de bras tous les grands succès des Calchakis. Déjà la septième de ces compilations, «*Sur les ailes du condor*» nous rappelle qu'Hector Miranda et ses compagnons ont le goût du travail bien fait. Mais leur indéniable professionnalisme ne doit pas nous masquer la vérité : cette musique de variétés à la sauce andine n'est à sa place que sur les scènes du music-hall international. Il y a trop longtemps que ce condor a déserté les cimes de la Cordillère.

2 CD Arion, ARN 64050 et 64060.
128 / 1989

paniques. Les sonneries obsédantes d'ensembles de flûtes et le sourd battement des tambours accompagnant les processions dansées conservent une saveur «païenne» que le chant rauque de l'*alférez* («porte-drapeau») dirigeant la cérémonie ne dément pas.

Le reste de ce matériel est plus ibérique, ne serait-ce que par la présence d'instruments à cordes : harpe, guitare, *guitarron*. Mais des danses telles que les *lanchas* ou la fameuse *cueca* sont traitées de façon tout à fait originale. Egalement de souche espagnole, les anciennes ballades comme la *tonada Bodas de Negros* ou le chant de Delgadina, superbement interprété a cappella par Gabriela Pizzaro, ont trouvé au Chili une terre d'implantation des plus fertiles.

1 CD Auvidis / UNESCO, D 8001.
Auteur : Jochen Wenzel.
121 / 1989

CHILI   31
Musique traditionnelle métisse hispano-chilienne
★★★

L'éventail stylistique de la musique hispano-chilienne est large car le métissage s'y est effectué à plusieurs niveaux. Thématique, manières de chanter, instrumentation, occasions de jeu, etc. sont autant d'aspects d'un syncrétisme culturel largement assimilé. On écoutera avec intérêt le long extrait de la danse des *chinos* de la province de Valparaiso. Contrairement à ce que leur nom pourrait faire croire, les *chinos* ne sont pas les descendants d'immigrants asiatiques mais les membres d'une confrérie religieuse d'origine quechua ; et si leur vénération s'adresse aujourd'hui aux saints catholiques, c'est manifestement le résultat d'un transfert opéré au cours des siècles à partir de traditions préhis-

SOLEIL INCA   32
Pérou - Bolivie - Equateur - Chili - Colombie

Douces et bucoliques mélopées que celles florissant sous le *Soleil inca*. Ce titre rassemble un échantillon large, mais assez disparate, des pratiques musicales de la Cordillère des Andes : sur les vingt-sept morceaux y figurant, seize proviennent du Pérou et huit de Bolivie, alors que l'Equateur, la Colombie et le Chili n'y sont représentés chacun que par une seule danse. Celles-ci sont d'ailleurs parmi les pièces les plus intéressantes, car elles font apparaître des instruments de distribution restreinte : la flûte polycalame *rondador* d'Equateur, et surtout le *yapurutu* du Sud colombien, une longue flûte de bambou dont les mélodies sont exlusivement produites par les harmoniques d'une fondamentale unique. Le reste de ce matériel n'amène pas grand-chose de nouveau, sinon quelques exemples de la musique des *bandas* péruviennes. Aujourd'hui très populaires avec leurs allègres *huaynos* joués au saxophone, à la clarinette et à la trompette, elles démentent de façon salutaire l'idée conventionnelle d'un folklore musical andin stéréotypé.

1 CD Playa Sound, PS 65011.
Auteur: Gérard Krémer.
115/1988

AMÉRIQUE DU SUD NON ANDINE

ARGENTINA 33
Tango
Reynaldo Anselmi
★★★★

Musique des déracinés, de tous ces immigrants venus d'Espagne, d'Italie ou de France – souvenez-vous du grand Gardel – le *tango* est triste comme la vie. Né dans les quartiers pauvres de Buenos Aires, il a grandi dans la rue, dans les bars louches et les lupanars crasseux, nourri d'aventures cruelles et de souvenirs douloureux. Et s'il a un jour conquis Paris et les salons chics des grandes capitales, ça n'a jamais été au prix de son âme.

Avec ses guitaristes et son bandonéoniste le merveilleux Rodolfo Montironi, Reynaldo Anselmi nous dévoile son univers de rêves ivres et d'aubes embrumées. Ses chansons sont généreuses comme les instants fugaces d'une solitude trop brièvement partagée. Elles nous guident dans un labyrinthe d'émotions intenses, pathétiques et bouleversantes de vérité.

1 CD ASPIC, X 55510.
133 / 1990

HAYDEE ALBA 34
Tango argentin
★★

En reprenant à son compte certains des plus grands succès du tango, Haydée Alba entend bien inspirer le respect dès son premier disque. Avec des chansons comme «*El choclo*», d'Angel Villoldo, «*Mi Buenos Aires querido*» de Carlos Gardel, ou encore l'incontournable «*Cumparsita*», elle paie son tribut aux classiques, tout en y apportant une touche personnelle distinctive. De sa voix caressante, toujours un brin pathétique, et pourtant délibérément enjôleuse, elle prend un malin plaisir à faire vibrer la corde sensible de son auditoire; sinon, ce ne serait pas le *tango*!

Mais est-ce l'artiste ou est-ce le genre? L'univers musical dans lequel se meut Haydée Alba charme – trop peut-être – mais ne bouleverse pas. Sa palette expressive est pourtant parfaitement maîtrisée, l'émotion parait sincère, et ses accompagnateurs sont irréprochables. On n'arrive pourtant pas vraiment à prendre ses roucoulades au sérieux. Manque d'affinités, peut-être.

1 CD Ocora, C 559091.
Auteur: Eve Griliquez.
137 / 1990

VENEZUELA 35
Mario Guacaran (Arpa Llanera)
★★★

HARPE INDIENNE DU PARAGUAY ET DU VÉNÉZUELA 36
Sergio Cuevas (Paraguay),
Los Caracas, Mario Guacaran,
Los Quirpa (Vénézuela)
★★

Leurs préférences allant généralement à des expressions musicales plus «pures», dont l'identité aurait résisté aux affres des temps, les ethnomusicologues ont volontiers laissé à d'autres le soin d'étudier et de faire connaître les musiques acculturées d'Amérique latine. En effet, le génie propre à ce continent est depuis longtemps celui du métissage et l'étonnante diversité de ses manifestations a peu d'équivalents au monde. L'art de l'*arpa llanera*, la «harpe des plaines», en fournit un exemple éloquent. Cet instrument délicat est devenu en traversant l'Atlantique le protagoniste des fêtes les plus éclatantes. Et s'il a acquis quelque chose d'«indien», c'est dans l'esprit de cette musique qu'il faut en chercher la raison. Entre des doigts aussi lestes que ceux du Vénézuélien Mario Guacaran et, dans une moindre mesure, du Paraguayen Sergio Cuevas, le jeu de la harpe acquiert une remarquable force expressive. Egrénant ses mélodies avec une facilité déconcertante, Guacaran affirme une personnalité épanouie, aussi à l'aise dans les lentes *tonadas* bucoliques que dans les *joropos* vifs au rythme complexe. Quant à Cuevas le Guarani, sa musique exéburante foisonne d'incitations à la liesse, sans toutefois égaler la délicatesse du toucher de Guacaran.

1 CD Auvidis, SRC 4111.
1 CD Arion, ARN 64040.
119/1989

BRÉSIL CENTRAL   37
Chants et danses des Indiens Kaiapó
★★★★

Que vous soyez zélateur de Tintin, admirateur de Lévi-Strauss ou fan de Sting, ce coffret est fait pour vous : vous y entendrez enfin la voix même des Indiens du Brésil, dont les chants sont peut-être la dernière grande découverte d'une planète qui se rétrécit. Vous serez séduit par une beauté qui ignore l'autonomie de l'esthétique pour se mettre au service d'une communication avec le monde des esprits. Les principales cérémonies se rattachent à «l'imposition des noms», montrant encore une fois qu'une civilisation, aussi étrange soit-elle, dépasse les normes du «primitif» et du «sauvage». C'est l'écho même de l'humanité qui se manifeste dans ces rites où le grésillement des hochets crée un halo baignant les chœurs dans une ferveur qui renvoie plus au temple qu'au concert. Mais ce serait alors une messe de plein air, de plein cœur, à pleins poumons, au rythme fantastique d'une forêt démesurée. Les enregistrements, de grande qualité, sont dus aux ethnologues René Fuerst, George Love, Pascal Rossels et Gustaaf Verswijver, qui ont su rendre l'essentiel : la présence des *me rer mex*, «Les gens qui font l'étalage de leur beauté».

François Picard

2 CD VDE/AIMP, 554 et 555.
Auteurs : Gustaaf Verswijver et René Fuerst.
125/1989

BRÉSIL   38
Le monde sonore des Bororo
★★★★

Longtemps restée la grande absente des productions ethnomusicologiques, l'Amazonie nous dévoile aujourd'hui les splendeurs primordiales de son univers sonore. Après les Kaiapó, ce sont les Bororo du Mato Grosso auxquels il est ici rendu hommage. Bien que victimes d'une sournoise et constante guerre de pacification, ceux-ci sont restés fidèles aux expressions de leur identité menacée. Claude Lévi-Strauss avait révélé la complexité de leurs structures sociales ; grâce à Riccardo Canzio, nous avons maintenant accès à un document exemplaire sur leur vie cérémonielle.

Ainsi, lors des rites funéraires et cosmologiques, le vrombissement des rhombes et la solennité des chants communautaires viennent raffermir les liens avec les forces de la nature, avec l'âme des ancêtres. Si un jour le hochet des initiés Bororo devait cesser d'y résonner, c'est alors que la forêt brésilienne deviendrait ces «tristes tropiques» depuis longtemps pressenties.

1 CD Auvidis/UNESCO, D 8201.
Auteur : Riccardo Canzio.
128/1989

MARIA D'APPARECIDA 39
Couleur Brésil

NAZARE PEREIRA 40
Ritmos de Amazonia

LUIZ GONZAGA 41
Asa Branca
★★★

Maria d'Apparecida: c'est justement son apparition chez Ocora, peu conforme à l'orientation habituelle de la collection de Radio France, qui surprendra certains. Ceci dit, le talent et la sensibilité de la grande dame de la *samba* son indéniables. Aussi à l'aise dans les *escolas de samba* effrénées que dans les rythmes langoureux de la *bossa nova*, elle rend ici un hommage vibrant à la négritude à l'occasion du centenaire de l'abolition de l'esclavage au Brésil. Cette célébration-prétexte lui permet d'honorer au passage les plus illustres compositeurs brésiliens de musique populaire: Chico Buarque, Gilberto Gil, A.C. Jobim, et même A. Maria et C. Bonfá, dont, après avoir fait les beaux jours d'*Orféo Negro*, le fameux *Manha de Carnaval* retrouve avec elle une nouvelle jeunesse.

En comparaison, les *Ritmos de Amazonia* de Nazaré Pereira paraissent bien édulcorés. La belle Brésilienne à la voix sensuelle a certes du métier, mais elle se complaît trop facilement dans les flonflons de mélodies à succès. De plus, une orchestration de studio dépourvue de toute spontanéité fait perdre à ses *carimbos*, *xotes*, *merengues* et autres *fricotes* une bonne part de la verve qui les caractérise normalement.

Quant au Nordestin Luiz Gonzaga, c'est à lui que revient le mérite d'avoir porté le *baiao* bien au-delà des frontières du Pernambuco. Sur l'accompagnement

gouailleur de son inséparable accordéon, il conte les joies et les peines des siens avec un naturel contagieux. Cette première compilation destinée au marché français nous fait découvrir un chanteur sympathique, à la voix chaude et puissante, empreinte de tendresse.

1 CD Ocora, C 559050.
Auteur: Coaty de Oliveira.

1 CD Playa Sound, PS 65030.

1 CD Sigla/Globo Records, 600230.
124/1989

BRÉSIL 42
Grandes Sambistas
Velha Guarda da Portela -
Wilson Moreira - Nelson Sargento
★★★★

Puissant ferment de cohésion et de créativité populaires, la *samba* incarne toute l'indolence grave et chaleureuse de l'âme afro-brésilienne. D'une santé de fer, les treize membres de la «Vieille garde de Portela» sont les gardiens d'un répertoire très classique, proche de celui apparu vers les années vingt dans les *favelas* de Rio. Musiciens attitrés de l'école de *samba* de Portela, ces remarquables chanteurs et instrumentistes conduits par Mauro Diniz représentent bien la «mémoire vivante» d'un Carnaval en constante mutation: *Orfeo Negro* n'est pas loin!

Deux hôtes de marque apparaissent aussi dans ce disque: les compositeurs et chanteurs Wilson Moreira et Nelson Sargento. Le premier interprète ici quelques airs de son cru aux subtiles harmonies. Ses arrangements sophistiqués, pleins de fantaisie, témoignent d'une conception nettement plus moderne, quoique enracinée dans l'esprit de la *samba*. Quant à Sargento, figure quasi légendaire de la fameuse

Escola Mangueira, il excelle dans les chansons satiriques d'un humour féroce, telle sa *samba* qui «agonise mais ne meurt pas» (*agoniza mas nao morre*) par laquelle se termine ce disque. Sans doute une des meilleures productions du genre depuis longtemps.

1 CD Auvidis, A 6132.
111/1988

BRASIL - CANTORIA   43
Elomar - Geraldo Azevedo - Vital Farias - Xangai
Chansons populaires
du Nordeste

★★★★

BRASIL   44
Xangai
Chansons populaires
du Nordeste

★★

JOSE BARRENSE-DIAS   45
Live at the Montreux Jazz Festival

★★★

Contrairement aux zones côtières du Brésil, très africanisées, le Sertao a maintenu son héritage portugais à peu près intact. Située à l'intérieur des terres, cette région aride du Nordeste demeure une pépinière de ménestrels, un peu comme l'avait été le Middle West yankee. On y chante toujours les vieilles légendes chevaleresques et les histoires de loups-garous tout droit issues de la tradition médiévale ibérique, mais aussi la sécheresse et la misère, l'or et l'amour, Dieu, l'émigration...

L'album *Cantoria* réunit quatre des plus fameux *trovadores* du Nordeste,

enregistrés en 1984 à Salvador de Bahia au cours d'une mémorable tournée nationale. Une rencontre où dominent la poésie, l'humour, la nostalgie, et surtout une remarquable connivence entre les quatre compères, ce qui n'empêche pas à chacun d'y affirmer sa personnalité propre. Conteur au timbre délicat, Vital Farias est l'interprète de toutes les confidences, alors que Geraldo Azevedo fait preuve d'un tempérament plus extraverti, servi par une belle technique instrumentale, quant à Elomar, esprit très fécond, il est notamment l'auteur de l'*Auto de Catingueia*, une sorte d'opéra populaire dont il chante ici un extrait en forme de joute en compagnie de son ami Xangai.

On retrouve le même Xangai, de son vrai nom Eugênio Avelino, dans une autre réédition mettant en relief la diversité de son talent. Maîtrisant parfaitement toutes les inflexions de sa voix, il se montre aussi à l'occasion un guitariste d'une rare efficacité rythmique, ne craignant pas d'intégrer à ses arrangements des influences afro-brésiliennes. Mais ce disque compact juxtapose les matériaux de deux précédents microsillons d'esprit trop différent: l'ambiance moderne et sophistiquée du plus ancien n'a que peu à voir avec le climat intimiste du second, dédié à des compositions d'Elomar.

José Barrense-Dias, pour sa part, est avant tout guitariste, le cas échéant aussi chanteur, mais avec moins de bonheur. Invité-surprise du Festival de Montreux 1987, ce Brésilien établi en Suisse y apporta un peu de la douceur et de la sensibilité de sa terre natale. De cette patrie il ne retient pas seulement les leçons de la *samba* et du *candomblé*, il les panache de nombreuses allusions à l'œuvre de Villa Lobos. C'est plaisant et ça passe bien la rampe.

2 CD Auvidis,
A 6134 et 6135.
1 CD RGE, 14119-2.
115/1988

BRÉSIL 46

Forró: Music for Maids and Taxi Drivers

Comme son sous-titre l'indique, cette «musique pour jeunes filles et chauffeurs de taxi» est une expression populaire urbaine, et plus précisément celle du Nordeste brésilien. Le *forró* pourrait être rapproché du *zydeco* de Louisiane, encore que les sources de l'un sont ibéro-indiennes, et celles de l'autre plutôt franco-africaines.

Communément associé à un triangle et à une grosse caisse, l'accordéon ou sa variante diatonique la *sanfona* est le maître du *forró*. Un chanteur comme Heleno dos Oito Baixos reste fidèle à cette formation «classique», alors qu'un José Orlando – instrumentiste virtuose, soit dit en passant – ne craint pas d'y associer une section rythmique moderne. Mais la guitare basse et la batterie n'ajoutent rien d'essentiel à la métrique constamment binaire de cette musique. Aux antipodes de la *lambada*, cette sélection de *forros* nous communique les effluves d'une fête de la Saint-Jean dans le Pernambuco.

**1 CD Globe, CDORB 048.
129/1990**

VIOLA CAIPIRA 47

Roberto Correa - Brésil

★★★

Après une longue interruption, la collection de l'Institut international de musicologie comparée de Berlin fait peau neuve avec ce premier disque compact de la série *Traditional Music of the World*. Le choix d'un instrument comme la *viola* brésilienne pour ce volume initial n'est certainement pas innocent: il traduit une conception large du domaine, incluant les musiques savantes et populaires du monde, de tradition tant orale qu'écrite, y compris les genres «autochtones, acculturés et transformés». Le risque d'un champ aussi large est évidemment qu'il permet d'admettre tout et n'importe quoi.

Mais la musique de Roberto Correa est loin d'être insignifiante; elle est même très belle. Arrangées ou inspirées d'airs du Brésil central et méridional, ses explorations virtuoses sur la *viola caipira* contribueront peut-être à populariser cette petite guitare à cinq chœurs. Elles nous donnent en tous cas une belle leçon de créativité, dans un esprit qu'on pourrait se risquer à comparer à celui qui animait certains guitaristes *folk* anglo-saxons dans les années soixante. Accompagné d'un livret exemplaire dû à Tiago de Oliveira Pinto, ce disque ne génère qu'une déception, suscitée par la faible place qui y est accordée à un autre instrument typiquement brésilien: la *viola de cocho* du Mato Grosso.

**1 CD Musicaphon, BM 505 801.
Auteurs: Max Peter Baumann,
Tiago de Oliveira Pinto.
139/1990**

AFRIQUE
OCCIDENTALE

GAMBIE 48
Mandinka Kora, par Jali Nyama Suso
★★★★

MALI 49
La nuit des griots
★★★★

«Nous sommes les sacs à paroles qui renferment les secrets du passé. Sans nous, les noms des rois tomberaient dans l'oubli; nous sommes la mémoire des hommes...», chantait le griot Mamadou Kouyate.

Dans toute l'aire culturelle mandingue, en Afrique occidentale, les griots sont encore aujourd'hui les détenteurs du verbe, les porte-parole de la sagesse traditionnelle et de l'histoire de leur peuple. Aucun événement de quelque importance ne saurait avoir lieu sans la présence de ces maîtres de cérémonie hors pairs, miroirs vivants de leur civilisation. Il faut écouter le Gambien Nyama Suso tisser ses mélopées sur la trame de sa *kora* pour s'en convaincre. Sa voix rauque, un peu éraillée, sert à merveille l'ancien répertoire des chroniques mandingues qui fait l'objet de ce disque récemment réédité.

Quant à Ousmane Sacko et Yakaré Diabate, ce couple de célèbres griots maliens, c'est pour leurs compatriotes émigrés et leurs amis de France qu'ils chantent ici leur pays, ses joies et ses peines, afin qu'ils se souviennent. Accompagné d'un balafoniste et d'un joueur de *kora*, le baladin a depuis longtemps troqué le petit luth *ngoni* des Mandingues contre une guitare, habilement adaptée aux techniques de sa musique; la greffe prend bien. Proverbes, louanges, diatribes, évocations des faits et gestes des héros du passé, allusions aux problèmes politiques et sociaux de notre temps: autant de sujets que les deux griots abordent et partagent avec talent, simplicité et humour, «car le monde est vieux, mais l'avenir sort du passé...»

1 LP Ocora, 558639.
Auteur: Roderic Knight.
2 LP Ocora, 558662 / 3.
Réédition: 1 CD Ocora, C 559009.
104 / 1987

LA KORA DU SÉNÉGAL 50
Les rythmes, les percussions et la voix de Lamine Konté
★★

Issu d'une famille de griots réputés en Casamance, au sud du Sénégal, Lamine Konté suit une trajectoire très personnelle, comparable à celle du Camerounais Francis Bebey ou du Malien Ousmane Sacko. «Je voudrais créer un style», reconnaît-il explicitement, ce qui, pour lui, signifie passer du statut de griot à celui d'«artiste»; en d'autres termes, il cherche à internationaliser le message, et donc la forme de sa musique. Et s'il constate que «seuls les griots excellent encore dans l'art de jouer de la *kora*», il ne dédaigne pas pour autant l'apport de la guitare et du piano afin de mieux exercer le rôle d'ambassadeur des richesses ancestrales» qu'il s'est assigné. Mais lorsque, comme ici, la première est utilisée comme une *kora* et le second imite scrupuleusement le jeu du *balafon*, à quoi bon? Ne serait-il pas plus «diplomatique» de s'en tenir aux instruments traditionnels pour représenter sa culture à l'étranger? Les plages les plus probantes – du moins pour un Européen! – sont en effet celles où Lamine Konté reste le plus attaché à son héritage.

Son jeu de *kora* apparaît plein de sensibilité dans des airs solistiques tels que *Malon* ou *N'Teri*, et sa voix caressante est particulièrement mise en valeur dans les vieux chants mandingues et les panégyriques comme *Koumbu sora*. Par contre, ses *Telephonista* et autres *Afrikavalse* sont nettement moins convaincants. Quoi qu'il en soit, puisque artiste il est devenu, il faut saluer en Lamine Konté un artiste de talent, un de ces «chantres de la négritude» dont Senghor célèbre volontiers les mérites.

1 CD Arion, ARN 64036.
111/1988

LAMINE KONTÉ   51
A Minstrel of Senegal
★★★

TOUMANI DIABATE   52
Kaira
★★

SONGHAI   53
**Ketama - Tourmani Diabaté -
Danny Thompson**
★

Ses anciens disques publiés chez Arion ont fait connaître Lamine Konté en Europe comme un novateur qui ne craignait pas de s'écarter du chemin tracé par ses ancêtres les griots mandingues afin de toucher une plus large audience. Cette nouvelle production, destinée en priorité au marché japonais, nous montre un Lamine plus mûr, plus classique, puisant toutes les ressources de son héritage traditionnel. Remarquable artisan de la parole, il cisèle minutieusement ses longues phrases mélodiques, dont le profil descendant est soutenu par un jeu instrumental d'une merveilleuse limpidité.

Quant au jeune Toumani Diabaté, après s'être affirmé très tôt comme un des membres les plus talentueux de l'Ensemble national du Mali, il nous propose avec son premier album une conception purement instrumentale du

répertoire mandingue. Séduisante pour qui voudrait découvrir l'esthétique de la *kora*, sa démarche met en valeur la diversité de ses ressources expressives. Développement logique d'un art en voie de déracinement, le solo instrumental a conduit Toumani à d'autres expériences, comme cet hybride *Songhai*. Le métissage est dans l'air du temps, mais cette sympathique rencontre avec le groupe flamenco Ketama et le bassiste anglais Danny Thompson ne débouche sur rien de très convaincant.

**1 CD Victor/Ethnic Sound Series,
VPD 1118.
Auteur: Ebato Akira.**

1 CD Hannibal Records Ltd, HNCD 1338.

1 CD Hannibal Records Ltd, HNCD 1323.
126/1989

SÉNÉGAL   54
Musique des Bassari
★★★

Résultant de travaux effectués entre 1961 et 1967 par divers chercheurs, dont Gilbert Rouget et Monique Gessain, auteur des textes, cet album propose une petite anthologie de la musique des Bassari, un peuple vivant au sud-est du Sénégal, à la frontière guinéenne. Malgré leur récent passage du stade de chasseurs-cueilleurs à celui d'agriculteurs, les Bassari ont conservé leurs coutumes musicales ancestrales, expressions d'une tradition animiste. Dans cette société hiérarchisée en classes d'âge ayant chacune ses obligations et ses droits, c'est souvent dans un contexte rituel qu'apparaissent le chant et les instruments. L'usage de ces derniers est réglé par un réseau complexe d'interdits, liés notamment à l'initiation, au port des masques, à l'âge et au sexe. Les instruments métalliques semblent par exemple réservés aux initiés et aux femmes âgées, alors que ceux faits de matériaux végétaux peuvent être utilisés par les non-initiés.

La première face de ce disque est consacrée aux danses cérémonielles de masques, marquant les différentes périodes du cycle agricole. Dans ces chants alternés accompagnés de sonnailles, occasionnellement de flûtes, les personnages masqués sont identifiables au curieux timbre guttural de leur voix, indiquant probablement qu'ils incarnent des entités surnaturelles.

La musique de divertissement a aussi sa place chez les Bassari, comme en témoignent deux pièces instrumentales bucoliques, jouées à la cithare «de bouche» et aux flûtes appariées, ou encore les danses récréatives de jeunes gens ou de femmes. Les chants de travail de ces dernières, cadencés par le son sourd du pilon, attestent le vœu des Bassari de rythmer leurs activités quotidiennes sur les cycles de la nature.

**1 LP Le Chant du monde/CNRS-Musée de l'homme, LDX 74753.
Auteur: Monique Gessain.** 88/1986

SÉNÉGAL 55
Tom-tom Arabesque
The Session of Cross Beat Drums in Shell Island
★★★

CÔTE D'IVOIRE 56
Tom-tom Fantasy
A Dream Night of Mask Festival in Côte d'Ivoire
★★

Sous ces titres inutilement aguicheurs se cachent non seulement deux styles de percussion, deux esthétiques bien distinctes, mais aussi deux types de circonstances de jeu: l'un «en situation», et l'autre dans une version théâtralisée,

caractéristique des tentatives actuelles de «préservation» des cultures traditionnelles.

Enregistré dans l'île de Fadiouth, à proximité de Dakar, le premier condense par un habile montage l'ambiance typique d'une fête de village sénégalaise. Chez les Wolof et les Lebou qui vivent dans cette région, le tambour *sabar* est roi et, à l'exception d'un chant de femmes accompagné de calebasses percutées, c'est lui qui mène ici la danse ou qui stimule les protagonistes des fameuses séances de lutte sénégalaise. Frappé par une baguette et une main nue, le *sabar* est doté d'une riche palette de timbres mettant en valeur la subtilité de ses polyrythmies.

Quant au second de ces documents africains, il a été réalisé dans le cadre du «Festimask 87» d'Abidjan, au cours duquel s'affrontent les plus brillantes manifestations de la mosaïque ethnique ivoirienne. Soumis à l'inévitable mise en scène requise par un tel événement, les maîtres tambourinaires trouvent quand même le moyen de «s'éclater»; d'un tableau à l'autre de ce spectacle soigneusement orchestré, ils ont ainsi tout le loisir de démontrer la diversité de leur talent. Mais cela reste de la démonstration...

**2 CD Victor/Ethnic Sound Series, VDP 1294 et 1295.
Auteur: Ohashi Chikara.**
130/1990

CÔTE D'IVOIRE, SENOUFO 57
Musiques de funérailles fodonon

Cette introduction aux cérémonies funéraires et para-funéraires des Fodonbele (pluriel de Fodonon) de Côte d'Ivoire est avant tout un intéressant document ethnographique. Il serait vain de vouloir l'aborder en dissociant l'écoute d'un essai de compréhension de son contenu, dont découle, nécessairement, la dimension esthétique de cette musique.

Si le monde moderne a tendance à occulter tout ce qui se rapporte de près ou de loin à la mort, hormis son aspect catastrophique, cette dernière occupe une place importante dans une civilisation telle que celle des Sénoufo. Le décès d'un vieillard est l'occasion d'exalter les puissances de l'Invisible aussi bien que de réaffermir les liens familiaux et claniques. Rite de passage où tristesse et joie alternent – comme les deux faces d'une même pièce –, c'est aussi le moment prescrit pour l'initiation des adolescents.

La première partie de ce disque nous présente des extraits musicaux se rapportant aux funérailles d'une femme, alors que la seconde est dédiée à celles d'un homme. A côté de lamentations et de chants de procession, accompagnés ou non d'instruments, deux plages font entendre des chants d'insultes, curieusement adressées en période de deuil aux représentants du sexe opposé : cette fonction d'exutoire peut, sous plus d'un rapport, être comparée à celle du carnaval dans d'autres sociétés.

Musicalement, les morceaux les plus attachants sont ceux mettant en évidence le rôle d'instruments mélodiques : l'ensemble de xylophones *tyembara*, caractérisés par leur échelle équipentaphonique ; l'orchestre des sifflets *soro*, dont la combinaison crée de saisissants effets polyphoniques, ou encore un très beau chant malinké accompagné de harpe-luth.

La notice bien documentée de cet album est cependant trop exclusivement descriptive et musicologique : elle ne fournit aucune clé permettant de saisir la conception eschatologique des Fodonbele, ni même de percevoir la signification de chaque séquence au sein de la cérémonie.

1 LP Le Chant du monde/CNRS-Musée de l'homme, LDX 74838.
Auteur : Michel de Lannoy.
84/1985

CÔTE D'IVOIRE   58
Veillée funéraire sénoufo-fodonon
★★★

Pour le deuxième volet de son hommage au peuple fodonon de Côte d'Ivoire, Michel de Lannoy s'est intéressé plus particulièrement à la société initiatique des «gens de la calebasse» (*bolonyen*), spécialisée dans la musique des veillées funéraires. Dans un temps et un espace entièrement ritualisés, de majestueuses mélodies vocales se déploient selon une «forme-relais» caractéristique : placés côte à côte, les chanteurs exécutent, par couples successifs, les éléments de longs chants, rythmés par le martellement des harpes monocordes.

Accompagnant parfois les évolutions acrobatiques de curieux personnages encagoulés, cette musique crée un effet de lente stéréophonie tout-à-fait fascinant. D'un abord peut-être ardu, ce genre de document est cependant essentiel à l'élargissement de notre sens musical. Ce n'est qu'au prix d'une écoute attentive que se révèle le mystère de ses formes musicales, enracinées dans une notion du temps qui nous est peu coutumière.

1 CD Auvidis/UNESCO, D 8203.
Auteur : Michel de Lannoy.
135/1990

CÔTE D'IVOIRE   59
Chants et musique de xylophones des Sénoufo
★★★★

Chez les Sénoufo de Côte d'Ivoire, du Mali et du Burkina Faso, le son musical est indissociablement lié à ses connotations socio-culturelles, les genres musicaux sont déterminés par autant de catégories fonctionnelles dans lesquelles ils s'insèrent. Dans ce double album microsillon, Till Förster aborde plus particulièrement deux domaines apparentés du répertoire sénoufo: le chant des jeunes filles et la musique de xylophones, dont l'interaction se manifeste dans les danses récréatives.

Pour commencer, quelques chants *a cappella* exécutés par des groupes d'adolescentes évoquent l'univers poétique secret d'une classe d'âge jouissant dans la société sénoufo d'une grande liberté. Dans ces rondes d'une tendre sensualité, l'insouciance du jeu se mêle volontiers à des allusions à peine voilées au premier amour, à ses espoirs et à ses peines. Lorsque, sous l'impulsion de l'orchestre, ce chant se mue en danse, il perd de son intimité pour devenir exultation collective. Son profil mélodique se fait alors plus syllabique, plus «instrumental», dans la mesure où il est contraint de suivre le rythme et l'échelle pentatonique des harpes-luths et des xylophones.

Appelé *kpôyê*, le xylophone à douze lames est omniprésent dans la vie festive et rituelle des Sénoufo. Il occupe la place centrale aussi bien dans la musique funéraire – qui avait fait l'objet de deux disques de Michel de Lannoy – que lors des cérémonies commémoratives ou des danses de divertissement. La part du lion lui est donc ici réservée, et une notice très pénétrante permet d'en saisir les implications dans la vie communautaire, notamment à l'occasion des réjouissances clôturant la formation initiatique des garçons. Comme les Sénoufo aiment à le dire, leur territoire est vraiment le «pays des balafons»!

2 LP Museum Collection, Berlin, MC 4.
Auteur: Till Förster.
113/1988

ADAMA DRAMÉ   60
Musiques et chants des griots - «djeli»
★★★

Chants de louanges, proverbes, satires, récits historiques ou généalogies, les longues mélopées des griots sont en Afrique occidentale les garants de la tradition orale. Transplantées en Europe, elles deviennent les témoins d'un univers poétique inépuisable. Le percussionniste Adama Dramé, virtuose incontesté du *djembé* – voir ses disques *Rhythms of the Manding* (GREM, G 1042), *Tambour djembé* (Auvidis, AV 4510), *Djembéfola* (CPA, L 239 360) – nous propose ici une ballade à travers les chants et les rythmes mandingues. Accompagné de deux chanteuses et de trois instrumentistes, il se réserve la part du lion dans ces enregistrements, donnant une formidable impulsion rythmique à une musique sinon assez répétitive. On regrettera toutefois que la prise de son privilégie par trop le *djembé* aux dépens des instruments mélodiques; les sonorités chaudes du *balafon* et de la *kora* ne sont perçues qu'en toile de fond aux fougueuses improvisations du maître tambourinaire. Mais quelle énergie!... Adama parvient à tirer de son instrument des timbres d'une variété étonnante et des effets rythmiques d'une telle complexité qu'on croirait entendre tout un orchestre de tambours.

1 LP Auvidis, AV 4519.
95/1986

CÔTE D'IVOIRE   61
Adama Dramé: tambour djembé
★★★

Alors que son précédent album avait été pour Adama Dramé l'occasion de s'entourer de quelques amis musiciens ivoiriens, celui-ci présente le *djembé* dans toute sa nudité, enregistré en studio à Paris. Adulé comme un «génie de la percussion», Adama est sans aucune doute un maître tambourinaire; son jeu manifeste une puissance et une subtilité peu communes. Partant de figures rythmiques d'apparence simple, il en développe progressivement une quantité de variations, infimes ou spectaculaires: triturant la matière sonore à son gré, il conduit son auditoire jusqu'au paroxysme de la transe avec une science achevée.

Mais ce genre de production appelle toutefois certaines réserves: en privilégiant l'instrument aux dépens de son contexte, elle déplace le discours. En Afrique occidentale, cette musique s'intègre toujours à une situation partagée à parts égales entre percussionnistes, danseurs et auditeurs.

Pour captivante qu'elle soit, l'admirable prestation en solo d'Adama Dramé ne restitue rien de son environnement normal; elle l'évoque tout au plus. En se laissant assimiler au modèle européen du virtuose, Adama risque aussi de raviver l'image surannée de «l'Africain ruisselant de sueur tapant frénétiquement sur son tam-tam» qui a fait frémir plus d'un touriste. A quand un enregistrement d'Adama Dramé parmi les siens, sur la place du village de Nouma?

1 CD Auvidis, A 6126.
106/1987

NIGÉRIA   62
Musique des Ibos
★★★

Extraite de l'*Anthologie de la musique africaine* publiée par l'Institut international de musicologie comparée de Berlin, cette belle production présente un large éventail de la musique des Ibos, une ethnie vivant au sud-est du Nigeria. Dans cet univers aussi riche en signification qu'en couleurs sonores, le chant des conteurs et la musique de divertissement voisinent avec les longues cérémonies d'associations de masques destinées à la communication avec les puissances de l'Invisible. Les trompes de calebasse ou d'ivoire «parlent» aux ancêtres pendant qu'une section rythmique lancinante composée de tambours à membrane, de tambours de bois, de gongs et de hochets accompagne la procession des masques. Que ce soit à l'occasion d'un rite funéraire, de la cérémonie d'intronisation d'un notable ou lors d'une des nombreuses fêtes du calendrier, l'existence des Ibos est constamment soumise à un système complexe d'interactions entre le monde des vivants et celui des morts.

Mais les musiciens ibos possèdent aussi un réel sens lyrique, comme le montrent les chants d'une douce nostalgie accompagnés à la cithare ou au *mbira*, le petit «piano à pouces» africain dont les vieillards aiment à jouer le soir au clair de lune, après un bon repas...

1 LP Bärenreiter-Musicaphon/UNESCO, BM 30 L 2311.
Auteur: David W. Ames.
93/1986

ANTHOLOGIE DE LA   63
MUSIQUE DU NIGER
★★★

En ressortissant de ses tiroirs ces enregistrements réalisés en 1963 par Tolia Nikiprowetzky, Ocora apporte une nouvelle contribution à ce qui peut déjà être considéré comme l'ethnomusicologie «historique». Les changements sociaux sont en effet si rapides dans les régions sahéliennes et sahariennes du Niger qu'il serait probablement difficile d'y retrouver aujourd'hui l'équivalent de ces témoignages.

Comme tout Etat africain, le Niger constitue une véritable mosaïque ethnique et, à cet égard, la présente anthologie est hélas trop sommaire pour en donner une vue globale. Elle aurait nécessité de nombreux volumes et un commentaire plus substantiel afin de rendre pleine justice aux expressions musicales des Sonraï, des Djerma, des Haoussa, des Béri-Béri, des Touareg et des Peul qui y apparaissent. Un peuple comme les Touareg, par exemple, voué à une mort culturelle plus ou moins rapide, est encore pratiquement absent de la production discographique; il aurait pourtant seul de quoi fournir matière à plusieurs publications.

Quoi qu'il en soit, ce matériel permet déjà de mesurer la diversité du patrimoine musical nigérien et le raffinement de certaines de ses composantes. Il mérite donc tout notre respect et notre attention la plus vive, en attendant la suite...

1 CD Ocora, C 559056.
Auteur: Tolia Nikiprowetzky.

NOMADES DU DÉSERT 64
Les Peuls du Niger
★★

Pour les Wodaabe, un groupe peul du Niger, le retour de la saison des pluies est l'occasion d'abondantes libations. Les retrouvailles entre les différents clans sont célébrées par force chants et danses, dont un choix figure dans ce disque. Le chant collectif fait apparaître la combinaison de plusieurs procédés plurilinéaires – hétérophonie, tuilage, etc. – tout à fait spécifique. Ces mélodies, qui se déversent en vagues successives, sont d'une beauté saisissante. Quant à la musique instrumentale, d'un usage assez limité chez les Peuls, elle n'est représentée ici que par trois brefs solos de clarinette, de flûte et d'arc musical.

Ces enregistrements d'un intérêt indéniable sont hélas desservis par un montage hâtif et par un commentaire franchement succinct, parfois erroné. On cherchera en vain des informations sur des pièces telles que *Lelore*, *Barka morada* ou *Kobidjie*, dont les titres n'explicitent rien. Il est de plus regrettable que les auteurs définissent l'instrument nommé *odiliarou* comme étant un hautbois, alors qu'il s'agit de toute évidence d'une clarinette, ou qu'ils parlent de «flûte à tenue droite» à propos de ce qu'il est justement convenu d'appeler une «flûte oblique»! Ces faiblesses font perdre à ces documents une bonne part de leur crédibilité, et c'est dommage: la musique des Peuls méritait mieux.

1 CD Playa Sound, PS 65009.
Auteurs: Roselyne François, Manuel Gomes.
112/1988

LES PEULS 65
Musique des Peuls Djelgôbé de la région de Téra (Niger) - Musique des Peuls de la région de Kouandé (Nord-Dahomey)
★★★

Ces disques récents ne nous feront pas oublier les documents publiés il y a une quinzaine d'années par Simha Arom dans la collection «Atlas musical» de l'Unesco. Aujourd'hui réédité en disque compact, ce matériel demeure une introduction inégalée à la diversité des genres musicaux et des techniques vocales et instrumentales fulani.

Se conformant à l'imagerie courante du berger nomade, les Peuls font un large usage de la flûte de mil, qu'ils associent volontiers à un instrument de percussion fait d'une calebasse évidée. Mais les Djelgôbé du Niger, auxquels sont consacrées les six premières plages, connaissent aussi le luth à trois cordes, le chalumeau et la guimbarde d'écorce. Arom nous soumet d'ailleurs un montage de quatre interprétations de la même pièce, *Pakapaka*, afin de mettre en évidence la combinaison des techniques de souffle et de contrôle des harmoniques propre au jeu de ce petit linguaphone.

Quant aux Peuls du Bénin (ancien Dahomey), ce sont avant tout de remarquables chanteurs dont l'art s'exerce à de nombreux propos : chroniques, chansons d'amour, louanges, polémiques, berceuses. Mais les plus étonnants, à la fois au niveau du contexte et à celui de l'expression, sont les chants de flagellation (*soro*). A l'issue de ces joutes oratoires, qui se présentent sous forme de brefs récitatifs *a cappella*, les jeunes gens doivent mesurer leur courage et leur endurance en se bastonnant mutuellement. Que ne ferait-on pas pour épater les filles !

1 CD Auvidis / UNESCO, D 8006.
Auteur : Simha Arom.
119 / 1989

GUINÉE 66
Les Peuls du Wassolon
La danse des chasseurs

Peu de musiques témoignent autant que celle des Peuls du Wassolon d'une si parfaite osmose avec les puissances de la nature. C'est une véritable écologie des sons qui préside à l'art de ces bardes guinéens. «Les récits évoquent un lieu et un temps mythique où hommes et animaux ne sont pas différenciés, où l'équilibre entre chasseurs et chassés doit être maintenu, signale Patricia Pailleaud dans sa notule. Sur l'accompagnement répétitif et obsédant de quatre grandes harpes-luths, les conteurs du vil-

lage de Mandiana célèbrent le don de la parole, qui leur a été octroyé par Dieu pour que leur peuple ne tombe pas dans l'oubli. Par la magie des mots, ces «griots de fait» commémorent le souvenir de leurs prestigieux ancêtres, qui savaient dominer leurs passions pour parvenir à leur but : les héros de l'épopée mandingue, les vaillants chasseurs dont la bravoure était exemplaire, ou les grands forgerons du passé, ces «maîtres du feu» par qui s'est perpétuée la science ésotérique.

Un choix de pièces judicieux et homogène permet de pénétrer de plain-pied dans l'univers musical wassolonké, et l'unité sonore ne génère ici aucune lassitude. Ces remarquables documents de terrain sont, de plus, servis par une prise de son digitale qui reproduit l'ambiance de la fête jusque dans ses moindres détails : la plus infime vibration d'une corde, le cri d'un enfant au loin, tout est restitué avec une totale précision. Saluons enfin une excellente présentation de cette musique et de son contexte dans la petite brochure accompagnant ce CD. On y trouvera avec plaisir les paroles des chants, textes poétiques d'une inspiration élevée exprimant en un langage imagé une réelle sagesse traditionnelle : «Le monde est un lieu de passage», chante le griot, «l'homme n'y est pas au bout de son chemin.»

1 CD Ocora / Les films du village,
C 558679.
Auteurs : Patrick Larue, Patricia Pailleaud,
Daniela Langer.
109 / 1988

GUINÉE 67
Musiques du Fouta-Djalon

Ce disque sur les Peuls de Guinée est à rapprocher d'un autre paru dans la même collection sur leurs congénères nigériens :

une sélection esthétiquement intéressante mais disparate, et surtout desservie par la pauvreté du texte d'accompagnement. Insistons, au risque de paraître pesant: une publication de ce type n'a de sens que dans la mesure où elle offre les moyens d'une réelle compréhension de l'autre; les musiques traditionnelles sont des langages normatifs et l'on ne saurait les apprécier que dans la mesure où l'on en pénètre tant soit peu la signification et le rôle social. A l'époque où ces musiques sont menacées dans leur existence même, il est non seulement possible, mais urgent d'en dévoiler la pleine dimension; le disque de Patricia Pailleaud sur *Les Peuls du Wassolon* reste à cet égard un modèle.

Cela dit, on ne manquera pas d'être conquis par les timbres instrumentaux de la musique du Fouta-Djalon. Le plus saisissant est sans doute celui de la flûte *tambiru*, dans laquelle le musicien chante et parfois hurle en même temps qu'il en joue. L'influence de cette technique a certainement été pour beaucoup dans le jeu d'un jazzman comme Roland Kirk – rappelez-vous son fameux *You did it, You did it!*

1 CD Playa Sound, PS 65028.
Auteur: Gérard Bagès.
121/1989

MAMADY KEITA 68
& SEWA KAN
Wassolon – Percussions malinke
★★★

LES GÉNIES NOIRS 69
DE DOUALA
Percussions et danses
du Cameroun
★★

Mamady Keita est un de ces musiciens africains qui passent le plus clair de leur temps en Europe, un de ceux grâce auxquels le tambour *djembé* a acquis chez nous ses lettres de noblesse. De moteur de la fête, d'agent du rite qu'il est dans ses terres natales, cet instrument est devenu ici le moyen d'expression de virtuoses – comme Mamady Keita – souvent prodigieux; en d'autres termes, d'objet utilitaire, il est devenu instrument «de musique». Avec le griot guinéen et ses comparses, le transfert s'effectue bien, et leurs polyrythmies parfaitement mises en place sont d'une réelle efficience. Sewa Kan, «musique-joie», le nom du groupe est bien choisi, tant ces sept percussionnistes et chanteurs s'en donnent à cœur joie; et si, comme le dit la chanson, «c'est le son des tambours qui anime la ville», reconnaissons que les rues de nos mornes cités auront encore souvent besoin d'une telle dose d'allégresse.

De Douala, les Génies noirs sont aussi venus nous apporter leur parole d'africanité. Mais le message passe ici moins bien: les djinns de la savane et les zombies de la forêt semblent avoir souffert du voyage et ne plus répondre avec grand élan aux imprécations de la troupe camerounaise. Un répertoire hétéroclite voudrait nous démontrer la diversité de son talent; il ne génère qu'une douce lassitude; la conviction n'y est pas et on reste sur l'impression mitigée d'assister aux prouesses d'un de ces ballets bien huilés, qui montrent plus qu'ils ne communiquent.

1 CD Fonti Musicali, 581159.
Auteur: Michel Evrard.

1 CD Arion, ARN 64112.
Auteur: Marina Masciavè.
137/1990

GHANA : KOGIRI   70
Le Monde de Kakraba Lobi
★★

LES PERCUSSIONS   71
DU GHANA
Mustapha Tettey Addy
★★

L'exportation des musiques africaines a
favorisé le développement d'une virtuosité souvent prodigieuse, mais s'exer-
çant aux dépens de leur signification profonde, laquelle est nécessairement liée
à leur insertion sociale. A cet égard, les
documents de terrain sont toujours pré-
férables à ces exhibitions hors contexte,
aussi spectaculaires soient-elles. Lorsqu'on sait à quel point, en situation
« réelle », un musicien africain peut être
porté par son auditoire, on peut alors
mesurer ce qui manque aux prestations
des Ghanéens Kakraba Lobi et Mustapha Tettey Addy telles qu'elles apparaissent ici.

Cela dit, il faut reconnaître que ces
deux grands griots démontrent chacun
une parfaite maîtrise de leurs divers instruments. On appréciera surtout le grand
xylophone *kogiri* des Lobi qui, sous les
mailloches de Kakraba, devient d'une
expressivité admirable (voir aussi son
Xylophone Player from Ghana, Tangent
Records TGS 130). Quant à Mustapha
Tettey, il est – faut-il le rappeler? – un
instrumentiste d'une énergie farouche-
ment communicative, et sa démonstration permet de mesurer la diversité de
son talent.

1 CD Victor/Ethnic Sound Series,
VPD 1099.

1 CD Arion, ARN 64055.
Auteur : Claude Morel.
124/1989

RYTHMES AFRICAINS   72
★★

LOUIS-CÉSAR ÉWANDÉ   73
Percussion Ensemble
★★

PERCUSSIONS D'AFRIQUE   74
★★

L'Afrique et ses rythmes sont à la
mode... Cet engouement se traduit par
une quantité de productions d'intérêt
très divers, alimentant souvent plus les
fantasmes d'un public friand de transes
exotiques qu'une réelle connaissance de
telle ou telle tradition musicale subsaharienne. Ainsi, les «Rythmes africains» de
M. Baroty et Ayib Dieng ou le «Percussion Ensemble» de Louis-César Ewandé
présentent-ils une Afrique de synthèse
qui n'existe que dans leur imagination.
Ghanéen établi de longue date en
Europe, Ewandé ne se contente pas
d'une panoplie instrumentale purement
africaine : il y a adjoint tambours chinois,
cloches tibétaines, gongs philippins et
toutes les percussions courantes des
musiques afro-brésilienne et antillaise
avec, il est vrai, un certain talent. Le
Brésil est aussi présent chez Dieng,
dont les rythmes sont souvent plus
proches de la *batucada* que de quel-
conques racines africaines.

Dans un genre un peu différent, l'étiquette laconique de «Percussions
d'Afrique» cautionne des enregistrements
réalisés dans la médina de Dakar auprès
d'émigrés diola. Originaires de basse
Casamance, au sud du Sénégal, les Diola
sont une des nombreuses ethnies minori-
taires vivant dans ce pays. Leur musique
est encore peu connue, et ce disque n'en
donne hélas qu'une idée très partielle.
Montés à la hâte, de longs extraits d'une
cérémonie de mariage sont suivis d'interminables séquences de lutte sénéga-

laise, avec en intermède deux minutes de pilage du mil par des femmes hilares! Les techniques instrumentales des tambourinaires diola sont certes dignes d'éloges, mais de tels sons d'ambiance accompagnés de commentaires oiseux sur ces «images sonores typiquement africaines» ne leur rendent pas justice.

1 CD Auvidis, A 6144.
1 LP Bleu Ciel, BLC 003.
1 CD Playa Sound, PS 65004.
Auteur: Philippe Eggelshoven.
114/1988

AFRICA 75
Drums, Chant & Instrumental Music

Recorded in Niger, Mali & Upper Volta by Stephen Jay

Voici un disque comme on n'en fait plus! Sa réalisation date effectivement d'il y a une quinzaine d'années et, s'il trouve aujourd'hui sa place dans ces colonnes, c'est qu'il est un des premiers de la prestigieuse série américaine Explorer à connaître une réédition en CD. La musique qui y figure est en soi irréprochable; elle illustre bien certains aspects saillants de pratiques toujours vivantes dans l'immense zone des savanes ouest-africaines. Mais le Niger, le Mali, le Burkina-Faso – qui, n'en déplaise aux éditeurs, a abandonné depuis 1984 son nom de Haute-Volta, trop chargé de relents colonialistes – et enfin le Ghana, qui n'est pas mentionné en couverture: ces pays sont trop riches en traditions musicales pour se laisser réduire chacun à quelques minutes d'enregistrement, arbitrairement choisies et sommairement décrites. A quand la suite du catalogue?

1 CD Elektra Nonesuch / Explorer Series, 972 073-2.
Auteur: Stephen Jay.
142/1991

AFRIQUE CENTRALE ET AUSTRALE

ANGOLA 76
Mukanda na Makisi
★★★

Les enregistrements réunis thématiquement dans ces deux disques ont été recueillis en 1965 par l'ethnomusicologue Gerhard Kubik chez les Ngangala, un groupe pluri-ethnique et -linguistique de la province de Kwandu-Kuvangu, au sud-est de l'Angola. Le terme *mukanda*, qui sert ici de ligne directrice, désigne la période de réclusion et d'initiation des garçons suivant le rite de circoncision, ainsi que l'enclos construit chaque année à cet effet. Les *makisi* sont les masques figurant les ancêtres mythiques, indissociablement liés aux écoles de circoncision: masques «masculins» de fibres et de feuilles, et peintures faciales et corporelles des personnages «féminins».

Cela pour situer la nature de ces témoignages sonores, qu'on hésite à qualifier de «musicaux». Les chants d'outre-tombe des masques et les polyphonies vocales, dont les femmes semblent être les spécialistes, s'inscrivent dans un contexte intégralement rituel, que le battement des tambours consacrés et les occasionnelles sonneries de trompes ne font qu'accentuer. Ce type de document est important, car il nous permet de mesurer la complexité et la profondeur d'une des multiples manifestations cultuelles d'Afrique subsaharienne. Une plaquette pourvue d'un texte très dense et de nombreuses illustrations en fournit l'indispensable complément.

2 LP Museum Collection, Berlin, MC 11.
Auteur: Gerhard Kubik.
97/1987

BAMILEKE - CAMEROUN 77
Funérailles d'une reine bamiléké
★★

La critique musicale est une tâche délicate lorsqu'elle s'adresse à des documents sonores dont l'authenticité est en quelque sorte corroborée par leur absence totale de «musicalité», dans le sens ordinaire du terme. De toute évidence, on ne peut appliquer les mêmes critères d'appréciation à ces témoignages musicaux de funérailles camerounaises aux longues séquences répétitives qu'aux traditions savantes d'Orient ou aux musiques populaires européennes, voire aux maîtres griots mandingues. L'appellation même de «musique» paraît peu adéquate pour désigner la composante audible d'une cérémonie dont la raison d'être est plus rituelle qu'esthétique.

Le travail de l'ethnomusicologue est destiné avant tout à informer et non à plaire. L'écoute de ces enregistrements réalisés par Bernard Surugue chez les Bamiléké doit donc être abordée dans cette perspective. A travers les fastes funéraires d'une épouse de dignitaire Néé, on peut se faire une idée de la situation socio-culturelle de cette ethnie du sud-ouest camerounais. Il est intéresssant de constater que, malgré l'adhésion de la défunte au christianisme et le mode de vie semble-t-il moderne de la plupart des participants à cette cérémonie, les passages reproduits ici font état d'une musique encore ancrée dans la tradition, à l'exception d'une «fanfare évangélique» d'un effet assez cocasse.

1 K7 LETO/ORSTOM-SELAF, 805.
Auteur: Bernard Surugue.
90/1986

CENTRAFRIQUE 78
Anthologie de la musique des Pygmées Aka

On ne peut qu'attribuer un «choc» à cette réédition en CD de l'œuvre discographique majeure de Simha Arom. Dix ans après sa première publication, cette anthologie reste un modèle du genre, un classique incontournable de l'ethnomusicologie africaniste. La musique des Aka, un des trois groupes pygmées de Centrafrique, témoigne d'une civilisation raffinée, prouvant, s'il le fallait, que l'épanouissement intellectuel et artistique d'un peuple ne dépend en aucun cas de son développement matériel et technologique. Essentiellement vocale, accompagnée ou non de percussions, cette musique de structure pentatonique et – chose rare en Afrique centrale – polyphonique donne «l'impression d'un extraordinaire entrelacs de voix et de timbres vocaux», note Arom. Elle met en effet en œuvre l'imbrication de nombreux procédés tels que hoquet, tuilage, hétérophonie, yodel, etc., d'un effet tout à fait saisissant.

La répartition des pièces fait ressortir la totale intégration de la musique aux principaux événements de la vie sociale et religieuse; chants de chasse, rituels de la récolte du miel, consécration d'un nouveau campement, divination, mais aussi berceuse, jeux enfantins, chantefables et danses récréatives: autant d'occasions pour les Aka de raffermir et d'exalter leur appartenance à la communauté.

Le travail d'Arom rend pleine justice aux «petits hommes de la forêt». Reproduite ici intégralement, sa notice fournit les clés essentielles à la compréhension de l'univers musical pygmée, en un langage à la fois accessible, concis et pénétrant. Quelle serait en effet la finalité de l'ethnomusicologie de terrain si elle n'était assortie de l'art de la communication, du partage de ses découvertes et de ses émerveillements? Notons tout de même, à l'adresse de l'éditeur, que la lecture de ces documents est entravée par l'incohérence de la numérotation des pièces entre le livret et le dos de la pochette.

2 CD Ocora, C 559012 / 13.
Auteur: Simha Arom.
110 / 1988

RÉPUBLIQUE CENTRAFRICAINE 79
Dendi - Nzakara - Banda-Linda - Banda-Dakpa - Gbaya - Ngbaka - Pygmées Aka
★★★★

Plusieurs disques dont la fameuse *Anthologie de la musique des Pygmées Aka* réalisée par Simha Arom nous ont déjà révélé le formidable potentiel créatif des peuples centrafricains. Celui-ci fait la part belle aux Banda-Linda, une ethnie de la savane dont Arom a largement contribué à faire connaître les prodigieuses «polyphonies et polyrythmies instrumentales» (titre de son remarquable ouvrage sur la question, publié en 1985). Pour vous en convaincre, écoutez par exemple leurs étonnants ensembles de sifflets ou de trompes, ou encore leur musique de danse pour deux tambours à fente. Quant au contrepoint vocal, c'est l'apanage exclusif des Pygmées, qui en fournissent ici deux exemples tirés du répertoire de la chasse.

A ces manifestations de la vie communautaire s'opposent les expressions de caractère intimiste, tel le chant à «penser» des Gbaya, délicatement accompagné par deux *sanza*, ou celui des Ngbaka voué aux mânes des ancêtres, soutenu par un motif répétitif de harpe *ngombi*. Ainsi, au fil des pièces, on découvre une grande diversité de techniques et de catégories musicales, qui attestent une profonde ingéniosité développée à partir des matériaux les plus simples et – ce qui est plus important – témoignent d'un art musical sans pareil.

1 CD Auvidis/UNESCO, D 8020.
Auteur: Simha Arom.
132/1990

CAMEROUN 80
La musique des Pygmées Baka
★★★

CHANTS DE L'ORÉE 81
DE LA FORÊT
Polyphonies des Pygmées Efe

Petits par la taille, mais grands par l'imagination, les Pygmées de la forêt équatoriale ont déjà fasciné plus d'un amateur de musiques «ethniques», notamment par l'ingéniosité de leurs procédés polyphoniques. Simha Arom en a démontré l'ampleur avec sa fameuse *Anthologie de la musique des Pygmées Aka* de Centrafrique. Peut-être moins spectaculaires, mais néanmoins très attachants, ses documents sur les Baka, recueillis au Cameroun en 1975, nous présentent une expression essentiellement vocale. Les femmes «chantent le chant» et les hommes «marchent le chant», c'est-à-dire dansent. Quant aux instruments, ils sont ici rarement utilisés, hormis parfois quelques sonnailles et tambours. Notons une curiosité: le jeu du «tambour d'eau» des enfants, qui consiste à frapper l'eau de la rivière à différentes profondeurs avec

les mains creusées en cuillères.

Plus récents, les enregistrements effectués par Didier Demolin chez les Pygmées Efe de l'Ituri, au nord-est du Zaïre, témoignent d'un univers musical étonnamment divers: on y rencontre toutes les catégories désormais «classiques» de la musique pygmée: polyphonies vocales en yodel, polyphonies instrumentales en hoquet, par des ensembles de trompes ou de sifflets; mais également d'autres genres musicaux attestant leurs contacts périodiques avec les peuples sédentaires voisins, comme le démontre l'usage de la harpe ou du *likembe*, petit instrument à lames pincées de la famille des *sanza*. La chasse, la cueillette du miel, l'initiation ou le culte des ancêtres: autant d'occasions pour les Pygmées d'affirmer un sens musical d'une étonnante originalité.

1 CD Auvidis / UNESCO, D 8029.
Auteurs: Simha Arom et Patrick Renaud.

1 CD Fonti Musicali, FMD 185.
Auteur: Didier Demolin.

CHASSEURS PYGMÉES 82
Pygmées Aka d'Afrique centrale
★★★

Bien qu'elle ne s'y réfère pas, cette publication, réalisée par Henri Guillaume et Bernard Surugue pour l'Orstom (Office de la recherche scientifique et technique outre-mer), s'inscrit en complément des documents recueillis en 1946 par Gilbert Rouget pour le Musée de l'Homme, dont une partie a récemment été rééditée, ainsi que de l'excellente *Anthologie de la musique des pygmées Aka* (*Centrafrique*), publiée par Simha Arom chez Ocora.

Chez ce peuple nomade de chasseurs-cueilleurs à la culture matérielle rudimentaire, la musique vocale occupe naturellement une place prépondérante, qu'il s'agisse du chant proprement dit ou d'expressions vocales liées à la chasse ou à la vie en forêt, et qualifiées par les Aka eux-mêmes de «non musicales». Témoins en sont de curieux cris de chasse ou encore les imitations de cris d'animaux, dont les Pygmées sont passés maîtres et qu'ils pratiquent aussi bien comme jeux, comme moyens de communication, qu'intégrés à certains rites propitiatoires, ou en tant que «leurres de chasse», à la façon d'appeaux.

Signalons encore un exemple de polyphonie vocale et quatre chants de femmes accompagnés à l'arc musical *mbiti*, dont ce disque offre la première présentation.

1 LP LETO / ORSTOM-SELAF, 795.
Auteurs : Henri Guillaume, Bernard Surugue.
88 / 1986

GABON   83
Musique des Pygmées
Bibayak / Chantres de l'épopée
Hommage à Pierre Sallée
★★★★

ZAÏRE   84
Polyphony in the Rainforest
Music of the Pygmy of Ituri
★★★

Considérés comme les premiers habitants du continent africain, ceux que nous appelons irrévérencieusement les Pygmées (litt.: «hauts d'une coudée») vivent aujourd'hui disséminés dans l'immense zone de la forêt équatoriale. Chasseurs-cueilleurs, ils ont conservé avec leur mode de vie archaïque une musique essentiellement vocale qui frape avant tout par l'usage de la polyphonie et du yodel, techniques sinon rarissimes dans cette région du globe. Un fameux album de Simha Arom nous

avait familiarisés avec la musique des Pygmées Aka de Centrafrique; voici donc, disponibles en CD, deux publications complémentaires sur leurs pairs du Gabon et du Zaïre.

La première reprend le matériel précédemment édité en microsillon par le regretté Pierre Sallée sur les Pygmées Bibayak, en le complétant par un long récit épique de tradition Fang. Le chant contrapuntique des Bibayak est d'une beauté saisissante, et le travail de l'ethnomusicologue le met bien en valeur. «Cette musique jaillit en brisures vocaliques de sons purs», note Sallée, qui en présente les modalités dans un montage de fascinantes «études de jodel» à une, deux, trois, cinq et huit voix.

Moins convaincant, le disque des Japonais Yamashiro et Ohashi est consacré aux Pygmées de la forêt d'Ituri, probablement les Bambuti. Un peu disparate, leur matériel est constitué de longues séquences comportant un certain nombre de temps morts. A côté des polyphonies pygmées y apparaissent également plusieurs pièces de *likembé*, le petit lamellophone africain, emprunté depuis un certain temps par les Pygmées à leurs voisins bantous.

1 CD Ocora, C 559053.
Auteur : Pierre Sallée.

1 CD Victor / Ethnic Sound Series,
VDP 1100.
Auteur : Ohashi Chikara.
125 / 1989

ZAÏRE   85
Musique urbaine à Kinshasa
★★

Incursion inattendue de la part d'Ocora dans le monde de la musique zaïroise moderne : ce disque compact nous présente des documents «de terrain», c'est-à-dire, dans le cas présent, recueillis dans les bars de Kinshasa ou lors de grandes fêtes populaires à l'occasion desquelles voix et instruments sont amplifiés par force «lance-voix», afin «que les ancêtres reçoivent 5 sur 5 le message»!

Le *likembe* est maître chez Bana Luya et Sonkaï, deux ensembles baluba du Kasaï oriental. Trois ou quatre lamellophones de tailles variées fournissent aux chanteurs un fond sonore lancinant dont le timbre, distordu par des micros-contact, ressemble alors curieusement à celui du piano électrique. Chez les Bambala, en l'absence d'instruments mélodiques traditionnels, c'est l'accordéon qui tient le devant de la scène, accompagné par un tambour et divers instruments de percussion fabriqués à partir de matériaux de récupération. Quant à l'«Orchestre tout-puissant Likembe Konoko n° 1»,

groupe professionnel originaire d'Angola, sa prestation essentiellement instrumentale correspond à un répertoire matinal, joué «pour que les chanteurs qui ont chanté toute la nuit puissent se reposer».

Développement prévisible d'une musique née de l'exode rural, les mélodies répétitives et les rythmes trépidants de ces quatre orchestres passent le test de l'enregistrement avec un bonheur inégal. Ce sont, de toute évidence, les échos d'un vaste phénomène de société; mais le risque de cette identification culturelle nouvellement acquise est, comme bien souvent, qu'elle tende à se modeler sur les exemples électrisés imposés par les médias internationaux.

1 CD Ocora, C 559007.
Auteurs: Bernard Treton, Guy Level.
105/1987

AFRIQUE
ORIENTALE

SOUDAN I ET II   86-87
Musique de la province du Nil bleu
Vol. I : Tribu des Gumuz

★★★

Vol. II : Tribus des Ingessana et des Berta

★★★★

Les coutumes musicales de ces trois ethnies vivant dans le bassin du Nil bleu démontrent la coexistence d'influences très diverses. Chez les Gumuz, émigrants éthiopiens établis au Soudan oriental, la marque asiatique est sensible à travers certaines formes et techniques instrumentales, notamment en ce qui concerne le tambour *m'dinga*, parent probable du *mridangam* du Sud de l'Inde. Ici, le tambour sait encore parler aux humains et aux esprits. Son martèlement est omniprésent lors de l'exécution des répertoires sérieux : lamentations funéraires, chants de guerre ou exorcismes en cas d'épidémie.

La musique des Ingessana des collines semble plus intégralement soudanaise, encore qu'on y trouve, comme chez les Gumuz, le jeu de la lyre, attesté depuis la plus haute antiquité bien au-delà de la vallée du Nil.

Les ensembles de flûtes associés aux danses récréatives sont une autre particularité commune ; chaque instrument ne produit qu'un son au timbre strident, et leur combinaison crée un effet saisissant de polyrythmie en hoquet. Ce procédé est aussi connu des Berta, qui l'appliquent non seulement au jeu des flûtes, mais encore, et avec un art consommé, à celui des trompes qu'ils appellent *waza*.

L'intérêt de ces deux volumes soudanais de l'anthologie africaine de l'Unesco dépasse largement le seul plan documentaire : ils élargissent notre horizon et témoignent d'une conception musicale élaborée et souvent complexe, qui remet radicalement en question toute généralisation hâtive sur «la musique africaine».

2 LP Bärenreiter-Musicaphon / UNESCO, BM 30 SL 2312 et 2313.
Auteur : Robert Gottlieb.
99 / 1987

ETHIOPIE   88
Polyphonie des Dorzé
★★★

ISRAËL   89
Les Juifs d'Ethiopie
★★★

Deux disques très différents nous proposent certains aspects peu connus de la musique éthiopienne : le premier, dont la parution date d'il y a déjà quelques années, est consacré au *edho*, polyphonie vocale des Dorzé du sud du pays. Chants de travail, chants de fête et chants rituels obéissent ici à une même structure générale : accompagnées par un chœur produisant des formules répétitives assez simples, quelques voix solistes émergent et s'entrecroisent, faisant souvent usage de la voix de tête. Un art d'une réelle beauté, et qui s'apprend tôt, si l'on en juge par la maîtrise acquise par les enfants auxquels est dédiée la seconde face de cet album.

Tout autre est le chant des Falasha, juifs éthiopiens rendus célèbres par leur récente immigration massive en Israël. Les Falasha, ou plutôt les Beta-Israël, comme ils préfèrent se présenter, se disent descendants du roi Salomon et de la reine de Saba. Réalisé peu après leur arrivée dans leur nouvelle patrie, ce document émouvant traduit à la fois leur attachement millénaire à la tradition abrahamique et la profonde empreinte d'une esthétique vocale typiquement africaine.

1 LP Le Chant du Monde / CNRS-Musée de l'Homme, LDX 74646.
Auteur: Bernard Lortat-Jacob.

1 LP Ocora, 558670.
Auteur: Michèle Parolai.
95/1986

ETHIOPIE   90
Trois traditions de cordophones
★★★★

Un autre genre musical éthiopien mérite d'être signalé: c'est l'art des bardes, dont le présent album présente les principaux styles. Différenciées par l'instrument qui accompagne la voix – deux types de lyre et une vielle à pique monocorde – ces expressions font apparaître non seulement trois esthétiques, mais aussi trois insertions sociales distinctes.

La lyre à dix cordes *bägänna*, probablement dérivée de l'instrument au son duquel David apaisait les colères du roi Saül, est depuis longtemps le compagnon de prédilection des moines et des nobles amhara. Sa sonorité pénétrante, amplifiée par l'intercalement de bandes vibratiles de cuir entre les cordes et le chevalet, crée une ambiance douce et intimiste, propice à l'accompagnement des chants épiques, des récits symboliques et des textes d'influence biblique. Cinq pièces remarquablement interprétées par Alemu Aga, l'un des musiciens les plus réputés d'Addis-Abeba, nous montrent ici l'éventail de ses possibilités expressives.

Aux antipodes se situe le timbre fruste et lancinant du *krar*, une lyre à cinq cordes, dont la musique passe pour être la parodie démoniaque de celle du *bägänna*. Autant le caractère de cette dernière est serein et chaleureux, autant celui du *krar* peut paraître grinçant et se

prêter ainsi à un répertoire de railleries et de persiflages. Il retrouve pourtant un certain lyrisme entre les mains du chanteur Alemayehu Fantay.

Quant au *masingo*, c'est la vielle – et non le luth, comme l'indique fautivement la traduction française du commentaire – des conteurs ambulants, de ces professionnels appelés *azmari* qui égaient fêtes et tavernes de leurs airs de danse, de leurs proverbes ancestraux et de leurs mélopées amoureuses. Et quelle virtuosité sur une seule corde!

1 LP Bärenreiter-Musicaphon / UNESCO, BM 30 SL 2314.
Auteur: Cynthia Tse Kimberlin.
103/1987

ETHIOPIA   91
Kirar, Appolon's Harp
★★

Lorsque la harpe – ou plutôt la lyre – d'Apollon s'électrifie et que les bardes éthiopiens vont enregistrer au Japon, c'est le signe que quelque chose a changé au royaume des dieux. Comparés aux documents de terrain de Cynthia Tse Kimberlin, ce programme de scène monté par cinq membres du Théâtre National paraît un peu léger. On appréciera certes le timbre à la fois acide et velouté de la vièle monocorde *masanko* (ou *masingo*), servi par un joli coup d'archet; par contre, avec ses cordes métalliques, le *kirar (krar)* en arrive à ressembler à la première guitare folk venue, et les youyous de la chanteuse ne suscitent qu'un enthousiasme mitigé. C'est dommage car, située au carrefour de l'Afrique noire, de l'Egypte et de l'Asie, l'Ethiopie possède des ressources musicales d'un autre calibre.

1 CD Victor/Ethnic-Sound Series, VDP 1465.
Auteur: Ohashi Chikara.   **s.d.**

RUJINDIRI, MAÎTRE DE L'INANGA
92
Musique de l'ancienne cour du Rwanda
★★★★

Il faut d'abord savoir que l'*inanga* est une sorte de longue cithare à la sonorité un peu sourde, ayant plus ou moins la forme d'un bouclier. Au Rwanda, elle servait dans le passé à accompagner les chants historiques du royaume Tutsi. Mais l'évolution des structures politiques a modifié son répertoire, et rares sont aujourd'hui les vieillards qui se souviennent encore des hauts faits des anciens héros. A cet égard, un disque complet dédié à l'un de ces précieux mémorialistes se justifie pleinement : ceci pour l'aspect documentaire de cette réalisation.

Par chance, ces enregistrements superbes nous réservent en outre une surprise. Rujindiri est un narrateur savoureux, à la voix prenante ; mais, à sa manière, il est aussi un novateur ; non que son style s'écarte des canons traditionnels, mais par le fait que, contrairement à l'usage, il s'adjoint parfois deux «choristes» qui lui donnent la réplique. Le fait pourrait paraître anodin, mais à eux trois, ils créent ainsi, presque à leur insu, une sorte d'hétérophonie vocale tout à fait inattendue, dont on cherchera en vain d'autres exemples dans cette région du monde.

1 CD Fonti Musicali, FMD 186.
Auteur : Jos Gansemans.
140 / 1991

BURUNDI
93
Musiques traditionnelles
★★★★

Au gré de ses rééditions en disques compacts, Ocora remet en circulation quelques perles un peu vite oubliées au profit de publications plus récentes. C'est ainsi que, vingt ans après sa première parution, cette petite anthologie des musiques du Burundi ressurgit, augmentée de cinq plages inédites. Parmi celles-ci, une longue suite de pièces vocales accompagnées de la cithare *inanga* élargit l'abord de la curieuse technique dite de la «voix chuchotée». Ce ton confidentiel se retrouve aussi dans le jeu de la *sanza* et de l'arc musical, compagnons de la solitude autant que soutiens des récits pastoraux traditionnels. Quant aux tambours royaux *ingoma*, associés au chant, aux trompes et toujours à la danse, ils sont au contraire les instruments des solennités collectives ; deux nouveaux enregistrements réalisés lors des grandes fêtes de chefferies rundi permettent de mieux en cerner la pleine dimension.

Les musiques traditionnelles étant par définition peu sujettes aux modes – si ce n'est pour se renier —, de tels documents conservent aujourd'hui tout leur intérêt, autant par l'harmonie organique dont ils témoignent que par leur beauté à la fois altière et généreuse.

1 CD Ocora, C 559003.
Auteur : Michel Vuylsteke.
113 / 1988

TANZANIA
94
The Art of Hukwe Ubi Zawose

Il se pourrait qu'on entende bientôt beaucoup parler de Hukwe Ubi Zawose, tant son talent est remarquable. Une réelle virtuosité vocale et instrumentale lui permet de développer tout le potentiel expressif de son art, et ainsi d'élargir son audience bien au delà de ses frontières ordinaires. Sa voix parcourt tous les registres; passant du yodel à une quasi-diphonie évocant le chant mongol, elle est capable de vous remuer les entrailles à la façon d'un de ces vieux *preaching blues*.

Mais Zawose est aussi un instrumentiste hors pair: soutenu par deux acolytes, il développe de longues improvisations mettant en valeur les étonnantes ressources de son *izeze*, une vièle à cordes sympathiques, ou de son *ilimba*, version tanzanienne du petit «piano à pouces» africain. Avec Zawose, la créativité s'exerce pourtant toujours dans le respect des canons traditionnels: elle ne démontre rien d'autre que la pleine dimension d'une esthétique musicale, celle de son peuple les Wagogo.

1 CD Victor / Ethnic Sound Series, VDP 1463.
Auteur: Ohashi Chikara.
131 / 1990

MALAWI MÉRIDIONAL   95
Musiciens du Malawi
«Opeka nyimbo»
musiciens-compositeurs
★★★★

Dans ce volume de la très sérieuse collection du Musée ethnographique de Berlin – un double album microsillon richement documenté –, Gerhard Kubik nous invite à apprécier les principales expressions musicales du sud du Malawi, ce petit Etat d'Afrique orientale situé entre le Mozambique, la Tanzanie et la Zambie. On est d'emblée frappé par la profonde originalité de cet univers musical, autant que par la diversité des procédés musicaux mis en action.

Parmi les nombreux instruments utilisés par les hommes, plus rarement par les femmes, on notera la présence de plusieurs xylophones différents: celui ap-

pelé *ulimba*, joué par quatre musiciens ayant chacun la responsabilité d'un registre, permet par exemple de prodigieux effets de polyphonie, alors que le *mango-longondo* est utilié par un soliste dont le jeu est d'une étonnante virtuosité. Un type de cithare, le *bangwe* devient sous les doigts de l'inimitable ménestrel Limited Mfundo le partenaire privilégié de chansons intimiste entrecoupées d'onomatopées en falsetto. Rare instrument utilisé par les femmes, l'arc en bouche répondant au nom de *nkangala* est doté d'un pouvoir de fascination irrésistible. Elles excellent sinon dans la musique vocale, comme en témoignent deux chants accompagnant le pilage du maïs, comportant une technique de yodel proprement inouïe. Ajoutons à ça la présence d'instruments occidentaux comme l'accordéon diatonique et la guitare hawaïenne, et nous aurons un panorama à peu près complet de la musique du Malawi méridional, une musique dans laquelle l'absence quasi totale de tambours contribuera à remettre en question certains préjugés tenaces sur les musiques africaines.

2 LP Museum Collection, Berlin, MC 15.
Auteur: Gerhard Kubik.   137 / 1990

LUO ROOTS   96
Musical currents from Western Kenya
Kapere Jazz Band, Paddy J. Onono, Ogwang Lelo Okoth, Orchestra Nyanza Success
★★★

MADAGASIKARA ONE   97
Current traditional music of Madagascar
★★

TAARAB 3 98
The music of Zanzibar
★★

Roots, «racines» est un de ces termes volontiers utilisés à propos des musiques africaines urbaines, probablement pour rappeler le tribut qu'elles doivent à leur héritage traditionnel. Ainsi, depuis les années trente, le peuple Luo du Kenya danse au son du *benga*, une expression dans laquelle d'anciens instruments comme la vièle monocorde *oruto* ou la lyre *nyatiti* se mesurent aux rythmes de la guitare basse et de la bouteille de Fanta (sic!). C'est à ce style que s'adonnent avec bonheur des musiciens comme Ogwang Lelo Okoth, le Kapere Jazz Band ou Paddy Onono et son éphémère Orchestra Nyanza Success, ces dernier avec un son qui fleure le *high life* des années cinquante.

Quant à la musique des îles, elle apparaît ici perméable aux influences les plus diverses. L'accordéon semble y être roi, que ce soit à Madagascar pour accompagner les chansons populaires ou à Zanzibar dans la musique appelée *taarab*. Marquée par l'ascendant de la musique de film égyptienne, avec certaines réminiscences swahili et indopakistanaises, celle-ci atteste un syncrétisme sans grande originalité. Pour leur part, les Malgaches n'ont heureusement jamais renoncé à la *valiha*, cette étonnante cithare faite à partir d'un tube de bambou, dont certains artistes comme Rabenja «Zézé» Ravelonandro tirent encore des merveilles.

3 CD Globe, ORBD 061, 012 et 040 (vendus séparément).
Auteurs : Werner Graebne, Ben Mandelson, Janet Topp Fargion.
141/1991

MADAGASCAR 99
Panorama musical
★★★★

MADAGASCAR 100
The art of Rakoto Frah & Randafison Sylvestre
★★

SEYCHELLES 101
Musiques oubliées «des Iles» - Danses et romances de l'Ancienne France
★★★

Lorsque l'écologie et la musique s'associent pour une opération de sauvegarde, le résultat peut s'avérer étonnant, comme le prouve le «panorama musical» malgache réalisé par Michel Domenichini et Xavier Bellenger dans le cadre d'une action en faveur des lémuriens. A Madagascar, le caractère intime de nombreux instruments n'empêche pas la virtuosité, et on appréciera notamment les moyens expressifs des différents types de vièles et de cithares. Un choix de mélodies empreintes de poésie met en relief une esthétique profondément originale, synthèse des apports les plus divers.

On retrouve la cithare tubulaire, la fameuse *valiha*, en compagnie d'une sorte de guitare et d'une flûte appelée *sodina* dans un disque publié au Japon. Avec Randafison Sylvestre, Rakota Frah et Patrice Ratsimbazafy, la tradition musicale s'est muée en art de scène. Sans que leurs arrangements ne convainquent vraiment, ces trois baladins ouvrent néanmoins une voie au renouvellement de la musique malgache.

Situé au nord-ouest de Madagascar, l'archipel des Seychelles constitue un état indépendant depuis 1976. Dans ce «paradis touristique» se sont maintenues contre vents et marées les manifestations d'une culture créole rappelant à plus d'un égard celle des Antilles. Le «vieux fonds» est évoqué dans la première partie de cette réédition par quelques mélopées accompagnées à l'arc musical et par les *mutia*, anciennes danses d'origine vraisemblablement rituelle. Quant aux danses *kamtole* rassemblées en fin de disque, elles sont les réminiscences des divertissements de salon de l'époque coloniale.

1 CD GREM, G 8908/CA 100.
Auteurs: Michel Domenichini et Xavier Bellenger.
1 CD Victor/Ethnic Sound Series, VDP 1464.
Auteur: Ohashi Chikara.
1 CD Ocora, C 559055.
Auteur: Bernard Koechlin.
132/1990

MUSIQUES FOLK DE L'OCÉAN INDIEN 102

Réunion – Maurice – Seychelles – Rodrigues
Compères Grat'fils

ILE DE LA RÉUNION 103
Jean-Pierre Boyer
Tit fleur fané

S'il s'agit effectivement de «musiques folk de l'Océan indien», il ne nous reste que les yeux pour pleurer les ravages de la colonisation! Ces «musiquettes» insipides sont d'une banalité effarante, elles pourraient être de n'importe où, jouées par n'importe qui, cela n'y changerait rien: c'est à donner la chair de poule. On est enchanté d'apprendre qu'à Rodrigues, on danse la polka au son de l'accordéon diatonique, que le rythme de scottish était autrefois très pratiqué à la Réunion, ou que la langoureuse valse *Tit fleur fané* est un tube régional; encore faudrait-il savoir à qui s'adressent ces fadaises. En tout cas pas à votre serviteur...

2 CD Playa Sound, 65016 et 65022.
118/1989

AFRIQUE
DU NORD

CHEIKH IMAM, AHMED FOUAD NEGM, MOHAMED ALI

Les Nuits des amandiers, volumes I et II

★★

Ces deux disques, les premiers d'une série apparamment consacrée au Festival de musique arabe du théâtre des Amandiers à Nanterre, nous proposent le trio composé du chanteur et luthiste égyptien Cheikh Imam, disciple du fameux Sayed Darwish, accompagné de son parolier le poète Ahmed Fouad Negm et du percussionniste Mohamed Ali, qui est aussi l'auteur des peintures ornant les pochettes.

Ici, la musique est avant tout porteuse du texte poétique (à en juger par l'ovation dont le public ponctue chaque fin de strophe). Pour un auditeur non arabophone, et donc sensible au message littéraire traduit, le miracle ne s'opère pas comme avec un Cheikh Ahmed Mohamed Barrayn par exemple. L'impression ressentie est une douce monotonie, dont les rares interludes instrumentaux ou les séquences responsorielles entre le soliste et ses accompagnateurs ne parviennent pas à nous extraire.

Quels que soient les mérites des interprètes et l'événement qu'ait pu constituer leur venue en France, ces deux volumes auront surtout valeur de document pour ceux qui ont suivi leur combat politique, mais ils ne devraient pas susciter d'émoi particulier parmi les amoureux de la musique arabe.

2 LP Apia, AP 044 et 045.
Auteur: Daniel Caux.
78/1985

EGYPTE
Les Musiciens du Nil

★★★★

Vieux renards devant l'Eternel, les Musiciens du Nil nous offrent ici un choix d'enregistrements partiellement inédits réalisés lors de leurs multiples tournées en France. Il est vrai que leur musique s'exporte bien; sous son apparence assez fruste et populaire, elle est dotée d'un pouvoir de fascination immédiat, capable de séduire autant le spécialiste que l'auditeur le moins averti. Leur allure de seigneurs du désert est certes pour quelque chose dans le charisme de ces baladins de Haute-Egypte, mais elle n'explique pas tout. Il y a chez eux un art de la communication reposant sur une science très élaborée des effets de la mélodie et du rythme sur la psyché humaine.

Deux formations distinctes apparaissent ici: l'ensemble de *rabâb* d'El Karnak ouvre les feux, mené par le *raïs* Metqâl Qenawî Metqâl. Ce virtuose de la petite vièle bédouine tire de ses deux cordes de crin de longues improvisations soutenues par le bourdon continu des autres archets. Inspirées – si l'on en croit leurs titres – par les merveilles architecturales de sa région natale, ces mélodies se développent, de plus en plus rapides et complexes, débouchant sur des airs de danse apothéotiques et libérateurs. Mais la perle du groupe est le chanteur Shamandi, rescapé de l'antique tradition des *sha'er*, ces poètes illettrés de l'ère pré-islamique. Avec lui, le message passe aussitôt et, au-delà des mots, son extrait de l'épopée d'Abû Zeid el-Hilâli touche au cœur dans un moment de pure félicité.

En seconde partie, les stridences des hautbois *mizmar* alternent avec les sonorités douces et lancinantes des clarinettes de roseau *arghûl*. Qenawî Bakhit Qenawî et ses acolytes contrôlent parfaitement la technique dite de la «respiration circulaire» ou du «souffle continu», ce qui confère à leur musique un caractère obsédant, renforcé par des percussions d'une efficacité redoutable: la fête est à son comble!

1 CD Ocora, 559006.
Auteur: Alain Weber.
111/1988

OUM KALSOUM   107
Chansons inédites

Une pure merveille, ces inédits de la légendaire Oum Kalsoum! Ce repiquage de huit enregistrements «historiques» réalisés entre 1926 et 1936 nous plonge dans la grande époque de la diva égyptienne, peu avant que sa carrière cinématographique ne la consacre internationalement. La qualité de la prise de son est évidemment loin des exigences actuelles, mais quelle importance?... Cette chanteuse au talent hors du commun savait conférer une expressivité prodigieuse à la moindre de ses inflexions. Toujours sobre et émouvante, son interprétation des *adwar* (pluriel de *dawr*: chant d'amour profane) peut être d'une intensité bouleversante. Celle qu'elle nous offre ici de *Ya nassim el fajr* («La brise de l'aurore»), un poème d'Ahmed Rami qu'elle avait elle-même mis en musique, touche au sublime.

N'en déplaise aux puristes, Oum Kalsoum est une classique, une de ces rares artistes dont le nom seul suffit encore à subjuguer des générations d'auditeurs, plus de dix ans après sa mort. Mais son classicisme n'a rien à voir avec celui de la Callas, à laquelle on l'a souvent comparée: il est plutôt celui de ces «grandes dames du peuple»

qu'ont été Bessie Smith, Begum Akhtar, Edith Piaf ou la Niña de Los Peines.

Un seul regret: le non-arabisant aurait aimé trouver quelque part la traduction des chants, ceci afin de parfaire son bonheur!

1 LP Sono Cairo, SC 22176.
98/1987

OUM KALSOUM   108-110
Al Atlal
★★★

Anta Oumri
★★

Wa Darret el Ayam
★★

La réédition des grands succès d'Oum Kalsoum par Sono Cairo actualise l'apogée d'une carrière longue d'un demi-siècle. La publication antérieure des «Chansons inédites» de 1929 à 1936 mettait en évidence une période intimiste, dans laquelle la chanteuse restait encore proche de son patrimoine villageois; par contre, cette nouvelle série fait ressortir le plein épanouissement de son talent. Enregistrée en public, sa voix torride règne en maîtresse absolue sur un auditoire galvanisé et démonstratif.

Deux des trois premiers volumes (2 et 3) présentent des compositions dédiées à «l'étoile de l'Orient» par Mohamed Abdelwahab, son pair au firmament de la chanson égyptienne. Mais, comme l'indique l'un des titres, «les jours ont changé» (*wa darret el ayam*) et – succès oblige – l'orchestration fait état d'une enflure «philharmonique» encore accrue par l'irruption incongrue de l'accordéon et de la guitare électrique. A ce modernisme aux effets sirupeux, on préférera nettement *al Atlal* de Riad el Sombati et

Ibrahim Naji, dans lequel la sensibilité de la chanteuse trouve un soutien instrumental beaucoup plus en accord avec sa nature profonde.

3 CD Sono Cairo, Sono 101/102/103. 109/1988

ARCHIVES DE LA MUSIQUE ARABE (VOL.1)   111

★★★★

En rendant accessible ces documents sonores, parmi les plus rares et les plus anciens de la musique savante arabe, Ocora et l'Institut du Monde Arabe rendent justice à un art dont les développements contemporains tendent souvent à renier ses racines en tombant dans les panneaux de la virtuosité gratuite et de la commercialisation à outrance.

Aussi historiques et prestigieux soient-ils, les matériaux d'archives ne constituent bien sûr pas pour autant des bases de référence absolues, ne serait-ce que par l'obligation qu'avaient souvent les musiciens de compresser leurs prestations au maximum pour pouvoir les insérer dans le carcan rigoureux d'une face de 78 tours. Mais de tels témoignages restituent néanmoins l'essentiel d'une époque – le premier quart du XXe siècle – à laquelle, hormis l'introduction du violon, la musique arabe était encore dégagée de toute influence européenne.

Tiré de la collection de Christian Poché, ce volume propose un choix de huit plages consacrées à quelques-unes des grandes figures des musiques égyptienne, syrienne et libanaise. Les principales formes traditionnelles de la poésie chantée (qasîda, dawr, mawwâl) y apparaissent, traitées par des artistes de renom tels que Muhammad al-'Ashiq, Salâma Higâzî, ou le légendaire Yûsuf a-Manyalâwî, dont les inimitables vocalises suscitaient le respect des spécialistes

autant que les faveurs des grands de son temps. Quant à la musique instrumentale, elle est illustrée par deux pièces : une improvisation (taqsîm) au luth à long manche tanbûr par le maître libanais Muhyiddin Bayun et une ouverture (bashraf) par l'ensemble du flûtiste Amîn al-Bûzarî.

Relevons encore l'excellente qualité du repiquage et du filtrage, ainsi qu'un montage très habile, qui permet notamment d'entendre d'une traite certains morceaux originellement répartis sur quatre faces de disques. Cette production comblera donc les passionnés d'enregistrements anciens, tout en fournissant aux chercheurs et aux musiciens des documents comparatifs précieux jusqu'alors totalement inaccessibles.

**1 CD Ocora/Institut du Monde Arabe, C 558678.
Auteurs : Bernard Moussali, Christian Poché.
107/1988**

CONGRÈS DU CAIRE 1932   112
Vol. 1 : Musique savante de Bagdad/Irak - Musique populaire/Egypte
Vol. 2 : Musique citadine de Tlemcen/Algérie - Musique savante de Fès/Maroc - Musique citadine de Tunis/Tunisie

Evénement sans précédent dans l'histoire des musiques extra-européennes, le congrès tenu au Caire en 1932 révéla à la communauté artistique et scientifique internationale la richesse et la diversité du patrimoine musical arabe. Procédant d'une pensée plus expansive qu'évolutive, cet art en constante refonte se trouvait au premier tiers de ce siècle à un carrefour d'influences périlleux, écartelé entre une tradition en quête de renouveau et un progressisme volontiers ravageur, encouragé par le déferlement d'une jeune production discographique. Les âpres débats opposant les théoriciens réunis dans la capitale égyptienne (faut-il diviser l'octave en 18 tiers de ton ou en 24 quarts de ton équidistants? etc.) paraissent aujourd'hui bien obsolètes; en revanche, la musique subsiste après plus d'un demi-siècle, magnifique, défiant le temps, au-delà de toute polémique!

Ce coffret produit par la Bibliothèque nationale française et l'Institut du monde arabe n'est pas la première réédition tirée de ce fonds: en 1957, une brève sélection des 335 matrices 78 tours conservées avait déjà fait l'objet d'un microsillon accompagnant la prestigieuse *Oxford History of Music* et, récemment, le Club du disque arabe a mis en circulation quelques-uns des enregistrements marocains du congrès. Mais les deux disques compacts présentés ici par les ethnomusicologues Bernard Moussali et Christian Poché s'inscrivent dans un projet autrement plus ambitieux: la publication intégrale de la collection.

En attendant la suite, contentonsnous du bonheur qui nous est offert présentement! Les contributions musicales de la Syrie et du Liban n'avaient en leur temps pas été retenues, jugées trop modernistes par Robert Lachmann et Béla Bartók, directeurs des séances d'enregistrement. Ils s'attachèrent en revanche à immortaliser les plus beaux joyaux de la musique savante irakienne, de sa contrepartie populaire égyptienne et des trois branches de la tradition arabo-andalouse du Maghreb.

Accompagnés d'une épaisse plaquette trilingue (français/anglais/arabe) illustrée d'une galerie de portraits haute en couleurs, ces documents uniques sont remarquablement restitués par la technologie digitale: émission claire,

timbres fidèlement rendus, et un minimum de bruits de fond. Sans entrer dans le détail d'une matière musicale extrêmement dense, contentons-nous de saluer chaleureusement cette importante réalisation qui, selon son commentateur, fournit à notre appréciation «des jalons historiques et d'irremplaçables modèles».

**2 CD Bibliothèque nationale / Institut du monde arabe, APN 88-9 / 10.
Auteurs: Bernard Moussali,
Christian Poché.
128 / 1989**

MUSIQUE CLASSIQUE   113-114
ALGÉRIENNE
Mohamed Khaznadji
Noubat el-M'jenba

★★★

Noubat ed-Dhîl
★★★★

La tradition musicale des anciens califats andalous est aussi restée vivace dans le cœur des Algériens. Elle y demeure la trace la plus pérenne d'une période glorieuse de leur civilisation: «Grenade tout entière célèbre ta beauté sans pareille», chante la nouba *ed-Dhîl*. Un des grands dépositaires actuels de cet art classique est le chanteur Mohamed Khaznadji, professeur au Conservatoire d'Alger. Formé à l'école de la psalmodie coranique la plus pure, il est doté d'une voix chaude et flexible, mais sans épanchements excessifs, propre à rendre les moindres inflexions de cet art noble et subtil. Quelque peu marquée de l'influence égyptienne, l'interprétation n'en reste pas moins sobre et en accord avec l'esprit de cette musique. Khaznadji laisse la part belle à ses instrumentistes, dont les interludes improvisés (*taqasîm*) sont autant d'épices savoureuses relevant un mets fort bien assaisonné.

2 LP Artistes Arabes Associés, AAA 72829 et 72830.
Auteur: Abdelkamal Malti.
116/1988

ALGÉRIE 115
Enregistrements réalisés par Gérard Krémer
★★

Toujours utile comme introduction, ce genre de disque offre au néophyte une image globale des pratiques musicales d'un pays, mais il laisse généralement l'auditeur averti sur sa faim. La moisson algérienne de Gérard Krémer nous permet ainsi d'apprécier quelques exemples de musique bédouine tout à fait judicieux, ou encore des témoignages de la tradition encore peu connue des Aurès, cette région montagneuse située entre le Sahara et les hauts-plateaux constantinois. Mais pourquoi l'auteur de cette carte postale hâtive éprouve-t-il le besoin de la signer avec une telle ostentation? Sa griffe serait-elle un argument de vente à ce point convaincant?

1 CD Arion, ARN 64077.
Auteur: Gérard Krémer.
s.d.

HOURIA AÏCHI 116
Chants de l'Aurès
★★★★

TUNISIE 117
Chants et danses
Musique andalouse – Musique des nomades du désert
★★

Parisienne d'adoption, mais demeurée Berbère de cœur, Houria Aïchi a opté pour la simplicité dans sa manière de perpétuer l'héritage musical de ses aïeules. Ce dépouillement extrême est cependant tout sauf une solution de facilité: accompagnée des seules flûtes de l'ex-berger Saïd Nissia, et parfois d'un tambour sur cadre *abendaïr* dont elle joue elle-même, la fille des Aurès sait toucher les fibres les plus secrètes de notre émotion. De sa voix rauque aux inflexions subtilement modulées, elle y imprime les images sonores de paysages arides, brûlants et radieux de lumière intérieure.

Quant à Gérard Krémer, il nous ramène d'un séjour en Tunisie quelques exemples des deux principales traditions musicales du pays: celle des villes, notamment de Tunis, et celle du désert. De la première, on retiendra qu'elle appartient au grand courant arabo-andalou répandu sous diverses formes dans tout le Maghreb. Plus marqué par l'influence égyptienne que ses contreparties algérienne et marocaine, le *malouf* tunisien est ici abordé par quelques extraits de suites proprement joués, mais non identifiés par le chasseur de sons. Quant aux expressions bédouines, elles mettent les percussions et les instruments à vent – flûtes, hautbois et cornemuses – au service d'airs de fête et de veillées nocturnes. Un tableau certes bucolique, mais esquissé un peu à la légère.

1 CD Auvidis/Ethnic, B 6749.
Auteurs: Houria Aïchi, Philippe Krümm.

1 CD Arion, ARN 64108.
Auteur: Gérard Krémer.
142/1991

MAROC   118
Musique classique
Congrès du Caire 1932 - Cheikh
Mohamed Chouika & Omar Jaïdi

TUNISIE   119
Chants et rythmes
★★

Les enregistrements anciens dégagent
souvent un parfum inimitable, que la
sophistication de la technologie contemporaine permet de restituer de manière
satisfaisante. Dans le domaine de la
musique arabe, les archives de Christian
Poché publiées par Ocora en avaient
founi un premier exemple sur disque
compact. En attendant toujours une édition quelque peu complète des fameux
documents sonores du congrès de
musique arabe tenu au Caire en 1932,
en voici la contribution du Maroc.
Conduite par Mohamed Chouika et el-Hall
Omar Jaïdi, la délégation du royaume
chérifien y présenta le noble répertoire
des *nouba* arabo-andalouses. En son
temps favori du sultan Mohamed V, le
maître Jaïdi est une des figures les plus
respectées de la musique marocaine;
pour ses successeurs, il demeure un
modèle de classicisme et d'intériorité.
Les spécialistes regretteront que cette
anthologie ne soit pas pourvue de tout
l'appareil scientifique nécessaire à
l'identification précise des plages, mais
elle a déjà le mérite – combien appré-
ciable – d'exiter!

Cette tradition savante ne constitue
qu'un aspect de la musique maghrébine,
et ceux qui désireraient se familiariser
avec une de ses expressions plus populaires – et de ce fait plus accessibles –
pourront l'aborder à travers ces *Chants
et rythmes* tunisiens: une musique
d'ambiance plaisante, mais sans
grandes surprises, proche de celle que

distillent à longueur de journée les tran-
sistors nord-africains. On y trouve cependant des moments dignes d'intérêt,
comme cette «musique thérapeutique»
de la confrérie Aïssawiyya, ou encore cet
extrait de *malouf*, l'équivalent tunisien de
la *nouba* marocaine, dans une version
passablement «renovée» par la griffe de
Salah-el-Mahdi.

**2 CD Artistes Arabes Associés,
AAA 006 et 001.
Auteur: A. Hachlef.
126 / 1989**

MUSIQUE ANDALOUSE   120
DU MAROC
Ensemble de Fès, dirigé par
Abdelkrim Raïs
★★★★

Un aspect des relations entre le moyen-
âge occidental et les musiques traditionnelles vivantes est évoqué à travers ce
double album de musique arabo-andalouse édité dans la série «Documenta»
de la Schola Cantorum de Bâle, habituellement consacrée aux musiques
anciennes européennes. Dans son introduction, Thomas Binkley, ardent défen-
seur de la thèse «arabisante» dans
l'interprétation de la monodie médiévale
espagnole, souligne l'importance qu'a
eue l'abord de la musique savante
maghrébine dans sa propre pratique
musicale (cf. ses disques: *Camino de
Santiago* I & II avec le *Studio der frühen
Musik*, EMI C 063-30 107 & 108, et
Cantigas de Santa Maria avec l'Ensemble de musique médiévale de la
Schola, EMI 1C 065-99 898).

Al-Râsd et al-Mâya, deux des onze
suites traditionnelles marocaines appelées *naubâtûn* («noubas»), sont ici interprétées par l'Ensemble de Fès sous la
direction de Abdelkrim Raïs. Par rapport
aux autres enregistrements du répertoire

arabo-andalou – en grande formation –, ces deux disques ont le mérite de présenter un groupe réduit à huit musiciens : un chanteur et sept choristes-instrumentistes (une vièle *rabâb*, deux violons, un luth *'oud*, une cithare *qânûn* et deux percussions, *târ* et *darâbukka*).

Une excellente prise de son fait ressortir avec clarté la pluralité des timbres et le ciselé des variations vocales et instrumentales. La diminution du volume sonore des violons, qui couvrent d'ordinaire les autres instruments, a pour effet de mettre en valeur une subtile hétérophonie reposant sur la ligne mélodique du *rabâb*, à la sonorité grave et généreuse.

Longtemps attendu – les enregistrements datent de 1977 –, ce coffret rend pleine justice à cette musique, véritable trait d'union entre les traditions d'Orient et d'Occident.

2 LP EMI-Harmonia Mundi / Schola Cantorum Basiliensis Documenta, 1G 95253.
Auteur : Thomas Binkley.
82 / 1985

MAROC   121
Musique classique andalou-maghrébine
Orchestre de Fès, dirigé par Hajj Abdelkrim Raïs

★★★

MAROC   122
Musique classique andalouse de Fès
Ustad Massano Tazi

★★★★

Saluons l'heureuse initiative d'Ocora qui publie coup sur coup deux versions du même répertoire par ces maîtres de la musique arabo-andalouse que sont Abdelkrim Raïs et Ustad Massano Tazi. Les chroniqueurs de musique classique européenne ne seront ainsi plus les seuls à pouvoir se livrer aux plaisirs raffinés de la critique comparée !

Deux des onze suites vocales et instrumentales conservées dans la tradition marocaine sont ici soumises à notre appréciation : la très lymphatique *al-Hijâz al-Kabîr*, et *al-'Istihlâl*, la nouba du lever de la lune. Abdelkrim Raïs nous en propose une interprétation selon la tendance actuelle courante, caractérisée par le gonflement de la formation orchestrale. A côté des instruments maghrébins, son ensemble comporte en effet un violon, un alto et un violoncelle, ainsi qu'un *qânûn* et une *darâbukka*, tous deux d'origine proche-orientale. Remarquable de rondeur et d'équilibre, cette formule présente cependant l'inconvénient de voiler le timbre individuel de chaque instrument.

Le contraste est saisissant avec l'approche très «musique ancienne» de Massano, qui opte dans son disque pour un *instrumentarium* restreint. Seul l'alto apparaît discrètement dans la première nouba, alors que la seconde fait une large place au petit luth *suissan*, aujourd'hui totalement délaissé. Visant à illustrer l'esthétique préalable à l'apport européen moderne, cette démarche respecte à la lettre les enseignements de Ziryab. Il en résulte une grande clarté d'émission, toute au service du texte et des potentialités spirituelles de cette musique. Mais le choix de *al-'Istihlâl* pour une telle expérience est peu judicieux : c'est en effet la plus récente des suites arabo-andalouses, puisqu'elle ne date que du XVIIIe siècle. Une nouba de composition antérieure eût été plus appropriée.

1 CD Ocora, C 559016.
Auteur : Louis Soret.

1 CD Ocora / AIMP, C 559035.
Auteur : Marc Loopuyt.
116 / 1988

ANTHOLOGIE « AL-ALA » - 123
MUSIQUE ANDALUCI-MAROCAINE
**Nûbâ Gharîbat al-Husayn,
version intégrale**
Orchestre al-Brihi de Fès.
Direction: Haj Abdelkrim al-Raïs

Jusqu'à ce jour, les disques de musique
andaluci-marocaine ne présentaient toujours que des extraits de l'une ou l'autre
des onze *nûbâ* du répertoire classique.
Et pour cause, jugez-en: cette première
intégrale, consacrée à la *nûbâ Gharîbat
al-Husayn*, dure six heures! Présentée en
un coffret de six disques compacts, la
réalisation est ambitieuse, surtout si l'on
sait qu'elle inaugure une collaboration de
longue haleine entre la Maison des Cultures du Monde de Paris et le Ministère
marocain de la Culture: la publication de
la totalité du *âla* hispano-maghrébin, soit
une soixantaine de disques.
　　Au grand complet, l'orchestre de Fès
dirigé par Abdelkrim al-Raïs comporte ici,
outre les instruments d'origine orientale
(*rabâb*, *'oud*, *târ* et *darâbukka*), trois violons, trois altos et un violoncelle, selon
l'usage actuel. Il parcourt les cinq *mîzân*
(parties) de la suite, nous permettant
d'appréhender toute l'ampleur de l'héritage médiéval de Ziryab, le légendaire fondateur de l'école andalouse. Mais il est
dommage que l'occasion n'ait pas été sai-
sie de fournir dans le livret une autre intégrale: celle des paroles des chants;
l'aspect littéraire de ces *nûbâ* demeure de
ce fait un mystère pour le non-arabisan.
Indispensable pour la sauvegarde du patrimoine musical chérifien, ce document
prestigieux devrait néanmoins figurer dans
toute discothèque tant soit peu sérieuse.
On attend la suite avec impatience!
**6 CD Inédit/Maison des cultures du
monde, W 260010.**
Auteur: Pierre Bois.　　　**129/1990**

ANTHOLOGIE « AL-ALA » - 124
MUSIQUE ANDALUCI-MAROCAINE
**Nûbâ al-'Ushshâq,
version intégrale**
Orchestre Moulay Ahmed Loukili de
Rabat. Direction: Haj Mohamed Toud
★★★

MAROC:　　　　　　　　　　125
ANTHOLOGIE D'AL-MELHUN
**Traditions de Fès, Meknès,
Salé, Marrakech**
Haj Husseïn Toulali, Abdelkarim
Guennoun, Husseïn Ghazali,
Muhammad Soueita, Haj Muhammad
Bensaïd, Muhammad Dalal,
Muhammad Berrahal, Abdallah
Ramdani, Saïd Guennoun
★★★★

MAROC:　　　　　　　　　　126
MUSIQUE GHARNATI
Nûbâ Ramal
Ensemble Gharnâtî de Rabat.
Direction: Ahmad Pirou
★★★

Après la *nûbâ Gharîbat al-Husayn* par
Abdelkrim Raïs, voici une autre suite
arabo-andalouse, la *nûbâ al-'Ushshâq*
dans la version de l'ensemble de Rabat.
Dirigé par le chanteur Mohamed Toud
depuis le décès du maître Ahmed Loukili,
l'orchestre de la Radio nationale nous
propose une interprétation rigoureuse
des cinq mouvements (*mîzân*) de cette
nûbâ du matin au caractère lumineux. Et
si – reconnaissons-le! – l'auditeur étranger ne parcourra peut-être pas souvent
les six heures et demie de ce trajet musical un peu monotone, il en gardera néanmoins le sentiment d'avoir pénétré dans
un des jardins secrets les mieux gardés
du Maghreb.

Moins austère, le *melhûn* est l'art des poètes, gardiens de l'ancien répertoire de la *qassîda*. Alors que, dans le *'alâ*, le chant est presque toujours choral, il est ici essentiellement l'affaire d'un soliste appelé *munshid*, dont un chœur se fait parfois l'écho. Aux accents rudes du dialecte marocain répond une petite formation instrumentale, la même pour tous les chanteurs, qui nous gratifie de quelques très beaux préludes improvisés.

Les amateurs de *flamenco* connaissent la *granaina*, mais certainement pas sa contrepartie mauresque, le *tarab al-gharnâtî*, demeuré très populaire au Maroc et en Algérie. Signifiant littéralement «extase grenadine», ce terme désigne un style d'interprétation de la *nûbâ* caractérisé par la prépondérance des instruments à cordes pincées. On y rencontre en effet même la mandoline et le banjo qui, sous les doigts habiles d'Ahmad Pirou, confère à la *nûbâ Ramal* des accents évoquant les folles nuits de l'Albaicín.

6 CD Inédit / Maison des cultures du monde, W 260014.
3 CD Inédit / Maison des cultures du monde, W 260016.
1 CD Inédit / Maison des cultures du monde, W 260017.
Auteur: Pierre Bois.

MAROC, MOYEN-ATLAS 127
Musique sacrée et profane
★★★

Enregistré chez la tribu des Aït Saïd, dans le Moyen-Atlas marocain, ce beau disque nous propose une musique à la fois simple et attachante, écho d'un mode de vie rude et montagnard ayant su maintenir une symbiose presque parfaite avec les cycles de la nature. Cette symbiose trouve ici son expression fon-damentale dans l'islam, et notamment dans certaines pratiques collectives liées au soufisme populaire.

Qu'elle s'exprime par le chant, par la musique instrumentale ou par la danse, cette spiritualité «latente» se manifeste à travers le climat quasi extatique créé par l'environnement sonore. Les motifs mélodiques de la petite flûte à bec *qasba*, par exemple, à laquelle est consacrée la majeure partie de ce disque, se développent indéfiniment sur le soutien des percussions, se modifiant imperceptiblement, s'amplifiant et s'entremêlant sans trêve. De la même façon, le rôle du chant est avant tout d'énoncer certaines sentences de la sagesse commune pour en imprégner l'âme de l'auditeur. Accompagné par la flûte ou, d'un coup de plectre vigoureux, par le petit luth *guembri*, il revêt ici une fonction incantatoire.

La vertu première de cette musique semble être, dans le contexte qui est le sien, de développer un état de conscience du présent continu, auquel est subordonnée toute préoccupation d'ordre esthétique. Ainsi, son caractère répétitif est-il directement lié à sa raison d'être même, qui est de nature «alchimique». Le commentaire avisé de Marc Loopuyt nous permet de saisir les bases d'un art simple dans sa forme, mais témoignant d'un symbolisme universel.

1 LP Ocora, 558587, 1 CD C 559057.
Auteurs: Herman C. Vuylsteke,
Marc Loopuyt.
87/1986

MAROC 128
Musique de tradition arabe
Abdeslam Cherkaoui: chant et 'ud
★★

Le jeu assez hâché, fortement martelé de Abdeslam Cherkaoui est typique de la manière dont les Marocains ont récemment assimilé l'héritage oriental. La finesse inventive et les subtiles modulations par lesquelles se sont illustrés les meilleurs luthistes orientaux le cèdent chez lui à une esthétique plus âpre, marquée de l'influence du *milhun* marocain. Renouant paradoxalement avec une des sources de la musique populaire berbère, ce style à la fois classique et moderne se différencie de l'art araboandalou notamment par l'usage systématique d'intervalles non tempérés et par l'emploi du seul *'ud* en accompagnement du chant. Auteur-compositeur-interprète, Cherkaoui s'exprime en arabe dialectal, ne craignant toutefois pas de puiser son inspiration aux sources classiques de la poésie amoureuse. Ses œuvres manquent peut-être un peu de maturité, mais elles sont bien construites, faisant alterner les poèmes rythmés et les improvisations vocales ou instrumentales non mesurées.

Cette réédition d'enregistrements réalisés par Philip Schuyler s'inscrit dans le vaste projet d'Auvidis de publier en disques compacts l'intégrale de la collection «Atlas musical» de l'Unesco. Pour louable que soit l'entreprise, elle n'excuse cependant pas certaines erreurs grossières : ce disque dédié à un chanteur et luthiste est par exemple illustré de plusieurs photographies de joueurs de tambours *bendir* n'ayant absolument rien à voir avec son contenu. Il serait par ailleurs souhaitable de fournir au moins la date de l'enregistrement, sinon celle de l'édition originale des documents de cette série.

1 CD Auvidis/UNESCO, D 8002.
Auteur : Philip D. Schuyler.
120 / 1989

EUROPE
MÉRIDIONALE

PORTUGAL 129
Le Fádo de Coimbra
Fernando Machado Soares

★★

FÁDO... FÁDOS 130
Fernanda Maria - Maria-Gloria Guedes - Lucinda Sobral - Helder António

★★

PORTUGAL 131
Musique traditionnelle du Portugal

★★★

Le *fádo* passe volontiers pour l'homologue portugais du *flamenco*. Ce n'est vrai que dans la mesure où ces musiques expriment chacune l'âme d'un peuple, l'odeur d'une terre. Mais l'austérité rocailleuse du *duende* andalou est sans commune mesure avec les langueurs de la *saudade* lusitanienne. *Saudade*, ce terme réputé intraduisible, dont on trouve pourtant des équivalents dans de nombreuses langues (*blues* ou *spleen* en anglais, *hâl* en arabe, *dor* en roumain, etc.), correspond en effet à un sentiment de nostalgie teinté de sensualité et de fatalisme que les élans du *fádo* savent exacerber.

Petite ville de la région de la Beira Baixa, à mi-chemin entre la capitale et Porto, Coimbra est avec Lisbonne un des deux pôles du monde du *fádo*. Bien qu'originaire des Açores, Fernando Machado Soares est aujourd'hui l'un des chefs de file de l'école de Coimbra. De sa voix à la fois puissante et douce, très timbrée, à la limite du grandiloquent et du pathétique, il évoque un univers poétique dans lequel les plus grandes beautés sont toujours les plus évanescentes.

Tantôt poignante, tantôt enjouée, Fernanda Maria règne sur le *fádo* de la Mouraria, le quartier populaire du vieux Lisbonne. Elle partage ici la vedette d'un disque éclectique avec trois artistes chevronnés : la tendre Maria-Gloria Guedes, la passionnée Lucinda Sobral et le ténébreux Helder António. Notons pour chacun la sobriété de l'accompagnement instrumental : de très classiques accords de guitare n'y sont relevés que par l'égrenage d'un léger contre-chant de *viola*. Mais la musique populaire portugaise ne se limite pas au *fádo*. La réédition d'un disque réalisé en 1972 par Alain Daniélou pour la collection «Atlas musical» nous en présente une image beaucoup plus archaïque et diverse. Si l'on en croit l'auteur, les traditions musicales rurales attestent la persistance d'influences non seulement celtiques et musulmanes, mais venant aussi de la Rome antique et de Méditerranée orientale. Quoi qu'il en soit, même s'il n'en fournit qu'un survol, ce matériel est du plus haut intérêt documentaire.

1 CD Ocora, C 559041.

1 CD Arion, ARN 64072.

1 CD Auvidis / UNESCO, D 8008.
Auteurs : Hubert de Fraisseix et Virgilio Pereira.
122 / 1989

PORTUGAL 132
Musiques traditionnelles de l'Alentejo

★★★

Ces mélodies traditionnelles recueillies auprès des communautés rurales du Bas-Alentejo contribueront à élargir le panorama de la musique populaire portugaise. Le chant polyphonique appelé *moda* est l'apanage des ouvriers agricoles ; et même s'il ne s'insère plus dans le contexte des anciens rites agraires, il conserve néanmoins une grande part de sa fonction identitaire. Entonnés par un ou deux solistes à la voix rauque, puis repris en tierces parallèles par le chœur, ces quatrains improvisés témoignent d'une créativité collective encore vivace.

Proche parente de la guitare, la *viola campaniça* est plutôt destinée à l'ambiance animée des bistrots, d'où son autre nom de *viola do meio litro*, «viole du demi-litre»; cela explique probablement son accordage souvent approximatif! entre les mains de quelques rares interprètes, elle demeure l'objet d'un assez large répertoire, purement instrumental ou en accompagnement du chant, dont ce disque fournit de nombreux exemples. Quelques airs de flûte bucoliques viennent encore compléter ce tableau de pratiques musicales d'autant plus dignes d'attention que leur avenir est loin d'être assuré.

1 CD Playa Sound, PS 65107.
Auteurs: Roselyne François et
Manuel Gomes.
112/1988

GRANDS CANTAORES 133-134 DU FLAMENCO
Vol. 1: El Niño de Almaden
★★★

Vol. 2: Pepe de la Matrona
★★★★

Beaucoup de gens se sont fait une idée fausse et superficielle du *flamenco*, forgée par les prestations médiocres d'artistes de second plan. L'audience des véritables maîtres du *cante jondo* reste encore trop souvent confinée au cercle restreint des *aficionados*, des amateurs inconditionnels, du moins hors d'Espagne. Il faut donc saluer la création par Mario Bois d'une nouvelle collection dédiée aux grands *cantaores* andalous et

inaugurée par la réédition d'enregistrements «historiques» de deux interprètes prestigieux.

On est d'emblée frappé par la différence radicale de leurs personnalités: doté d'une voix élégante, très mobile et sonore, el Niño de Almaden affectionne les longs mélismes, dans lesquels la moindre inflexion vocale est ciselée avec une extrême délicatesse; Pepe de la Matrona, pour sa part, fait preuve d'un tempérament de feu et d'un *duende* peu commun, que son timbre rauque traduit de façon presque sauvage, en de courtes phrases abruptes.

Pourtant, chacun à sa manière, ces remarquables artistes incarnent tous deux la grande tradition du *cante flamenco* dans ce qu'elle a de plus pur et de plus intense. On s'en persuadera en écoutant leurs *siguiriyas* incantatoires, ou encore leurs versions des pièces sans guitare telles que la *saeta* ou les *martinetes*, qui témoignent de la persistance du répertoire le plus archaïque.

2 LP Le Chant du Monde, LDX 74829/30,
2 CD 274829/30.
Auteur: Mario Bois.
89/1986

GRANDS CANTAORES 135-136 DU FLAMENCO
Vol. 3: La Niña de los Peines

Vol. 4: Terremoto de Jerez

Merveilleuse Niña de los Peines! Enfin accessibles en France, ces enregistrements nous permetent de redécouvrir celle qui fut – et restera toujours – la grande dame du *flamenco*. Ardente, drama- tique, austère, fougueuse, autant de qua- lificatifs qui ne parviennent qu'à donner une pâle idée de cette femme qui incar- nait pour Lorca toutes les vertus de l'âme andalouse. Il faut absolument entendre ses profondes *siguiriyas*, ses *bulerías* effrénées, ou encore cette *saeta* incanta- toire, réservée aux processions de la Semaine sainte, dont elle offre une prodi- gieuse interprétation de sa voix brisée, paraissant au bord des larmes. Figure in- contournable du *cante jondo*, la Pastora excellait aussi dans les *tangos* plus légers et les airs de fête, dont ce disque restitue quelques-uns des plus beaux joyaux.

Autre monument du *flamenco*, Terre- moto de Jerez mérite bien son surnom : le chant halluciné du Gitan de Jerez de la Frontera nous emporte inéluctablement, comme un «tremblement de terre» auquel rien ni personne ne saurait résis- ter. Aucun *cantaor* n'a peut-être jamais été doté d'une telle puissance, d'un *duende* aussi implacable. Car son art procède bien de l'envoûtement – proba- blement la meilleure traduction du mot duende –, il recèle un sortilège aux effets dévastateurs, foudroyants.

2 LP Le Chant du monde, LDX 74859 / 60,

2 CD LDX 274859 / 60.
Auteur : Mario Bois.
106 / 1987

Dans cette nouvelle anthologie de *cante flamenco*, l'éditeur espagnol Fandango nous propose une magistrale sélection d'enregistrements «historiques» des plus grands *cantaores* du siècle. Repi- quages de disques 78 tours datant des années 30 et 40, ces huit volumes per- mettent de mesurer l'ampleur d'un art aux ressources inépuisables. Des in- flexions dramatiques de Jacinto Almadén aux roucoulades un peu maniérées de Niño de Marchena, des plus folles *fiestas gitanas* de la Niña de los Peines aux *fandangos* lyriques de la Niña de la Puebla, c'est tout l'univers du *flamenco* qui nous est livré.

Bien sûr, les *zambras* avec piano de cette dernière ou les orchestrations un peu mièvres concédées par Juan Varea ou Manolo Caracol au goût de l'époque ne résistent pas à l'épreuve du temps ; mais écoutez les austères *siguiriyas* de Pepe Pinto ou les émouvantes *soleares* de Jacinto Almadén : elles sont tout sim- plement sublimes ! Avec des artistes de cette stature, toute distinction entre *cante grande* et *cante chico* devient futile, autant que la vieille querelle des gitans et des *payos*. Le *flamenco* est bien l'art de l'émotion sublimée, le reste n'est que querelles d'écoles.

8 CD Fandango, FCD 1-8.
133 / 1990

CANTE FLAMENCO 137-144
Vol. 1 : Niña de la Puebla
Vol. 2 : Niño de Marchena
Vol. 3 : Jacinto Almadén
Vol. 4 : Juanito Varea
Vol. 5 : Manolo Caracol
Vol. 6 : Niña de los Peines
Vol. 7 : Manuel Vallejo
Vol. 8 : Pepe Pinto
★★★★

CANTE FLAMENCO 145
Fernanda e Bernarda de Utrera
★★★★

Acide et généreux, le *flamenco* des sœurs d'Utrera est sans aucun doute une des manifestations les plus rava- geuses du *cante gitano* actuel. Sans vou- loir entrer dans une polémique aussi vieille que le *flamenco* lui-même, il faut reconnaître que leurs voix ont ce je-ne- sais-quoi spécifiquement gitan ; et si le chant *payo* est souvent plus puissant et mieux «léché», il atteint rarement une telle intensité dramatique.

Enregistrés l'un en public et l'autre en studio, ces disques illustrent à merveille la panoplie expressive de Fernanda et Bernarda. Le premier volume démontre le plein pouvoir exercé par les deux chanteuses sur un auditoire d'*aficionados* parisiens chauffés à blanc. Réglée sur le pouls des interprètes, la tension monte progressivement jusqu'à culminer sur une suite de *bulerías* incandescentes et passablement débridées. En comparaison, la session dans l'ambiance feutrée des studios de Radio France apparaît plus maîtrisée; elle permet de soigner les détails de la prise de son, d'équilibrer les voix et de mettre en valeur la remarquable technique instrumentale du guitariste Paco del Gastor. Moins anecdotique, sa teneur musicale et poétique est en définitive mieux servie. Affaire de goût, probablement...

Pour ce qui est des genres, le répertoire des deux Gitanes est assez limité: à côté de nombreuses *bulerías*, où elles démontrent un sens du rythme et de la répartie hors du commun, et de quelques sublimes *cantes por soleá*, grande spécialité de l'inimitable Fernanda, n'apparaissent en effet ici que deux *siguiriyas* et trois *cantes chicos*. Mais qui oserait exiger d'artistes aussi manifestement «habitées» d'être en plus anthologiques? Puisant leur inspiration à la source vive, elles sont les dignes porte-parole des *casas* d'Utrera dont les *cantaores* ont marqué de leur sceau la grande tradition *flamenca*. Et «*viva los genios!*»

2 CD Ocora, 558642.
Auteur: Antonio España.
111/1988

ARENAS   146
Flamenco gitan
★★

Débutant par une série de *rumbas* endiablées, ce disque de la famille Arenas présente une tendance contemporaine du *flamenco*, caractérisée par le doublage occasionnel du chant à la tierce, par une certaine virtuosité mélodique de la guitare et, surtout, par l'intégration d'influences extérieures à la pure tradition andalouse.

Cette recherche de modernité, dans la lignée du *flamenco* «urbain» de Lola y Manuel ou du Camarón de la Isla, avec un accompagnement de guitare nettement influencé par le jeu de Paco de Lucia, engendre à la longue une impression de monotonie, renforcée par l'uniformisation des rythmes.

Les interprètes font certes preuve de talent: les chanteuses possèdent le timbre rocailleux et la souplesse vocale qui conviennent, et le guitariste soliste nous gratifie de quelques envolées dignes d'intérêt. Mais dans l'ensemble, tout ceci évoque trop l'ambiance commerciale des *tablaos* pour touristes qu'on retrouve à chaque coin de rue des grandes villes espagnoles.

On aurait aimé plus de pièces dans le style du *fandango* chanté par Joseph Arenas, qui est le seul morceau de ce disque se rapprochant de l'essence dramatique, du meilleur *cante jondo*. Les Arenas ont tout ce qu'il faut pour produire de la très bonne musique; on attend d'eux encore un peu plus de maturité artistique et d'originalité, dans le sens littéral du terme.

1 LP Caravage, 66244.
83/1985

CANTE GITANO 147

Gypsy Flamenco from Andalucia

José de la Tomasa, Maria la Burra, Maria Soleá, Paco del Gastor, Juan del Gastor

★★★★

PACO PEÑA 148

Azahara

Flamenco Guitar Recital

★★★

Le *flamenco* n'est sorti du cercle fermé des *aficionados* qu'au prix de sacrifices volontiers consentis par ses étoiles les plus illustres. Ni la salle de concert, ni le *tablao* pour touristes, ni surtout le studio d'enregistrement ne sauront pourtant jamais recréer l'atmosphère incandescente des *peñas andalouses*. Ce n'est que dans l'intimité, entourés de leurs pairs, que les meilleurs *cantaores* mettront à nu le tréfond de leur âme. A cet égard, *Cante gitano* mérite une attention particulière car il présente José de la Tomasa et les deux Maria en « situation réelle », dans un club de Morón de la Frontera. L'art des trois chanteurs atteint ici son paroxysme ; habités par les génies du flamenco, ils sont littéralement portés aux nues par les guitares des frères del Gastor, qui se montrent d'une redoutable efficacité.

En comparaison, le récital de Paco Peña semble évidemment beaucoup plus apprêté. Sa technique irréprochable est certes mise au service d'une démarche élégante, qui a concouru à doter la guitare flamenca de ses lettres de noblesse. Mais ce que sa musique gagne ainsi en classicisme, elle le perd en exubérance et en spontanéité, deux qualités essentielles au grand art andalou.

2 CD Nimbus, NI 5168 et 5116.
Auteurs : Robin Broadbank, Phil Slight, Paul Magnussen.
125 / 1989

CANTE FLAMENCO 149

Recorded live in juerga and concert in Andalucia

Chano Lobato, Manuel de Paula, Gaspar de Utrera, Miguel Funi, El Cabrero. Paco del Gastor and Juan del Gastor: guitars

★★

Pour pouvoir en mesurer la pleine dimension émotionnelle, il faut entendre le *flamenco* « en situation », et aucune atmosphère n'est plus proprice à son épanouissement que celle des *peñas* andalouses. Dans ces cercles fermés, auxquels les touristes n'ont en principe pas accès, amateurs et professionnels peuvent confronter leurs talents en toute liberté, sans autre contrainte que celle de la passion partagée.

La première partie de cette réalisation nous entraîne dans l'ambiance quelque peu débridée d'une *juerga* à Morón de la Frontera, village flamenquiste s'il en est. Fil conducteur de la fête, le guitariste Paco del Gastor, parfois accompagné de son frère, donne la réplique de façon brillante à quatre chanteurs diversement inspirés. Malgré quelques moments très intenses, notamment au cours d'une mémorable *bulería* partagée par toute l'assistance, l'aspect « brut » de la prise de son ne compense pas toutes ses imperfections. Le disque se termine avec deux *cantes grandes*, une *siguiriya* et une *soleá*, interprétées en concert par El Cabrero, une des figures les plus populaires du *flamenco* contemporain. Dans l'ensemble, cette production hâtive est assez frustrante car personne, hormis peut-être Cabrero, ne semble y donner le meilleur de lui-même.

1 CD Nimbus, NI 5251.
Auteur : Phil Slight.
141 / 1991

PEDRO BACAN   150
Aluricán

Pour ce qui est de l'accompagnement du chant, Pedro Bacán a depuis longtemps fait ses preuves. Tous les grands *cantaores* ont mesuré l'effet galvanisant, presque magique de sa guitare, dont la connivence les pousse en chaque instant à livrer le plus profond de leur âme. Il lui restait à démontrer qu'il est aussi un soliste à part entière.

C'est chose faite avec cet *Aluricán* au sens énigmatique, dont Pedro nous dit qu'il exprime dans son esprit les prémices des choses. Une technique instrumentale à tout crin, une parfaite connaissance des formes traditionnelles, un sens organique des *compás*, des structures rythmiques : tels sont les atouts qui lui permettent de parcourir les classiques du *flamenco* avec aisance et mesure, sans jamais tomber dans le piège de la démonstration gratuite. Tout est senti chez Bacán ; de la nostalgique *taranta* aux graves et lumineuses *soleá* et *seguiriyá* en passant par les plus endiablées des *bulerías*, il déverse dans sa musique un flot continu d'émotions intenses, belles et rocailleuses comme les paysages arides de son Andalousie natale.

1 CD Le Chant du monde, LDX 274 906. 136/1990

PEDRO SOLER   151
Guitarra flamenca - fuentes
 ★★

Bien que s'exprimant dans une structure harmonique relativement moderne, l'art de la guitare *flamenca* est à classer dans la grande famille des musiques tradition-nelles méditerranéennes, ne serait-ce que par sa parfaite adéquation au génie andalou. Après avoir longtemps été confinée au modeste rôle d'accompagnateur des *cantaores*, la guitare s'affirme de plus en plus comme un instrument soliste à part entière depuis que de grands virtuoses tels que Paco de Lucia ou Manolo Sanlucar lui ont conféré ses lettres de noblesse. Mais ces derniers s'écartent aujourd'hui passablement des chemins conventionnels, alors qu'un artiste comme Pedro Soler, certes d'une moindre stature, respecte strictement les canons du style.

Ce disque propose un choix judicieux de formes, parmi lesquelles dominent les *toques chicos* – sevillanas, alegrías, bulerías, etc. –, qui se prêtent plus facilement au jeu instrumental que les *toques grandes*. Pourtant, une pièce comme la *soleares*, au rythme constamment sous-entendu, ou encore la très jolie adaptation d'une berceuse, conviennent mieux à la sensibilité de Soler, quelque peu desservie par ses limitations techniques. Il lui manque encore cette fougue propre au meilleur *flamenco*, qui en fait une musique ardente, capable d'envoûter totalement son auditoire.

1 LP Le Chant du monde, LDX 7480. 94/1986

VICENTE PRADAL   152
Ida y vuelta
 ★★

Suivant le chemin tracé par Paco de Lucia, Pepe Habichuela ou Paco Peña, Vicente Pradal nous sert une version des plus modernes de la guitare *flamenca*. L'invention passe ici par la recherche d'effets nouveaux et l'alliance contre-nature avec la guitare et les percussions latino-américaines. Evolution logique d'un art qui, pour survivre à la dégradation infligée par la consommation touristique, a dû se renouveler, se découvrir de nouveaux horizons. En se détachant de son amant le *cante*, la guitare a pu d'autant plus facilement s'internationaliser et développer un langage certes attrayant, mais irrecevable du point de vue de la tradition.

Certaines trouvailles comme la *bulería* aux accents mauresques dans laquelle la guitare dialogue avec le *'oud* sont habilement enlevées ; mais, puisque la critique est aussi une affaire de goût, n'ayons pas honte de préférer une pièce plus sobre comme la nostalgique *granaina* au rythme libre intitulée *Paseo de los tristes*.

1 LP Ariane, ARI 133.
103/1987

LAUNEDDAS   153
Luigi Lai, Aurelio Porcu

Ce disque est tout entier consacré à un instrument unique au monde en son genre : les *launeddas* de Sardaigne, que nous font apprécier deux virtuoses de la région du Sarrabus au sud-est de l'île, Luigi Lai et Aurelio Porcu. Le terme *launeddas* désigne en fait une série de trois instruments du type de la clarinette (c'est-à-dire comportant chacun une anche vibrante simple), joués simultanément par le même musicien. L'instrument comporte deux tuyaux de roseau à fonction mélodique, joués chacun d'une main, et un long tube servant de bourdon, attaché au tuyau mélodique de gauche. L'instrumentiste souffle continuellement dans les trois tuyaux, utilisant la technique de la « respiration circulaire ».

Bernard Lortat-Jacob a choisi de ne présenter ici que des pièces « solistiques » de musique de danse, excluant de ce fait le répertoire religieux et celui dans lequel les *launeddas* accompagnent le chant (sérénades, chants satiriques, etc.). Si elle ne nous offre qu'une introduction partielle au monde des *launeddas*, cette option nous permet de saisir de manière plus approfondie l'art de la « variation continue » que pratiquent les rares grands joueurs actuels – c'est en définitive préférable.

Le timbre aigre des *launeddas* n'est pas sans rappeler celui de la cornemuse, mais les entrelacs des deux mélodies simultanées en renforcent l'aspect lancinant. En écoutant attentivement Luigi Lai et Aurelio Porcu, on perçoit peu à peu les éléments signifiants de cette musique, dont la monotonie n'est qu'apparente : savantes formules contrapuntiques, polyrythmie complexe chez le premier, style plus sobre et classique, mais à l'expression peut-être plus dense, du second.

1 LP Ocora, 558611.
Auteur : Bernard Lortat-Jacob.
79/1985

POLYPHONIES DE   154
SARDAIGNE
★★★★

Le monde des polyphonies sardes est d'un abord fascinant, car, à l'égal de celui des *launeddas*, il nous montre la vitalité des traditions musicales de Sardaigne.

A la première audition, le chant a *tenore* de ces chœurs *a cappella* auquel, à l'exception d'une plage, est dédié ce disque, évoque en effet plus le Caucase ou la Mongolie que la Méditerranée, notamment par le timbre des voix graves qui, peut-être à l'imitation de la guimbarde, privilégie certains harmoniques aigus du spectre sonore. On découvre aussi que le peuple sarde a su maintenir

– fait rare en Europe occidentale – une structure sociale villageoise à laquelle la musique et la danse traditionnelles sont toujours pleinement intégrées ; l'art de l'improvisation poétique s'y est perpétué sans failles, comme en témoigne l'extrait de *gara poetica* («joute poétique») présenté sur la seconde face.

Les deux genres vocaux prédominant dans ce disque sont, d'une part, la *boghe 'e notte* («chant de nuit»), caractéristique de ce que Bartók et Brăiloiu appelaient le chant «long», dans laquelle la voix du soliste se révèle parfois d'une grande intensité émotionnelle ; et d'autre part, les différents formes de danse chantée, par définition rythmées, où la dynamique est créée par le jeu de pédales des basses.

L'excellente notice de Bernard Lortat-Jacob nous fournit, en plus d'une analyse stylistique du chant *a tenore*, quelques notions sur sa dimension poétique. On y retrouve, traités avec une verve paysanne non dépourvue d'humour, les archétypes de la lyrique amoureuse, complaintes, chansons galantes, etc., voisinant avec des préoccupations tout à fait actuelles, dont la revendication politique n'est pas absente.

De tout cela, ressort une saveur distinctive que nous avions déjà pu goûter dans *Padre padrone*, le chef-d'œuvre cinématographique des frères Taviani.

1 LP Le Chant du monde / CNRS-Musée de l'homme, LDX 74760.
Auteur : Bernard Lortat-Jacob.
79 / 1985

SARDEGNA   155
Organetto
★★★

La troisième des monographies sardes de Bernard Lortat-Jacob (réalisée cette fois-ci en collaboration avec l'ethnomusicologue italien Francesco Giannattasio et

éditée en Italie) est consacrée au petit accordéon diatonique appelé *organetto* (en sarde : *sonettu* ou *organittu*), typique des transformations subies par la musique traditionnelle sarde au contact de la technologie et des conditions de vie modernes. Ce disque est accompagné d'une plaquette illustrée très intéressante fournissant un commentaire détaillé sur l'instrument, sa technique et son contexte.

Introduit en Sardaigne à la fin du siècle dernier, peu avant la guitare, l'*organetto* y a rencontré un nombre d'adeptes considérable surtout dans le centre et le nord de l'île, le sud restant apparemment le royaume des *launeddas*, et éventuellement de l'accordéon chromatique, qui s'y associe plus facilement. Les caractéristiques de l'*organetto* le rendent particulièrement adapté au répertoire des danses, dans lesquelles les interprètes, souvent professionnels, font preuve d'une virtuosité peu commune sur cet instrument.

A l'exception de la très belle chanson d'amour *Tempiesina*, toutes les pièces sélectionnées pour ce disque sont en effet des danses, avec ou sans chant, enregistrées dans plusieurs régions et à différentes occasions, de 1975 à 1980. L'une offre un intérêt particulier : c'est la danse de Carnaval *sa cointrozza*, toujours exécutée le Mardi gras, dans laquelle l'*organetto* est accompagné par un triangle et un tambour : c'est, semble-t-il, l'une des rares occasions où cet instrument a conservé un rôle rituel.

Ces danses sont certainement significatives d'un aspect de la musique populaire sarde actuelle. Leur écoute hors contexte ne provoque cependant pas d'émotions comparables à celles suscitées par l'audition des *launeddas* ou du chant *a tenore*.

1 LP Fonit Cetra / I Suoni, Musica di tradizione orale, SU 5007.
Auteurs : Francesco Giannattasio, Bernard Lortat-Jacob.
79 / 1985

ITALIE   156
Chants de Toscane

Dans les villages toscans, le chant et la danse ont toujours tenu une place importante dans les réjouissances collectives et si, dans l'ensemble, les traditions rurales sont en régression, elles persistent toutefois dans certaines régions sous des formes spécifiques et dignes d'intérêt en tant que telles. Ce disque présente les pratiques chorales de deux zones distinctes : la province de Grosseto au sud, plus particulièrement les contreforts du mont Amiata, et le nord-ouest, aux alentours de la ville de Lucca.

Représentatifs du style méridional, les Gardellini del Fontanino, chœur polyphonique masculin du village de Castel del Piano, perpétuent une technique proche du yodel alpin, le *bei-bei*, dont les envolées – inattendues au sud des Apennins – se déploient sur des lignes de basse évoquant plus les polyphonies sardes ou le *trallalero* gênois. *Stornelli*, chants satiriques ou ballades, ces couplets lancés avec verve ont des accents d'une saveur très plaisante. Convivial et spontané, le chant de Limano et de Montaltissimo est riche et varié au niveau du répertoire, bien qu'esthétiquement plus courant. On regrettera que les monodies à l'unisson des sœurs Tortelli ne soient abordées ici que par une seule pièce, car celle-ci dénote un archaïsme typiquement toscan, qu'on ne retrouve plus par exemple chez les chanteurs de Limano.

1 LP Arion, ARN 33773.
Auteurs : Gilberto Giuntini,
Gastone Venturelli.
109 / 1988

« O PORTO DI LIVORNO   157
TRADITORE... »
« Che cosa cantavano le
donne livornesi »
Tina Andrey, Sandro Andreini,
Beppe Dunese, Attilio Fantolini

CONCERTINO NAPOLETANO 158
Anthologie de la
chanson napolitaine
Romano Zanotti
★★

«Que chantaient les femmes de Livourne ?...» La réponse a été donnée en 1975 dans un spectacle du folkloriste Giorgio Fontanelli, récemment adapté pour le disque. Nous sommes bien sûr ici loin des enregistrements de terrain d'un Diego Carpitella ou d'un Roberto Leydi, mais cette transposition est effectuée avec goût par des artistes chevronnés. Ce disque-souvenir touchera ceux qui sont sensibles à la gouaille savoureuse du peuple toscan.

Quant à Romano Zanotti, après un long parcours latino-américain marqué par sa participation aux célèbres Machucambos, il effectue un retour aux sources avec ce très classique *Concertino napoletano*. De l'alerte *Tarantella* au sombre *Munasterio e Santa Chiara*, il sillonne deux siècles et demi de *canzone*, prêtant sa voix emphatique aux accents volontiers déchirants de l'âme napolitaine. Trop guindée pour être vraiment convaincante, son interprétation a toutefois le mérite de nous faire découvrir un répertoire d'une attachante poésie.

1 CD Fonè, 84 F 03.
Auteur : Giorgio Fontanelli.

1 CD Sigla, 600224.
Auteur : Romano Zanotti.
124 / 1989

ITALIE   159
Chants et danses
Document d'archives

Ce survol des musiques populaires italiennes effectué à tire d'aile par deux ethnomusicologues réputés se révèle riche en découvertes. On ne manquera pas d'apprécier l'art avec lequel Alan Lomax et Diego Carpitella ont su sélectionner leurs exemples musicaux. Des *stornelli* de Toscane ou des Pouilles aux *trallaleri* des pêcheurs gênois, du *baletto* calabrais au chant des mineurs siciliens ou des presseurs d'olives de Campanie, sans oublier les archaïsmes patents de la cornemuse du Latium ou des polyphonies sardes : autant de morceaux d'anthologie dont on ne regrette que la disparité. Il y aurait en effet là matière à réaliser au moins une dizaine de disques, et l'on s'explique mal les raisons d'un tel choix.

Ce type de production est évidemment à recommander à ceux qui voudraient appréhender la diversité des pratiques musicales dans les campagnes italiennes. Mais, une fois ce premier pas fait, les amateurs pourront se pencher attentivement sur les catalogues italiens : ils recèlent des merveilles !

1 CD Arion, ARN 64083.
Auteurs : Alan Lomax, Diego Carpitella.

YOUGOSLAVIE   160
Macédoine : polyphonies tosques
« Sous les peupliers de Bilisht »

YOUGOSLAVIE   161
Macédoine : monodies guègues
« Bessa ou la parole donnée »

La tradition musicale albanaise était jusqu'à récemment une des grandes inconnues du monde méditerranéen. Une fenêtre s'est ouverte grâce à ces enregistrements réalisés par Herman Vuylsteke auprès des minorités albanophones de Macédoine : ils nous révèlent la persistance d'expressions musicales originales d'une saisissante beauté.

Bien que proches quant aux genres et aux occasions de jeu, les musiques des communautés tosques et guègues font cependant état de différences considérables sur le plan formel. Il suffit, pour s'en rendre compte, de comparer les danses pour hautbois et tambour figurant sur ces deux disques, pourtant interprétées par les mêmes musiciens, mais apparemment destinées à des audiences différentes : d'une part, nous sommes en présence de ce qu'on pourrait appeler une sorte de polyphonie modale, et de l'autre, nous avons affaire à une conception monodique tout à fait courante au Proche-Orient.

L'idiome musical des Tosques n'est pas sans rappeler celui de leurs voisins, les Epirotes du nord-ouest de la Grèce. On y retrouve, dans le chant choral comme dans la musique instrumentale, le même type d'entrecroisements mélodiques, constamment sous-tendus par le rappel de l'*ison*, ce type de bourdon mobile paraissant tout droit issu de la tradition byzantine.

De leur côté, les monodies guègues manifestent leur raffinement par une ornementation fine et une diversité de timbres remarquable, aussi bien dans le répertoire vocal des ballades épiques, des chansons édifiantes et des mélopées amoureuses, que dans celui de danses instrumentales et des airs de fête.

Cette mise en regard ne saurait toutefois masquer les mérites intrinsèques de chacune. Les musiques des Tosques et des Guègues nous dévoilent toutes deux des trésors de sensibilité et d'intelligence, peut-être d'autant mieux préservés qu'ils sont longtemps restés inaccessibles.

2 LP Ocora, OCR 558572 et 558619. Auteur: Herman C. Vuylsteke.   103 / 1987

NAŠE PJESME 162
Music from Gabela, Hercegovina, Yugoslavia
★★★★

Demeurée fidèle au microsillon, la collection du Musée de Berlin nous propose ici un panorama de la vie musicale d'un village, dans un esprit comparable à celui qui animait les recherches de Constantin Brăiloiu. Situé dans la province yougoslave de l'Herzégovine, Gabela avait conservé jusqu'à récemment – ces enregistrements de Dieter Christensen datent de 1957 à 1974 – un répertoire autochtone cohérent. *Naše pjesme* signifie «nos chants», autrement dit ceux qui rythmaient la vie individuelle et collective des villageois. De Noël à la Passion, des chants de travail aux divertissements des jours de fête, de la berceuse à la lamentation funéraire en passant par les chants d'amour et de noce: autant d'occasions dignes d'être célébrées en musique.

On savait les côtes de l'Adriatique riches en polyphonies vocales. A deux, trois, quatre, voire cinq voix, celles de Gabela surprennent par leur originalité. Inscrites dans des ambitus restreints, elles font apparaître des structures mélodiques très fines, des intervalles jamais tempérés et des techniques que, faute de mieux, on qualifie souvent d'archaïques. La musique instrumentale y a aussi sa place; sous sa forme pure, elle est le fait de la cornemuse de berger et de la double flûte, alors que la vièle monocorde *gusle* sert à accompagner les épopées célébrant les héros de la résistance du temps de l'invasion ottomane. Ainsi rendu dans toute sa diversité, ce microcosme musical nous fournit le témoignage émouvant d'un réel art de vivre.

1 LP Museum Collection, Berlin, MC 2. Auteur: Dieter Christensen.   143 / 1991

ALBANIE 163
Polyphonies vocales et instrumentales

Après un silence de plus de deux ans, la célèbre collection du C.N.R.S. et du Musée de l'Homme refait surface avec ce premier disque compact dû à Bernard Lortat-Jacob et Beniamin Kruta. Pour des raisons évidentes, l'Albanie demeurait une des grandes zones d'ombre du paysage musical méditerranéen. Nous n'avions accès à sa musique que par des expressions à l'authenticité douteuse ou à travers des témoignages recueillis dans des régions avoisinantes telles que l'Epire ou le Kossovo. Voici donc le vide comblé grâce à ces magnifiques polyphonies provenant des pays lab et tosk dans le sud albanais.

Véhicule de la tradition populaire épique et lyrique, le chant de ces deux communautés comporte un large éventail de techniques vocales, y compris le yodel, dont la répartition dans le monde n'a pas fini de nous surprendre! Au nombre de deux ou trois, les parties solistes se développent majestueusement, selon un débit volontiers rubato, autour de l'axe constitué par un bourdon guttural. Les instruments n'apparaissent qu'en fin de disque, en alternance avec un chœur féminin ou seuls pour deux superbes improvisations collectives à la manière tsigane: lancinantes et jubilatoires.

1 CD le Chant du monde / CNRS-Musée de l'homme, LDX 274897. Auteurs: Bernard Lortat-Jacob, Beniamin Kruta.   124 / 1989

GRÈCE : TAKOUTSIA   164
Musiciens de Zagori, Epire
★★★★

Dans la meilleure tradition épirote, le clarinettiste et chanteur Grigoris Kapsalis et ses musiciens font ici preuve d'une parfaite maîtrise des inflexions chaleureuses et des rythmes «boîteux» qui caractérisent l'art des Tsiganes balkaniques. La première face est entièrement dédiée à une longue improvisation instrumentale au rythme libre ; basée sur un mirologue (chant funéraire), elle en garde le caractère incantatoire et nostalgique, tout en servant de prétexte à une fascinante joute disputée entre les mélodistes de l'ensemble.

En contrepartie, les pièces suivantes mettent en relief l'aspect festif et convivial de la musique d'Epire : les danses instrumentales alternent avec deux très beaux exemples de chant épique ou «chant de table», souvent interprétés lors des festins de mariage. Le souvenir de l'occupation turque y est constamment présent, aussi bien dans le traitement des mélodies que dans les paroles, où il est souvent fait allusion au cruel Ali Pacha, dont les méfaits ont inspiré de nombreuses chansons.

A goûter de préférence un soir d'été en sirotant un verre de retsina, cette musique intense et sensuelle évoque une Grèce que les sempiternels bouzoukis de la Plaka font un peu trop facilement oublier.

1 LP Inédit / Maison des cultures du monde, 160 003.
1 CD, W 260 020.
Auteurs : Simha Arom,
Tatiana Yannopoulos.
105 / 1987

LA TRADITION DU RÉBÉTIKO 165
Chansons des fumeries et des prisons

Qui n'a pas rêvé en écoutant le *bouzouki* dans les tavernes de la Plaka ? Qui, pendant ses vacances, n'a pas appris à danser le *sirtaki* au son de la chanson de Zorba ? Il était temps que nous puissions oublier ce folklore mièvre, parodique et commercialisé, pour découvrir le véritable *rébétiko*, né à la fin du siècle dernier dans le monde marginalisé des chômeurs, émigrants, des fumeurs de haschich et des trafiquants en tous genres.

Issu d'un sous-prolétariat urbain désillusionné, le *rébétiko* est comparable, sous plus d'un rapport, au *blues*. On y retrouve cette verve à la fois ironique et pathétique, dernier refuge et exutoire salutaire des exclus d'une société sans merci. Mais l'univers des *rébétés* et des *mangas* a disparu avant que l'industrie du disque ne juge bon d'en immortaliser les créations musicales.

Composé de trois jeunes chanteurs, jouant respectivement du *baglama*, du *bouzouki* et de la guitare, le jeune groupe Rébétiko Tsardi s'est attaché à en restituer le répertoire le plus authentique et en même temps le plus oublié. Ses interprétations sont bien enlevées et respectueuses du style ancien, mais peut-être un peu trop «professionnelles» pour être totalement convaincantes. Il semble y manquer parfois cette touche de vécu, susceptible de remuer le fond de l'âme.

Un des intérêts de cette musique réside dans l'ambiguïté constamment entretenue entre un langage modal, dans lequel domine l'influence de l'Asie mineure, et un climat tonal et harmonique typiquement occidental. L'empreinte de l'Orient est aussi attestée par l'usage fréquent de cycles rythmiques asymétriques, tels le *zeybékiko* à neuf temps, dérivé des mètres turcs de type *aksak*. Relevons encore l'adoption par les *rébètès* de termes empruntés au vocabulaire du soufisme pour désigner une fumerie et sa clientèle.

1 LP Ocora, 558648.
Auteur: Aris Fakinos.
85/1986

GRÈCE   166
Hommage à Tsitsanis (bouzouki)
★★★

Présenté comme le roi du *bouzouki*, Vassilis Tsitsanis puise sa musique dans la tradition épirote dont il est issu, mais il s'en écarte en harmonisant son jeu, en incorporant à son chant des influences nouvelles, slave notamment, et en définitive en s'inscrivant en rupture avec ses origines. Tout cela a sans doute contribué à son succès foudroyant, car il a ainsi inauguré le courant de la chanson populaire grecque moderne, un courant spécifiquement urbain, par une expression à la fois individuelle et nationale, sinon nationaliste. On retrouve quelque chose de semblable dans le développement du *rébétiko*.

Sous un certain rapport, la musique de Tsitsanis est à l'image de la culture grecque: un pied en Orient, l'autre en Occident. Quoi de plus oriental en effet que ses longues improvisations instrumentales, ou les rythmes à cinq, sept ou neuf temps qui sous-tendent ses compositions? Et quoi de plus occidental que la trame harmonique sur laquelle il enchaîne ses mélodies?

Ce disque compact restitue l'intégralité du matériel précédemment paru sur microsillon (Ocora 558 632), mais dans un ordre différent, qui fait alterner les pièces vocales et instrumentales. L'initia-

tive est probante, et le jeu de contrastes qu'elle suscite valorise mieux la riche palette expressive de l'artiste.

1 CD Ocora, 559010.
Auteurs: Simha Arom,
Tatiana Yannopoulos.
108/1988

GRÈCE   167
Chansons et danses populaires
Collection Samuel Baud-Bovy

Chants et danses comme on pouvait en entendre dans les villages grecs dans les années trente et cinquante: ce disque est un document d'une valeur inestimable. Admirablement bien conçu, il évite tout autant les pièges de l'anthologie folklorique (seules trois régions sont représentées ici: Dodécanèse, Crète et Roumélie-Epire) que de la froide enquête ethnographique, reflétant bien en cela la personnalité de son auteur, Samuel Baud-Bovy. Grand «découvreur» de la musique traditionnelle grecque, il apparaît comme l'un des rares à avoir su associer avec autant de bonheur des qualités de rigueur scientifique, lors de ses investigations sur le terrain (voir en particulier son étude systématique du folklore musical du Dodécanèse), à une formation musicologique classique, de type humaniste (il étudie à Paris auprès de Dukas et Pirro, et se distingue également en tant que chef d'orchestre et professeur de grec moderne). Ces qualités complémentaires se retrouvent ici, au travers d'un choix de pièces facilitant l'accès à des notions souvent fort complexes (comme celle des *kondyliès* dans la partie crétoise), mais surtout d'une très grande beauté musicale. Larges extraits d'improvisations collectives, ou ballades et complaintes d'une poignante mélancolie: on sent fréquemment passer dans ces documents, par-delà le simple témoignage, l'esprit d'une grécité essentielle, reflet de moments privilégiés, si difficiles à retransmettre au disque, et qui n'existeront peut-être bientôt plus que dans ce type d'archives... On ne peut qu'espérer la parution d'autres trésors de cette riche collection.

Marc Desmet

1 CD VDE / AIMP, CD-552.
Auteurs: Samuel Baud-Bovy,
Lambros Liavas.
134 / 1990

GRÈCE   168
Musique traditionnelle
Epire - Macédoine - Péloponnèse -
Thrace - Asie mineure - Pontus - Crète
★★★

Bien que sa conception date – on ne présenterait plus aujourd'hui en un seul volume les expressions musicales de sept régions culturelles distinctes – le disque grec de la collection de l'UNESCO capte l'essentiel d'une tradition multiforme. On y distingue trois grandes aires: tout d'abord l'Epire, la Macédoine et le Péloponnèse, où la clarinette est reine depuis près d'un siècle et où les musiciens professionnels, tsiganes pour la plupart, affectionnent particulièrement les improvisations en rythme libre ou asymétrique; ensuite les zones d'influence orientale, tant géographiquement que culturellement: la Thrace et l'Asie mineure, où les instruments et le système mélodique dénotent clairement l'ascendant des *maqâm* arabo-turcs, eux-mêmes influencés par les modes de la Grèce antique, comme le signale Alain Daniélou dans sa notice; et enfin, avec le Pontus et la Crète, le royaume des instruments à archet appelés *lira*, encore que la tech-

nique et le répertoire de la *lira* pontique n'ait pas grand chose à voir avec leurs contreparties crétoises. Malgré son morcellement excessif, ce disque fournit une introduction valable, servie par des interprètes de premier plan, aux principaux genres de la musique populaire grecque.

1 CD Auvidis/UNESCO, D 8018.
Auteurs: Alain Daniélou et Jacques Cloarec.
136 / 1990

GRÈCE   169
Musique sacrée byzantine:
Grand Chant octotonal à la Vierge
(Pétros Bérékétis, XVIIIᵉ siècle)
Ensemble Théodore Vassilikos
★★★★

Pour son cinquième volume dédié au chant liturgique de l'Eglise grecque – le premier en disque compact –, Ocora nous offre l'unique enregistrement intégral jamais réalisé du *Grand Chant à la Vierge* de Pétros Bérékélis dans sa version originale non remaniée. Cette œuvre lumineuse, d'une éclatante majesté, marque à plus d'un égard l'accomplissement de la tradition musicale orthodoxe, dont elle constitue une synthèse magistrale. La composition est en effet divisée en huit sections, correspondant chacune à l'un des modes mélodiques ou «tons» de la théorie musicale byzantine (d'où sa désignation de «Grand Chant *octotonal*») et enchaînées selon l'ordre canonique. Les textes chantés et les *kratimata*, mélismes improvisés sans paroles réalisés par le protopsalte, se déploient avec une lenteur toute hiératique sur l'assise profonde de l'*ison*, bourdon mobile produit par une partie du chœur. L'effet est saisissant et la succession des différents *éthos* opère à la façon d'une spirale ascendante ou d'une échelle céleste invitant l'auditeur recueilli à gravir ses degrés.

Interprétation impeccable que celle de Théodore Vassilikos, qui est à n'en point douter l'un des grands chantres actuels de Grèce. L'équilibre des voix est parfait, le chant conserve toute la souplesse rythmique qui convient et les intervalles sont d'une justesse remarquable. On peut toutefois se demander les raisons de l'amour exclusif voué par Aris Fakinos, directeur de cette série grecque, à Vassilikos. D'autres chœurs byzantins mériteraient tout aussi amplement d'être mieux connus à l'étranger, ceux de Simon Karas, de Licourgos Anghelopoulos, de Vassilis Nonis ou de Spiridon Péristéris, par exemple.

1 CD Ocora, C 558682.
Auteur: Aris Fakinos.
121/1989

GRÈCE 170
Les grandes époques du chant sacré byzantin (XIVᵉ-XVIIIᵉ s.)
Ensemble Théodore Vassilikos

★★★★

Rendu célèbre à l'étranger par ses nombreux enregistrements publiés par Ocora-Radio France, Théodore Vassilikos nous propose ici huit chants illustrant la période florissante de la musique liturgique byzantine. Inaugurée au XIVᵉ siècle avec la magistrale figure de Ioannis Koukouzélis, le grand réformateur de la notation neumatique, celle-ci atteint son accomplissement quatre siècles plus tard grâce à des personnalités comme Pétros Bérékétis et Iakovos Protopsaltis, dont les compositions s'inspirent volontiers de la musique classique ottomane et des chansons populaires grecques. Comme à son accoutumée, Vassilikos nous offre de ce répertoire une interprétation majestueuse, empreinte de l'inébranlable esprit d'unité et d'équilibre caractérisant l'Eglise orthodoxe grecque. Le chœur, admirablement soudé, fournit une assise sobre et profonde aux envolées du chantre, dont les mélismes parent le texte d'un vêtement de lumière. Ecoutez par exemple l'anonyme Liturgie de saint Basile ou la Lamentation finale de Marie-Madeleine: la confluence de l'Orient et de l'Occident paraît avoir opéré là sa synthèse la plus parfaite.

1 CD Ocora, C 559075.
Auteur: Aris Fakinos.
142/1991

ORIENT/OCCIDENT 171
Musique de l'Europe du Sud-Est

Sous ce titre, l'ethnomusicologue allemand Wolf Dietrich nous propose le résultat de douze années de collecte dans des villages de Grèce, de Turquie, de Roumanie et de Yougoslavie. Comme il l'indique dans sa préface, l'auteur n'a pas tenté de présenter une anthologie exhaustive des différentes musiques du Sud-Est européen (on n'aurait pas compris l'absence de l'Albanie et de la Bulgarie dans ce double album, ni que la Roumanie ne soit représentée que par la seule Dobrudja). Par un choix judicieux de pièces, il a plutôt cherché à nous introduire à certaines formes musicales illustrant les multiples courants ayant marqué ces régions.

En ce sens, le travail de l'ethnomusicologue devient réellement créatif. Les quarante enregistrements sélectionnés nous éclairent en effet sur les principales composantes de cette prodigieuse mosaïque musicale, que les frontières politiques n'ont pas affectée. L'adoption d'un découpage typologique plutôt que géographique permet une approche comparative du plus grand intérêt en fonction des critères adoptés:

– *Face A:* formes instrumentales typiques. L'accent est mis ici sur les instruments à cordes, frottées ou pincées, servant notamment à accompagner l'immense répertoire des ballades et des chants épiques, puis sur la tradition des hautbois «rustiques» faisant appel à la technique de la respiration circulaire, caractéristiques des fêtes de plein air;

– *Face B:* influences de l'époque des Turcs ottomans. Les enregistrements regroupés sur cette face montrent la persistance de formes musicales typiquement orientales dans de nombreuses régions des Balkans, maintenues notamment grâce aux musiciens professionnels tsiganes;

– *Face C:* formes anciennes. En revanche, ici, nous avons affaire à un répertoire totalement non professionnel, perpétué par les bergers ou les agriculteurs, et reflétant un état «archaïque» de la musique, apparemment maintenu intact dans le cercle des communautés villageoises;

– *Face D:* influences de l'Europe centrale. Pour conclure, nous entrons dans le champ des petits ensembles professionnels ou semi-professionnels, dominé partout par la figure des Tsiganes. Sans jamais avoir possédé une musique qui leur soit propre, ces derniers ont toujours su imprimer leur marque distinctive aux répertoires qu'ils interprètent.

Il est difficile de rendre compte en peu de lignes d'une matière aussi riche. On ne peut que la recommander vivement à tout amateur tant soit peu exigeant en ce domaine et souligner aussi l'excellente documentation fournie par la plaquette accompagnant ces deux disques.

2 LP Museum Collection, Berlin, MC 3. Auteur: Wolf Dietrich. 78/1985

EUROPE
OCCIDENTALE

CHANT GRÉGORIEN   172
Dominique Vellard,
Emmanuel Bonnardot

L'inclusion de ce disque dans une rubrique consacrée aux musiques traditionnelles voudrait rappeler les liens étroits ayant toujours existé entre les différentes écoles du plain-chant et la tradition orale. Si les mélodies grégoriennes se cristallisent dès le IXe siècle par l'introduction de la notation musicale, elles ont parallèlement continué à se perpétuer en marge de l'écriture, malgré les nombreuses réformes, ruptures et vicissitudes dont leur répertoire a été l'objet au cours des siècles.

Depuis quelques années s'affirme un courant visant à restituer à l'interprétation actuelle une «vérité musicale» en marge de toute exécution liturgique, privilégiant le verbe aux dépens du rite. A cet égard, la démarche de Dominique Vellard et Emmanuel Bonnardot, fondée sur les recherches musicologiques les plus récentes, en particulier celle de Marie-Noël Colette, est exemplaire: pose de voix, justesse des intervalles et de l'intonation, précision du rendu des ligatures, souplesse de la conception rythmique; tout concourt à donner à la restitution la fluidité et l'intériorité qui conviennent au caractère sacré de cette musique.

Dominique Vellard ne cache pas l'enseignement qu'il doit aux traditions orientales, dont il use avec discernement. On perçoit par exemple l'influence des techniques vocales persanes dans les procédés de répercussion et de vibration du son qui apparaissent notamment dans *Deus, Deus, meus*. Par contre le traitement diaphonique de l'*Alleluia Eripe me* et de sa prosule est spécifiquement occidental et «invite à reconsidérer une possibilité d'exécution polyphonique de ces compositions», comme l'indique Marie-Noël Colette dans son introduction. Ce disque remarquable est appelé à devenir une référence indispensable à toute personne concernée par la redécouverte du plain-chant.

1 LP Stil, 2106 S 84.
82 / 1985

CORSE   173
Chants religieux de tradition orale
Messe dédiée à la sainte Vierge Marie - Messe des morts - Cantiques et hymnes

★★★★

Voici une réédition qui ravira tous les amateurs de polyphonie populaire. Comme leurs voisins les Sardes, les Corses ont maintenu vivace une musique vocale à bien des égards singulière. Prolongement direct du contrepoint médiéval, elle paraît avoir résisté presque miraculeusement aux affres du temps. Bon nombre d'«archaïsmes» savoureux apparaissent en effet tout au long de ces chants d'église enregistrés il y a une douzaine d'années dans le village de Rusiu. Du fait de son relatif isolement, celui-ci était alors – l'est-il encore? – un des gardiens les plus fidèles de cette tradition sans fard. Ces précieux documents sont mis en perspective par une savante notice de Jacques Chailley, qui les situe dans leur contexte social et historique. On y apprend notamment que, émis par les mêmes gosiers, la polyphonie liturgique et sa contrepartie profane appelée *paghiella* sont d'une totale homogénéité stylistique. Les conclusions du célèbre musicologue sont que «L'on se trouve devant une dérivation populaire d'une harmonie de caractère classique traitée selon une technique médiévale antérieure à elle de quatre ou cinq siècles environ» Les voies de la tradition sont parfois tortueuses!

1 CD/UNESCO, D 8012.
Auteurs: Jacques Cloarec, Jacques Chailley.
126/1989

CORSICA   174
Chants polyphoniques
E voce di u cumune

On savait la Corse détentrice de traditions musicales admirables; le disque publié par l'UNESCO ou le coffret édité en 1982 par la Phonothèque nationale à partir d'enregistrements de Félix Quilici (APN 82–1/3) en avaient en leur temps offert un éventail très large, sinon exhaustif. Ce nouvel album nous fait pénétrer dans les arcanes d'un monde musical directement issu du haut moyen-âge. Comment ne pas penser aux *organa* de l'Ecole de Notre–Dame ou même aux *kratimata* byzantins à l'écoute de ces polyphonies profondes? Elles attestent la permanence de techniques purement médiévales comme celles des tropes et de l'improvisation modale, ou encore du chant en quintes parallèles, merveilleusement illustré par une pièce telle que le *Lode di u sepolcro*.

La démarche du chœur *E voce di u cumune* force le respect. Combinant une sensibilité et un discernement artistiques d'une extrême acuité à une attitude réflexive vis-à-vis de son héritage musical, elle convainc sans réserve. Les timbres vocaux possèdent un grain un peu âpre tout à fait adéquat, les intervalles sont rigoureusement justes et l'ornementation est ciselée avec finesse et sûreté. La présence de Marcel Pérès, directeur artistique et auteur de la

notice, n'est certainement pas pour rien dans cette réussite: un même souffle anime en effet les réalisations de l'ensemble Organum et ces témoignages «revisités» de la tradition vivante corse, révélant par là même la parfaite homogénéité stylistique des répertoires liturgique et profane.

1 CD Harmonia Mundi HMC, 901256
1 LP HMC, 1256.
Auteur: Marcel Pérès.
114/1988

CANTI CORSI IN   175
TRADIZIONI
A cappella
★★★★

CORSE
Musiques sacrées   176
Sittimana Santa in Bunifazziu
★★★★

Deux nouvelles réalisations viennent enrichir notre image des traditions vocales corses. Vecteur de la mémoire collective, le chant *a cappella* a conservé dans la culture insulaire un parfum d'intemporalité qui étaie sa portée identitaire. Subdivisé selon une double dichotomie – monodie/polyphonie, chant religieux/chant profane –, son répertoire illustre les facettes d'un héritage musical profondément original, demeuré cohérent grâce à la conscience de ses dépositaires actuels.

Produit d'un remarquable travail de préservation, les *Canti corsi in tradizioni* rassemblés à Bastia sous l'impulsion de Michel Raffaeli se présentent ainsi comme une compilation d'airs anciens des différentes régions de l'île. Les chants (*canti*), berceuses (*nanne*) complaintes (*lamenti*) et chant funèbres (*voceri*), interprétés alternativement par une douzaine de jeunes chanteurs, et peut-être plus encore leurs émouvantes polyphonies masculines à trois voix (*paghielle*): cette musique d'une beauté solennelle nous fait vibrer au rythme des saisons et des phases de l'existence.

Quant aux chants de la Semaine Sainte de Bonifacio, ils comportent un atout supplémentaire: celui d'avoir été recueillis sur le vif. De l'Office des Ténèbres du Jeudi Saint au Christus concluant la procession du Vendredi soir, nous suivons pas à pas les *cunfratelli* qui, de mort en résurrection, parcourent les étapes du Chemin de Croix. Sur le plan du style, on remarquera que les chants sacrés de Bonifacio se rattachent plus à l'école ligure qu'à l'esthétique propre au reste de l'île. Attestant ainsi la spécificité de la «cité de Boniface», ce document contribue à une meilleure appréciation de la tradition musicale corse, dans toute sa diversité.

1 CD Fonti Musicali, 581158.
Auteur: Michel Raffaeli.

1 CD Ocora / AMTA, C 559086.
Auteurs: G.G. & C. Andréani, F. Berlinghi, F.J. Casta, V. Franzini, B. Pazzoni.
137/1990

BATÈSTAS & CANTARIAS   177
Daniel Loddo - Claude Sicre
★★★

LA TALVÈRA   178
Cants a dansas del Païs albigès
★★★

On aurait pu croire la tradition des troubadours à jamais disparue et l'art des histrions bien menacé. Ce serait méconnaître les ressources créatives de la culture occitane, dont témoignent ces *batèstas* et *cantarias* du Tarn interprétées avec verve et humour par Daniel Loddo et

Claude Sicre. Sans provenir directement de la lyrique médiévale, ces chansons à répondre en transposent néanmoins certains aspects dans le contexte contemporain. Ainsi les *batèstas* rappellent-elles les fameuses *tençons*, ces joutes oratoires troubadouresques dont certaines, comme celles opposant Bernard de Ventadorn et Peire d'Auvergne, sont demeurées célèbres. L'art du sous-entendu et du double sens autrefois cultivé par les poètes d'oc retrouve ici toute son acuité. Un climat sonore proche de celui des *garas* sardes ou des *blues* et *hollers* ruraux du sud des Etats-Unis, par moments quelques effluves brésiliens: cette musique s'écarte donc de toute tentative de reconstitution historique.

La *Talvèra*, qui réunit le même Daniel Loddo et deux complices, nous propose dans son premier disque quelques «chants et danses du Pays albigeois», musique de plein air dans laquelle règne l'imposante cornemuse du Sidobre appelée *craba*, en compagnie du hautbois montagnard *graille* et du *tamborn* occitan. L'ambiance allègre et tonitruante des fêtes villageoises est restituée sans compromis par ces trois ménétriers issus de la plus authentique tradition orale.

1 LP Régiophon, ROC 1.
Auteur: Claude Sicre.

1 LP Régiophon, 85002.
105/1987

BACHÂS MONT-JÔIA   179
Littorales - Musiques provençales
★★★

Puisant l'essentiel de leur répertoire dans le fond traditionnel et anonyme des coteaux de Provence et d'alentour, les cinq musiciens de Bachâs Mont-Jôia nous servent avec ce nouveau cru une douzaine de mélodies «enracinées, mais multi-cépages», selon le commentaire hautement œnologique de leur ami Jean-Yves Royer. Les airs des anciens orphéons du carnaval de Nice y voisinent avec les jeux païens de la Fête-Dieu d'Aix, ou encore avec les chants de Noël à la gloire de Celui qui changea l'eau en vin... Tout cela n'est pas très sérieux, mais fort bien envoyé, et lorsque surgit la *Fanfara* fellinienne de Nino Rota de derrière on ne sait quelle barrique, on se surprend à trouver ça tout naturel! A base de cannes et de cougourdons de Provence, une riche panoplie instrumentale permet aux compères de diversifier les saveurs sans pour autant perdre de vue les vignobles de Bandol. Et si d'aventure on aperçoit Bacchus danser la *Polalhièra* en compagnie de Neptune, ou si le vieux Pan fait sonner sa flûte sous le regard complice d'un humble vielleux, c'est bien parce que les flèches de Cupidon ont eu raison des antiques querelles.

1 CD Arion, ARN 64053.
Auteur: Jean-Yves Royer.
119 / 1989

MUSIQUES ET VOIX 180
TRADITIONNELLES
AUJOURD'HUI
Les cornemuses

«Parmi tous les facteurs qui caractérisent l'instrument de musique populaire et le différencient de l'instrument de musique en général, il en est un, au moins, qui conditionne directement le choix de cet enregistrement: la notion d'appartenance à une communauté, d'enracinement dans un terroir», nous dit-on en guise d'introduction au commentaire de ce disque. Certes, mais alors comment justifier ici l'usage de la clarinette, du violoncelle, de la contrebasse ou du synthétiseur qui, jusqu'à nouvel avis, n'appartiennent pas au patrimoine occitan?

Le moins que l'on puisse dire est que la cornemuse n'a pas besoin de tout cet attirail pour être mise en valeur. Les prétendus arrangements «revivalistes» dont font partie la plupart des pièces de ce florilège desservent complètement l'instrument. Ils banalisent les timbres spécifiques de la *boha* gascone, de la *bodega* du Haut-Languedoc et de la *cabreta* auvergnate et rouergate en sclérosant leur répertoire. Une anthologie de la cornemuse en Midi-Pyrénées reste encore à faire.

1 LP Ariane, AR 134.
Auteur: Luc Charles-Dominique.
99 / 1987

MUSIQUES ET VOIX 181
TRADITIONNELLES
AUJOURD'HUI
La danse

Activité sociale par excellence, la danse traditionnelle semble connaître un regain de popularité en Midi-Pyrénées, si l'on en juge d'après les enregistrements réunis par le Conservatoire occitan dans cet album. «Autant de pas que l'homme fait au bal, autant de sauts fait-il pour aller en enfer», chantait le troubadour; bien que la danse ait aujourd'hui perdu l'odeur de soufre dont elle était auréolée au Moyen-Age, elle est demeurée jusqu'au début de ce siècle un puissant facteur d'identité communautaire. Réactivée dès les années soixante par les ardeurs ambiguës du mouvement folk, elle apparaît actuellement comme un des fers de lance du régionalisme occitan.

Puisant aux sources orales et écrites de la tradition, Luc Charles-Dominique et ses compagnons nous servent une version actualisée de quatorze airs de danse. Bourrées auvergnates, rondeaux de Gascogne, branlous de l'Albigeois et autres gavottes bigourdanes sont ici arrangés et orchestrés selon les conceptions «revivalistes» courantes: harmonisation «primitive», surcharge instrumentale, abus de tierces parallèles, etc.; si la redécouverte des instrument spécifiques et de leur répertoire est en soi une propension louable, la démarche dans laquelle elle s'inscrit appelle certaines réserves — déjà formulées à propos du premier volume de cette collection.

1 LP Ariane, AR 138.
Auteur: Luc Charles-Dominique.
112/1988

MUSIQUES ET VOIX   182 TRADITIONNELLES' AUJOURD'HUI
Les hautbois

★★★★

Le Conservatoire occitan poursuit son effort de réhabilitation du patrimoine régional en valorisant l'art du hautbois populaire. Instrument obligé des cérémonies et des fêtes de plein air sous l'Ancien Régime, le hautbois s'est par la suite cantonné dans les zones périphériques de France, notamment dans les villages du sud-ouest. C'est donc là que Luc Charles-Dominique et ses amis ont concentré leur recherche, dont cet album marque un aboutissement convaincant. Etayant leurs interprétations à la fois sur une ample documentation et sur l'apport des derniers tenants de la tradition orale, ils dotent leur instrument de prédilection d'un nouveau souffle (et il en faut!) prometteur.

Selon l'ancien usage des «coubles» ou «bandes» de ménétriers, les *grailes* du Haut-Languedoc se mêlent aux cuivres, aux fifres et aux tambours pour les marches et les airs de cortège; pour

les danses, ce sont plutôt l'*aboès* du Couserans ou le *clarin* des Pyrénées centrales qui sont utilisés, associés par exemple au violon et au tambourin à cordes. Cette production soignée pourrait bien être un ferment du renouveau du hautbois en Midi-Pyrénées; c'est en tout cas une piste à suivre.

1 LP Ariane, AR 147.
Auteur: Luc Charles-Dominique.
123/1989

MUSIQUES ET VOIX   183 TRADITIONNELLES AUJOURD'HUI
Les voix

Ce dernier volume de la collection «Musiques et voix traditionnelles aujourd'hui» démontre les effets d'une démarche exigeante sur des pratiques qu'on aurait pu croire désuètes. Mais l'esprit des troubadours souffle encore sur les pays d'Oc.; ces ballades, complaintes et autres rondeaux nous en convaincront. Réunis sous la houlette du Conservatoire occitan, une douzaine de chanteurs et quelques instrumentistes nous proposent un répertoire éclectique, interprété avec finesse et sensibilité. Nues ou discrètement soutenues par une guimbarde, un violon ou un chalumeau, ces voix franches et bien timbrées sont dotées d'une saveur toute méridionale.

En affirmant la vitalité de l'«ancienne chanson populaire traditionnelle», Luc Charles-Dominique et son équipe règlent une fois pour toutes leurs comptes avec le passé récent; le folklorisme romantique du siècle dernier et la glorification du chant populaire comme valeur refuge prônée par le gouvernement de Vichy appelaient en effet une mise en perspective. C'est chose faite et, débarrassée de ces oripeaux, la tradition orale occitane peut ainsi retrouver sa place légitime.

Signalons encore aux amateurs que, des deux éditions, seule celle en microsillon est assortie d'une intéressante étude sur l'histoire de la collecte en Midi-Pyrénées.

2 LP Ariane, AR 151 ou 1 CD Ariane, ARI 1350.
Auteur: Luc Charles-Dominique.
142/1991

PERLINPINPIN FÓLC   184
Al Biule
★ ★ ★

Dans cet album, Perlinpinpin Fólc précise son orientation résolument contemporaine, tournant le dos à toute tentative de reconstitution du folklore occitan ancien. L'engagement régionaliste passe ici par une actualisation de la forme et un choix de textes adéquats, de la recette de cuisine à l'éloge du poète gascon. Des arrangements originaux mettent en évidence certaines «trouvailles» très heureuses, par exemple les effets polyphoniques de l'émouvante *Batalha d'Achòs* pour voix seules ou les suites de danses qui terminent chaque face.

Ce type de démarche génère un sentiment partagé. Une esthétique inévitablement «entre deux chaises», comme le dit la chanson (*Entre duas cadièras*), dans laquelle la cornemuse, la guimbarde et la vielle à roue dentée voisinent avec la darbouka et la guitare basse électrique. Telle est bien l'image de la culture occitane, menacée dans son existence même si elle ne se renouvelle pas.

1 LP Auvidis, AV 4520.
96/1987

LA KINKERNE   185
Bal en Savoie
★ ★ ★

«*Kinkerne*: 1. Vielle à roue (patois savoyard); 2. Vieille personne qui se répète, rabâche (fig. fam.); 3. Groupe de musiques traditionnelles savoyardes (1975)». Ce troisième album de la Kinkerne se veut pédagogique et non moins didactique; mais rassurons-nous, il est tout sauf pédant. Son mérite est celui de tout document «brut» enregistré en situation, et si la qualité de la prise de son en souffre quelque peu, il n'en paraît que plus authentique.

Aucun artifice dans cette musique de bal généreuse et convaincante: c'est la fête au village et les danseurs martèlent dur. Pour cette occasion, Jean-Marc Jacquier et ses amis se sont adjoint le violoneux Louis Ouvrier Bonnaz de Saint-Nicolas la Chapelle, dont le coup d'archet vigoureux fait merveille dans la contredanse et le *chibreli*. Ajoutons à cela que le disque est assorti d'un petit manuel de danse à l'usage des amateurs. Tous les ingrédients sont donc réunis pour faire «la joie de nos campagnes et le malheur du clergé»

1 LP Discovale, WM 73.
96/1987

VIELLEUX DU BOURBONNAIS 186
Coup de 4
★ ★ ★

Les vielleux du Bourbonnais sont en fait autant cornemuseurs que vielleux, à l'occasion aussi accordéonistes. Ce *Coup de 4*, assurément un bon coup, présente un son robuste et vigoureux, propice aux danses, parmi lesquelles la bourrée est reine. Le bourdon s'installe, profond, lancinant, omniprésent, aussi indispensable à cette musique que le fil aux perles du chapelet.

A côté d'airs tirés de la tradition, comme la *Bourrée de la chapelotte* pour deux vielles ou le très beau *M'y promenant* pour cornemuse seule, les vielleux du Bourbonnais innovent avec goût par des compositions de leur cru. Souvent à deux voix, ces pièces de «nouvelle musique traditionnelle» restent pourtant bien dans l'esthétique du coin, avec de fréquents clins d'œil à la musique celtique.

Si leurs interprétations ne manquent pas de chien, ces vielleux sont peu prodigues de paroles. On aurait aimé trouver dans la pochette quelques informations sur leurs sources, sur leurs instruments, qui auraient rendu leur musique plus accessible aux non-initiés : elle le mérite !

1 LP Auvidis, AV 4516.
96 / 1987

CHANTS DE QUÊTE DE LA PERIODE DE PÂQUES 187
Compagnie chez Bousca
★★★

NOËLS BOURBONNAIS 188
La Chavannée
★★

Dans un esprit proche du mouvement folk, l'Agence des musiques traditionnelles d'Auvergne (AMTA) s'attache à stimuler les expressions d'un terroir riche en souvenirs. Les marques de la religiosité populaire sont restés particulièrement sensibles dans les répertoires de Pâques et de Noël. Circulant autrefois «sous le manteau» d'un village à l'autre, ces chants anonymes peu conformes aux préceptes ecclésiastiques ont suscité ces deux réalisations, qui en présentent un abord nouveau.

Les chants de l'Avent que fait revivre la Chavannée de Montbel ont été recueillis dans le Bourbonnais au siècle dernier, mais leur existence est déjà attestée dans les fameuses «bibles de Noël» du début du XVIe siècle. Ils sont ici restitués selon une optique nouvelle qui vise à privilégier une certaine atmosphère «esthétisante», s'écartant de toute tentative de «réalisme historique». Mais, malgré les timbres corsés des vielles et des cornemuses, le résultat manque un peu de colonne vertébrale et ne parvient pas vraiment à convaincre.

Quant aux membres de la Compagnie chez Bousca, ils «revisitent» avec brio les «Réveillez», ces chants de quête aux accent païens liés à la période pascale. Même si leur imagination les emporte parfois au-delà des frontières auvergnates, ces musiciens accomplis animent ces airs traditionnels d'un second souffle plein de vitalité.

1 CD Ocora/AMTA C 559085.

1 K7 AMTA, PA 005.
110 / 1988

CAFÉ-CHARBONS 189
Musique d'Auvergne à Paris
★★★★

Les trois musiciens de Café-Charbons font revivre les danses auvergnates qui fleurissaient dans les bistrots parisiens dès les années 1830. Les sons de la vielle à roue, du violon et de la cabrette (cornemuse sans embouchure) s'entendent chez eux comme larrons en foire, et quand l'accordéon ou les sabots du danseur s'en mêlent, le bal est à son comble : valses, polkas, mazurkas et bien sûr bourrées se succèdent à un train d'enfer.

Cela pour une première écoute ; mais Dominique Paris, cabrettaïre, Marc

Anthony, vielleux, et Jean-François Vrod, violoneux, sont des musiciens «sérieux» et passionnés. Leurs recherches les a conduits sur les traces des maîtres-ménétriers du passé, de ces émigrants qui avaient nom Ernest Jaillet, Marcel Mercier, Célestin Gouttefarde et tant d'autres, dont ils ont scrupuleusement recueilli l'héritage. Pour notre plaisir, ils recréent l'ambiance qui a longtemps dû régner de la Bastille à la rue de Lappe, lui insufflant la verve et la saveur de leur dédicataire, le violoneux imaginaire des rues de Paris.

1 LP Auvidis, AV 4515.
96/1987

MÉLUSINE   190
Passionnément...
★★★★

Vétérans du folk traditionnel en France, les quatre musiciens de Mélusine s'intéressent depuis longtemps aux répertoires populaires anciens. On se souvient du très beau «Bal Renaissance» réalisé en 1979 en compagnie de leurs amis de la Maurache à partir de la fameuse Orchésographie de Thoinot Arbeau (Unidisc, UD 30 1419). Ils poursuivent ici cette incursion avec un choix d'arrangements sur des pièces tirées aussi bien de la tradition orale que du moyen-âge – *Cantiga de Santa Maria* d'Alphonse le Sage ou rondeau polyphonique d'Adam le bossu – et de la Renaissance avec des *Bransles de village* de Robert Ballard.

Cette option, menée à chef avec talent, vise à mettre en évidence la permanence du folklore, tout en cherchant à assurer sa continuité par des compositions signées Mayoud, Guilcher ou Bally, tel l'étonnant *Cinq temps pour Satan*. Ballade en deux tableaux, ce disque présente d'abord une série de danses profanes et de chansons savoureuses,

a cappella ou avec instruments. Mais la surprise est bien cette suite de morceaux d'inspiration religieuse réunis sur la seconde face. Trop souvent délaissés par le collectage des «folkeux», ces témoignages d'une dévotion populaire qui n'a rien de suranné, évocations de la Nativité, de la Passion du Christ ou du Jugement dernier, sont rendus avec émotion et respect, passionnément...

1 LP Auvidis, AV 4517.
96/1987

EVELYNE GIRARDON   191
Amour de fusain
★★★

JEAN BLANCHARD   192
Musiques pour cornemuses
Berry, Bourbonnais, Nivernais, Morvan et Basse-Auvergne

BENAT ACHIARY   193
Pays basque
Arranos
★★★★

GILLES CHABENAT   194
Musique pour vielle à roue
Bleu nuit
★★★★

Fruit d'une coproduction entre Ocora et l'Agence des musiques traditionnelles d'Auvergne, cette série illustre quelques facettes du renouveau actuel des musiques «d'en France». «Traditionnel» n'a en effet jamais été synonyme de «désuet», et l'héritage des musiciens routiniers est aujourd'hui animé d'un nouveau souffle prometteur. Chacun à sa manière, ces nouveaux artisans de sons conjuguent le respect des anciens à une problématique de notre temps, incarnant ce que Benat Achiary appelle la «mémoire en marche».

L'imagination féconde d'Evelyne Girardon lui permet par exemple de «revisiter» avec délices un répertoire vaste et composite, issu d'une francophonie éclatée. Ne dédaignant pas les ressources du multipiste, elle plie le matériau de son choix à un traitement polyphonique sophistiqué. Ses mélodies se dédoublent, s'entrecroisent et se multiplient, ou se résorbent en un bourdon obsédant, telles les volutes d'une spirale sans fin. Au-delà des artifices de la démarche et des nombreuses références implicites, cette voix «non cultivée» séduit et surtout, elle dégage une réelle émotion.

Plus «classique», Jean Blanchard témoigne lui aussi d'un éclectisme fort sympathique. Maniant avec dextérité les musettes les plus diverses, il mêle allègrement les airs issus de collectages anciens à ses propres compositions, s'inscrivant ainsi dans la continuité d'une tradition vivante. Si la conscience de cette tradition se traduit chez les autres par un besoin novateur déclaré, elle n'engendre pour Blanchard que les exigences du plaisir partagé, servies par une technique impeccable.

Quant à Benat Achiary, il affectionne particulièrement le chant long, non mesuré, auquel il confère des accents volontiers incantatoires. Tantôt acide, tantôt déchirante, sa voix s'élève dans les voûtes d'une abbaye médiévale, nue sobrement accompagnée d'un saxophone soprano, d'une contrebasse ou de percussions, voire d'un *esraj* indien. Un tel environnement instrumental dénote une attitude résolument contemporaine, mais les audaces du chantre euskadien restent toujours au service d'une indéniable force expressive.

Doté d'un solide coup de poignet, le vielleux Gilles Chabenat a été formé à l'école des groupes folkloriques; mais il s'en dégage pour accéder à une expression très personnelle, affirmée par un sérieux travail de compositeur. Alors qu'un Vincent Clastrier – du moins tel qu'il se présente dans son disque *Grands maîtres de la vielle à roue* (Auvidis A 6130) – tourne résolument le dos à la tradition populaire de la vielle, celle-ci est toujours présente, ne serait-ce qu'en filigrane, dans la musique de Chabenat, telle un repère constant à partir duquel il articule son propos.

4 CD Ocora/AMTA, C 559043/44/45/46. 120/1989

ROBERT AMYOT 195
Sur la Vignolon
★★

ROULEZ FILLETTES 196
Amour que j'ai
★★★★

BRUNO LE TRON 197
Valhermeil
Accordéon diatonique
★★★

LA GRANDE BANDE DES CORNEMUSES 198
Faut qu'ça brille!
★★★

Les musiques traditionnelles de France affichent une belle santé. Nous avons récemment eu la preuve de leur solide appétit avec le grand festin de la Compagnie du Beau Temps, dont les membres s'offrent aujourd'hui quatre galettes aux saveurs très diverses.

La première est en fait consacrée au répertoire québécois que, si on en parle souvent, on chante rarement. Avec ses chansons à écouter, à répondre, à pleurer ou à rire, Robert Amyot nous dévoile quelques pans de son Québec profond, qu'il assaisonne à la sauce d'un piano-bastringue plutôt jazzy, parfois assorti de sa veuze aux accents bretonnants. C'est bien envoyé, mais le mariage suscite quand même quelques réserves.

Roulez Fillettes, ce sont cinq femmes qui réinventent pour nous la polyphonie. Puisant textes et mélodies à des sources variées, Evelyne Girardon et ses amies en proposent d'étonnants arrangements, qui paraissent tout droit issus de l'école de Notre-Dame. Une ornementation vocale finement contrôlée, des timbres magnifiques distillant ce je-ne-sais-quoi qui émeut : le grand Pérotin aurait certainement apprécié !

Purement instrumentale, la musique de Bruno Le Tron conserve pour sa part des racines celtiques très fortes, même si le parcours de son inspiration passe par les monts et merveilles du centre de la France et si la plupart des compositions sont de son cru. Bien entourés par ses comparses Amyot, Leutreau et Liorzou, il manie les boutons de son diatonique avec un naturel plaisant, leur imprimant juste ce qu'il faut de mordant pour sonner vrai.

Quant à la Grande Bande de Jean Blanchard, elle déplace en tout cas beaucoup d'air. Tantôt majestueuses, tantôt ludiques, les quelque vingt cornemuses réunies autour du bourdon du maître ont un son bien à elles. Justesse des attaques, précision rythmique : le travail est remarquable. Le bagad breton n'est désormais plus la seule référence en la matière.

Qu'on ne vienne plus nous dire après avoir entendu ça que les musiciens traditionnels sont rétrogrades !

4 CD Auvidis / Ethnic, B 6740, 6741, 6742 et 6743.   **138 / 1990**

CHRISTIAN VESVRE ET SERGE DESAUNAY   199
Musiques pour cornemuses et accordéons
Matins gris
★★★

LES BRAYAUDS   200
Musiques de Basse-Auvergne
Eau forte
★★★★

La série «En France» coproduite par Ocora et l'AMTA (Association des musiques traditionnelles d'Auvergne) vient d'être enrichie par deux nouvelles réalisations.

Entourés de quelques comparses, Christian Vesvre et Serge Desaunay s'entendent pour signifier en musique les moments forts du quotidien. Affirmant une vision non passéiste de la tradition, leurs mélodies poivrées évoquent plus qu'elles ne retracent les senteurs des coteaux bourbonnais. Ainsi ces *Vendanges* à sept temps (ou s'agit-il plutôt d'*Eraglubeidolem* (sic), la pièce suivante ? La notice prête à confusion) sont-elles directement inspirées des danses d'Europe de l'Est, alors que *La Bussière* est dotée d'un swing venu tout droit d'outre-Atlantique. Un peu hétéroclite, leur répertoire témoigne d'une démarche plaisante, hors des sentiers battus.

La recherche des Brayauds, musiciens-collecteurs de Basse-Auvergne, semble plus aboutie, et il y a d'un bout à l'autre de leur disque un «son» qui leur est propre. Leurs arrangements solides mettent bien en évidence les ressources expressives de la vielle auvergnate, de l'accordéon diatonique et de la dite «musette Béchonnet», la cornemuse du Puy-de-Dôme. Dans cette *Eau forte* finement gravée, les compositions du groupe se mêlent aux airs anciens pour créer un paysage riche en couleurs.

2 CD Ocora / ATMA, C 559081 / 083. 128 / 1989

FRANCE 201
Cornemuses du Centre
Eric Montbel – Jean Blanchard

VIELLES ET MUSETTES 202
AU XVIIIᵉ SIÈCLE
La Villanelle de Paris
★★★

CHANSONS ET MÉTIERS 203
DE PROVENCE ET DU
COMTAT VENAISSIN
★★

Le parcours exemplaire de Jean Blanchard a déjà été signalé dans ces pages. Il partage maintenant avec Eric Montbel l'insigne honneur de représenter pour la première fois la France dans la prestigieuse collection «Musiques traditionnelles d'aujourd'hui» de l'UNESCO. Instrument plus dionysiaque qu'apollinien, la cornemuse évoque immanquablement l'univers de la fête. La musette Bechonnet de Basse-Auvergne et la chabrette du Limousin y appliquent les senteurs tenaces de leur terroir. Sous les doigts de ces deux merveilleux sonneurs, les plus effrénées des mélodies, les stridences les plus obsédantes demeurent toujours savamment maîtrisées, et à la fois empreintes d'une intemporelle bonhomie.

Illustrant pour sa part le bucolisme bon teint cultivé sous Louis XV dans les salons parisiens, la Villanelle de Paris exhume quelques airs dont le succès n'était pourtant pas appelé à survivre à l'Ancien Régime. Les vielles et musettes font bon ménage avec le violon, le hautbois et le basson dans cette restitution rondement menée par Claude Tailhardes et ses collègues. D'un agréable éclec-

tisme, son répertoire combine les danses de l'époque à quelques suites empruntées à la tradition orale.

«Maillon qui joint les voix cassées de nos grand-mères aux moyens modernes de communication», Jean-Marie Carlotti, Jean-Noël Mabelly, Claude Ricard et Christian Zagaria ont effectivement adapté avec brio le fruit de leurs collectes. Les chansons de pêcheurs, de chiffonniers, de fileuses et d'olivaires servent ici d'armature à de joyeux arrangements, qui mettent toutefois plus en valeur les foucades de leurs interprètes que la veine de leurs anonymes auteurs.

1 CD Auvidis / UNESCO, D 8202.

1 CD BNL, 112744.

1 CD Ocora, C 559079.
Auteur: Jean-Pierre Belmon.
130 / 1990

SONNEURS TRADITIONNELS 204
DE VIELLE EN BRETAGNE

SONNEURS DE CLARINETTE 205
EN BRETAGNE

La Bretagne se signale actuellement par une abondante production discographique, et si les rééditions voisinent avec les réalisations récentes, il faut y voir la marque réconfortante d'un art vivant ayant su résister aux modes, à la fois conscient de ses racines et en plein essor. Ainsi, la coopérative Le Chasse-Marée de Douarnenez nous propose de précieuses anthologies sur deux instruments qu'on a que peu l'habitude d'associer à la musique bretonne : la vielle à roue et la clarinette. Pourvus d'une abondante documentation richement illustré, ces albums sont des modèle du genre. Des enregistrements dont les plus anciens remontent à 1949 nous montrent la pérennité de ces traditions festives liées aux processions, aux bals populaires et aux noces, sans oublier les fameux concours de *kan ha diskan*, qui ont révélé des vielleux comme Victor Gautier, Bernard et Jean Gançon, ou des virtuoses de la clarinette tels Iwan Thomas, Arsène Gozlin et Christian Duro. Espérons que ces deux volumes seront bientôt suivis d'autres sur le *biniou kozh* et la bombarde, sur la harpe celtique ou sur l'accordéon diatonique : la Bretagne le mérite !

2 LP SCOP Le Chasse-Marée, SCM 004.

2 LP SCM 008.

**Auteurs : Dominique Jouve,
Christian Morvan.
104/1987**

SONNEURS DE VEUZE EN BRETAGNE ET MARAIS BRETON VENDÉEN   206

Renouveau d'une tradition de cornemuse

Pour ceux qui ne le sauraient pas, la veuze est une grande cornemuse bretonne. Très différente du fameux *biniou kozh*, elle est dotée d'une sonorité plutôt ronde et mœlleuse, rappelant davantage celle des *gaitas* asturienne et gallicienne. Après avoir longtemps été la reine du bal dans la presqu'île guérandaise et le marais breton vendéen, elle a été détrô-

née vers les années trente par la cornemuse écossaise. Suivit près d'un demi-siècle de tribulations d'autant plus injustifiées que la veuze pouvait se prévaloir d'un passé glorieux. Il fallut attendre 1976 pour qu'une vingtaine de veuzous convaincus proclament solennellement la réhabilitation de leur belle et lui octroient une nouvelle jeunesse.

Après la vielle et la clarinette, c'est donc à la renaissance de la veuze que le Chasse-Marée de Douarnenez a dédié le troisième volume de sa collection *Musiciens et chanteurs traditionnels*. Celle que ses amateurs appellent modestement «l'autre cornemuse bretonne» s'accommode de toutes sortes de combinaisons instrumentales : en compagnie du violon ou de l'accordéon chromatique, à deux, voire à trois veuzes – innovation probante, soit dit en passant. Qu'il soit spécifique ou adapté, son répertoire est d'une grande diversité ; à côté des ronds paludiers, des grand'danses, des branles maraîchins et autres «pas de sept», on relèvera un très beau «chant à pause» en solo, ou encore quelques danses à quatre dont un étonnant Passepied breton de Lully.

Excellents musiciens, les Sonneurs de veuze sont aussi des chercheurs sérieux ; la pochette de leur disque fournit une information substantielle sur la technique, la dialectologie et l'histoire de leur instrument emblématique ; elle est en outre agrémentée – avantage indiscutable du format 30 cm – d'une iconographie abondante et judicieusement sélectionnée.

**1 LP SCOP, Le Chasse-Marée.
Auteur : Michel Colleu.
115/1988**

CABESTAN 207
Il y a dix marins sur mer...
★★★

MARIANNIG LARC'HANTEC 208
YANN DOUR : BLEU
Harpe celtique / Accordéon diatonique
★★★

Avec son second disque, le groupe Cabestan approfondit son exploration de la culture marine traditionnelle. On se souviendra de ses *Chants de marins* (SCM 006), publiés en 1984, et sa participation à la vaste *Anthologie des chansons de la mer* parue sous le même label depuis 1981 (SCM 001/2/3/5/7) (*). Ces airs gaillards qui fleurent bon le grand large sont ici restitués avec verve et un brin de nostalgie. Signalons parmi les interprètes la présence de John Wright, non seulement violoneux émérite, mais aussi grand spécialiste de la guimbarde.

Un tout autre aspect de la musique bretonne est touché par Mariannig Larc'hantec et Yann Dour. S'il n'est pas classique, le duo harpe celtique-accordéon diatonique apparaît ici plein de poésie, générateur des rêves les plus caressants. Placée sous le double signe du ciel et de la mer, leur alliance manque parfois un peu de vigueur, mais ce climat sonore tout en demi-teintes est loin d'être désagréable.

1 LP SCOP Le Chasse-Marée SCM 009.
1 LP Caruhel, CAR 002.
104 / 1987

(*) Une soixantaine de ces chansons ont été transcrites dans le numéro hors série de la revue *Le Chassée-Marée* intitulé *Cahier des Chants de marins* (Douarnenez, 1983).

CHANTS À RÉPONDRE 209
DE HAUTE-BRETAGNE
Gilbert Bourdin, Erik Marchand et Christian Dautel
★★★

Dédié aux chanteurs et chanteuses du vieux Pluherlin, le disque de ces trois «chantoux» évoque l'ambiance chaleureuse des *festounoz* et des veillées bretonnes de toujours. S'entendant comme des larrons en foire, Gilbert Bourdin et ses compères Christian Dautel et Erik Marchand enchaînent allègrement ronds bretons, marches, ridées et pilés-menus. Tantôt cocasses, tantôt tendres et volontiers paillardes, leurs chansons d'amour et d'animaux s'inscrivent dans une veine populaire bien vivante où il est malaisé de distinguer les anciennes ritournelles des airs récents. Chacun à son tour, les trois histrions «gallos» mènent la danse avec verve et humour, «pour vot' plaisir, M'sieurs Dames, pour vot' plaisir!» Et pourtant la recette paraît facile : une ligne mélodique simple et répétitive, avec juste ce qu'il faut de variations pour ne pas être monotone, un zeste d'accent du pays et surtout pas d'accompagnement instrumental, c'est superflu ; à servir chaud et bien arrosé les soirs de fête...

1 LP SCOP Le Chasse-Marée, SCM 011.
121 / 1989.

ARNAUD MAISONNEUVE 210
Chants de Bretagne
«Eur zon hervez ma zantimant»
★★★★

Avec Arnaud Maisonneuve, la musique bretonne s'écarte des sentiers battus, mais sans jamais renier ses origines. Glanées au fil de ses pérégrinations, ses chansons illustrent les paysages musicaux escarpés des côtes du Morbihan et du Sud-Finistère, deux régions maritimes de Basse-Bretagne. Quand il ne chante pas à voix nue, le baladin aime habiller ses mélodies d'un contrechant discret de clarinette, de violon ou de cornemuse, voire d'une *slide guitar*, qui donne à la complainte «Partir soldat» des accents très *bluesy*. Actuelle dans sa conception, sa musique est placée sous le signe de la convivialité; ainsi, il s'efface volontiers devant son ami le chanteur Jean Le Meut ou laisse la parole au biniou et à la bombarde, par exemple pour une très classique gavotte bigoudène.

Chantre d'une identité jamais reniée, Maisonneuve remue les tréfonds de l'âme bretonne avec ses *gwerziou* vibrantes et ses ballades de marins à la dérive. Au delà de tout cliché régionaliste, il nous émeut par la sincérité de son art dépouillé.

1 CD Ocora, C 559 082.
131 / 1990

GWERZ   211
**Musique traditionnelle
bretonne d'aujourd'hui**

Belle réussite pour Gwerz qui, pour son premier disque, décroche d'emblée le prix de l'Académie Charles-Cros. Une distinction bien méritée pour ces cinq musiciens qui s'attachent à faire vivre l'héritage musical de Basse-Bretagne avec un enthousiasme communicatif. Un violoneux au coup d'archet rappelant celui de Dave Swarbrick au temps de son association avec John Renbourn, un chanteur sachant émouvoir par ses *gwerziou* parfois dramatiques, et enfin les inévitables *biniou kozh*, bombarde et *uillean pipes*, qui donnent au groupe un son immanquablement celtique: tous les

ingrédients sont réunis pour permettre à Gwerz de sortir du lot.

Ancrée dans la tradition, sa démarche est néanmoins actuelle par une combinaison originale de timbres et des arrangements très soignés, le tout servi par une parfaite maîtrise des techniques vocales et instrumentales. Et il ne s'agit pas d'un simple amalgame: vieux routards de la musique bretonne, les membres de Gwerz ont réellement assimilé l'enseignement des anciens, dont ils restituent la pleine saveur, mais avec quelque chose en plus, et c'est une qualité rare: leur musique touche juste.

1 LP Dastum, DAS 100.
103 / 1987

DANSES DE BRETAGNE   212
**Jean Baron (bombarde),
Christian Anneix (biniou kozh)**
★★★

BAGAD KEMPER   213
**Ensemble instrumental
de musique bretonne**
★★★

BARZAZ   214
Ec'honder
★★★

Quoi qu'on en ait pensé, les parades médiatisées du bicentenaire ont en tout cas eu le mérite d'affirmer bien haut la vivacité des musiques dites «d'en France». Parmi celles-ci, la musique populaire bretonne se classe sans doute dans le peloton de tête, ne serait-ce que par le dynamisme et la diversité de ses expressions. L'écoute de ces trois disques récents suffit à nous convaincre.

Plusieurs fois sacrés champions de Bretagne, Jean Baron et Christian Anneix incarnent la plus solide tradition du couple bombarde et *biniou kozh*. Fait remarquable en Europe occidentale, celle-ci n'a connu aucune rupture, et les anciennes danses en chaîne ou en rond telles que laridés et gavottes des montagnes voisinent dans les répertoires avec les contre-danses, introduites en Haute-Bretagne au début du XVIIIe siècle, et les danses en couple, apparues au XIXe. Les attaques de Baron sont d'une justesse exemplaire, et son complice Anneix manie l'ornementation avec une dextérité qui fait plaisir à entendre. A l'image de la convivialité bretonne, leur jeu sans concession nous invite irrésistiblement à entrer dans la danse.

Sonneurs et tambourinaires, les membres de Bagad Kemper réalisent pour leur part un projet ambitieux. Avec ses quatorze cornemuseurs, ses dix-huit joueurs de bombarde et sa dizaine de percussionnistes, la bande ne manque pas de souffle: elle nous bombarde (c'est le cas de le dire!) de variations martiales savamment orchestrées sur des thèmes tant bretons que d'Ecosse ou de Cornouaille. «Synthèse d'une tradition bien comprise et d'une évolution contrôlée», le résultat est spectaculaire.

Quant aux ballades de Barzaz, elles s'inscrivent dans le renouveau de la poésie chantée bretonne. La belle voix un peu nasillarde de Yann-Fanch Kemener est ici portée par une instrumentation originale, qui puise son inspiration aux sources les plus diverses: une base très *jazzy*, un *fleütoù* au timbre évoquant parfois celui du *shakuhachi* japonais, sans parler de l'irruption occasionnelle d'un *didjeridu* australien ou d'une *sanza* africaine: tout cela n'est évidemment pas très celtique, mais les puristes concéderont que l'amalgame est réalisé avec beaucoup de goût et de sensibilité.

1 CD Keltia Musique, RS 193.

1 CD Keltia Musique, KMCD 05.

1 LP Escalibur, BUR 828.
126 / 1989

GWENDAL 215
Glen River
★★

GWALARN 216
A-Hed an Amzer
★★

ARCHÉTYPE 217
★★★

BAGAD DE LANN-BIHOUE 218
★★★

La vieille querelle des anciens et des modernes n'a pas fini de secouer les musiciens bretons. Pour les uns, Stivell est un renégat patenté et ses suiveurs de fieffés opportunistes; pour les autres, le renouveau de la musique celtique passe nécessairement par son adaptation aux technologies de studio les plus sophistiquées. En couronnant un disque comme *Glen River*, l'Académie Charles-Cros cautionne une démarche pourtant sans grande originalité. Gwendal semble arrivé à un point de non-retour; hormis leur bagage instrumental, plus grand chose ne relie les compositions de Youenn Le Berre et Robert Le Gall à la tradition.

Les ballades bretonnantes de Gwalarn seraient pour leur part plutôt centristes et consensuelles. Ni franchement passéistes, ni résolument expérimentales, elles inspirent d'agréables rêveries; mais leur registre expressif est trop uniforme, et la lassitude finit par s'installer.

On croyait l'art du violoneux en perte de vitesse au pays breton; mais c'était sans compter avec les huit archets d'Archétype. Nourries aux sources du *reel* irlandais et de la *hora* des Carpates autant qu'à celles de la gigue et de la gavotte, leurs mélodies admirablement enlevées attestent un humour pétillant.

Passage obligé pour tout sonneur ou tambourinaire qui se respecte, le bagad est depuis un demi-siècle l'un des principaux ferments du «son» breton. Dans ce *big band* celtique, cornemuses écossaises, bombardes et biniou rivalisent de brio, et on y prend goût, même si le résultat a quelque chose d'un peu militaire. Tout comme le Bagad Kemper, celui de Lann-Bihoué en impose par la puissance d'un jeu collectif parfaitement orchestré.

1 CD Tempo Maker, 34500-2.

1 CD Keltia Musique, KMCD 10.

1 CD Escalibur, CD 831.

1 CD Keltia Musique, KMCD 09.
135/1990

TRADITION CHANTÉE 219
DE BRETAGNE
Les sources du Barzaz Breiz aujourd'hui
★★★

ERIK MARCHAND ET 220
THIERRY ROBIN
«An heñchoú treuz»
Chant du Centre-Bretagne
★★★

CABESTAN 221
«Gwerz Penmarc'h»
Chants de marins de Bretagne
★★

Pour ceux qui ne le sauraient pas, le *Barzaz Breiz* est un recueil de chansons populaires bretonnes publié en 1839, qui allait conférer ses premières lettres de noblesse au parler breton. Pensez donc : cette langue de gueux se révéla du jour au lendemain être le véhicule d'un des

trésors de la littérature lyrique orale. Des cinquante-quatre poèmes consignés, – et peut-être arrangés – il y a un siècle et demi par le sieur Théodore Hersart de La Villemarqué, vingt apparaissent dans cette édition sonore remarquablement documentée par une équipe de chercheurs placés sous la houlette de Donatien Laurent. Ces *gwerziou* restitués à voix nues par trois générations de chanteurs raviront les inconditionnels de la tradition bretonne ; aux autres, ils fourniront les marques d'un travail de collectage exemplaire.

On retrouve Erik Marchand, un des participants les plus réputés de cette anthologie, dans deux autres disques d'esprit très différent. Le premier, en compagnie de Thierry Robin, joueur de *oud*, paraît céder aux attraits de l'Orient. En effet, le luth arabe se plie volontiers aux contours des mélodies du Centre-Bretagne, tout en les dépouillant d'une partie de leur spécificité bretonne. Ces «Chemins de traverse» (*an heñchoú treuz*) se parcourent néanmoins avec grand plaisir.

Quant au groupe Cabestan, comme son nom l'indique, il s'est spécialisé dans les chansons de marins. Avec leurs chants de travail, leurs ballades et leurs danses de matelots, Marchand et ses coéquipiers Desnos, Maisonneuve et Moreau s'y entendent pour faire vibrer la corde sensible des nostalgiques du pied marin. Leur démarche s'inscrit ainsi dans le courant revivaliste, qui a permis à de nombreux répertoires de survivre à leur contexte de jeu.

1 CD Dastum, SCM 013.
Auteurs : Donatien Laurent,
Patrick Malrieu.

1 CD Ocora.
Auteurs : Ronan Gorgiard, Erik Marchand.

1 CD SCOP, Le Chasse-Marée, SCM 016.
140/1991

MUSIQUE POPULAIRE SUISSE 222
Collection Constantin Brǎiloiu
★★★★

Après leur réédition de la *Collection universelle de musique populaire enregistrée* de Constantin Brǎiloiu, les Archives internationales de musique populaire nous livrent ici la série d'enregistrements de musique populaire suisse que le musicologue roumain avait publiés à Genève au début des années 50. Dans ce coffret de deux microsillons, un choix de soixante-cinq pièces présente un panorama judicieux des pratiques musicales helvétiques.

Chants religieux, chansons profanes, musiques liées aux coutumes du cycle annuel, danses et airs instrumentaux, chansons et formulettes enfantines: autant de thèmes abordés et dûment commentés par un groupe d'ethnomusicologues suisses. Quelques perles rares retiennent particulièrement l'attention: les deux *Betruf*, invocations à la Vierge et aux saints des vachers de Suisse centrale, les poignantes hymnes tessinoises en polyphonie «spontanée», ou encore des différentes variétés de yodel, *Zäuerli* ou *Bicheljuiz*, sont de véritables morceaux d'anthologie. Mais la partie qu'on écoute avec le plus de plaisir est celle consacrée aux danses et airs instrumentaux des fêtes villageoises. Pas de place ici pour la morosité; polkas, ländler, valses et marches sont enlevées avec brio et permettent d'apprécier la panoplie instrumentale des diverses régions du pays.

Les mérites certains de cette publication «historique» font amplement pardonner la trop grande brièveté de nombreux exemples musicaux et les inévitables déficiences techniques de la prise de son; l'authenticité de ce genre de documents est à ce prix!

2 LP VDE / AIMP, 30-477 / 478.
Aut.: Laurent Aubert, Constantin Brǎiloiu, Brigitte Bachmann-Geiser, Pietro Bianchi, Christine Burckardt-Seebass. 97 / 1987

SUISSE 223
Zäuerli, yodel d'Appenzell
★★★

Appenzell n'est pas seulement l'unique canton suisse n'ayant jamais accordé le droit de vote aux femmes, c'est aussi le réservoir de nombreuses coutumes à l'aspect archaïque, dont la pratique du *Zäuerli* est une des plus tenaces. Contrairement aux yodels édulcorés des chorales folkloriques, le *Zäuerli* n'a jamais été normalisé: il relève encore d'une réelle tradition orale, enracinée dans le quotidien des Appenzellois.

Ces enregistrements effectués en 1979 par Hugo Zemp complètent ceux publiés dans son disque *«Jüüzli», yodel du Muotatal*, consacré au canton de Schwyz, en Suisse centrale. Ils présentent le *Zäuerli* en situation, lors de la montée à l'alpage, de la Saint-Sylvestre, à l'étable ou à l'auberge du village. Ces chants d'une nostalgie presque outrée nous plongent dans une ambiance bucolique, parfois rehaussée par un arrière-fond de cloches de vaches du meilleur effet: la Suisse profonde n'a pas dit son dernier mot!

1CD Auvidis / UNESCO, D 8026.
Auteur: Hugo Zemp.
135 / 1990

SUISSE 224
«Jüüzli». Yodel du Muotatal
★★★★

Cette réédition augmentée sur compact est plus que bienvenue, tant il est vrai que les enregistrements de yodel alpin «sur le terrain» demeurent rares. Depuis des décennies, les innombrables chorales folkloriques de Suisse centrale se sont évertuées à en produire un succédané exportable et normalisé, certes propre à conforter les familles et à attendrir le touriste, mais inaptes à susciter de grandes surprises. Peu sensible à ce «culte du joli», Hugo Zemp s'est rendu au Muotatal, vallée perdue dans les montagnes schwyzoises, afin de dépister les derniers authentiques youtseurs. Le fruit de ses recherches apparaît sur quatre films – d'ores et déjà des classiques du cinéma ethnomusicologique – et sur ce disque. Outre le *Jüüzli* chanté, celui-ci présente aussi son équivalent instrumental qu'est le jeu du *Büchel*, petit cousin du cor des Alpes.

Saisi sur l'alpe, à l'étable ou au bistrot, le *Naturjodel* de quelques farouches vachers force notre étonnement. Voix tendues à l'extrême, se combinant parfois en polyphonies rudimentaires, intervalles non tempérés: qui se serait attendu à rencontrer des archaïsmes aussi patents chez ces modernes descendants de Guillaume Tell?

1 CD Le Chant du monde / CNRS – Musée de l'homme, LDX 274716. Auteur: Hugo Zemp. 141 / 1991

FLEMISH FOLK MUSIC (MUSIQUE POPULAIRE FLAMANDE)   225
Orchestre populaire du Brabant
★★★

Tout en évoquant agréablement les bals populaires du temps passé, cette belle réalisation met en valeur la riche panoplie instrumentale propre à la tradition flamande. Saviez-vous que le *moezelzak* est une cornemuse à deux bourdons, que le *vlier* est le frère de l'épinette des Vosges, qu'il existe en Flandres un type unique d'accordéon appelé *voetbas*, ou que la fameuse «trompette marine» qui est en réalité une contrebasse monocorde, y perdure sous le nom de *bombas*? Tout ceci est admirablement illustré par l'orchestre populaire du Brabant, ou plutôt le *Brabants Volksorkest*, un collectif de neuf musiciens de la région de Leuven (Louvain). On y retrouve de nombreux types de danse communs à toute l'aire germanique: valses, polkas, mazurkas, scottisches ou contredanses (de l'anglais *country dance*, ne l'oublions pas!), ainsi que d'autres plus spécifiquement flamandes comme cette marche des guildes bruxelloises pour fifres et tambours. Vivifiée par la fréquentation des derniers musiciens routiniers flamands, l'interprétation est très soignée, respectueuse des règles d'interprétation en vigueur aux XVIIIe et XIXe siècles.

1 CD Gailly, CD 87 043. 122 / 1989

EUROPE
SEPTENTRIONALE

ECOSSE 226
The Whistlebinkies 4
★★★

La démarche des Whistlebinkies s'inscrit dans le courant de réhabilitation des musiques traditionnelles instauré par le mouvement *folk*. L'héritage musical gaélique est ici présenté sous une forme «actualisée», dont les orchestrations s'écartent souvent de l'usage ancien: le mélange d'instruments comme la cornemuse et la petite harpe écossaise *clarsach* dans la marche de *MacDonald of the Isles* procède par exemple d'une combinaison de timbres résolument nouvelle, mais témoignant d'un goût sûr qui ne trahit pas l'esprit de la musique celtique.

Par d'habiles arrangements sous forme de suites sont mises en regard des danses comme le *strathspey* et le *reel*; ailleurs, c'est un couplet de mariage qui s'enchaîne sur une gigue, ou encore, en hommage à la tradition sœur de Bretagne, un *gwerz* et un air évoquant le répertoire du *biniou kozh* et de la bombarde.

Manquant parfois de vigueur, les interprétations de Whistlebinkies témoignent plutôt de la dimension nostalgique de l'âme celte, particulièrement mise en valeur dans la complainte d'*Ailein Duinn*, chantée par Judith Peacock.

1 LP Claddagh Records Ltd, CC43.
94/1986

IRISH HEARTBEAT 227
Van Morrison & the Chieftains
★★

Retour au bercail pour Van Morrison! Après avoir perdu ses cheveux, sinon son âme, dans le monde du show-business américain, l'enfant terrible du rock irlandais rencontre un jour ces vieux routards du folk traditionnel que sont les Chieftains; il finit par en sortir un disque, qui dérangera probablement les puristes de tout bord. Puisant l'essentiel de leur répertoire dans le fonds gaélique anonyme, Morrison et son complice occasionnel, l'intarissable Paddy Moloney, nous en servent des arrangements soigneusement peaufinés. On y trouve tous les ingrédients de la musique celtique (*uilleann pipes*, *tin whistles*, *bodhrán*, etc.), mais détournés de leur usage premier afin de s'accorder au tempérament bouillonnant du chanteur. Au-delà d'un évident plaisir partagé, la démarche ne parvient cependant pas à générer toute l'adhésion escomptée; on reste avec l'impression d'avoir assisté à un compromis sympathique, mais un peu boiteux.

1 CD Caledonia, 834 496-2.
118/1989

IRLANDE 228
Harpe irlandaise. «Pub music».
Documents recueillis
par Gérard Krémer

En associant son mentor Jean Thévenot à cette production, Gérard Krémer rend hommage à un des pères du clan des chasseurs de son. Comme lui braconnier chevronné, il sort cette fois de sa gibecière *reels*, *jigs*, *laments* et autres savoureuses venaisons arrosées d'abondantes libations de bière irlandaise. La plupart de ces enregistrements capturent d'anonymes artisans de la musique celtique en situation, dans l'ambiance échauffée des pubs. Ça ne sonne pas toujours très juste, mais ça sonne toujours vrai: violoneux, joueurs de *tin whistle* (flûte à bec), de *uileann pipe* (cornemuse irlandaise), de *concertina* (accordéon diatonique) et de *bodhrán* (tambour sur cadre) se disputent la palme d'une convivialité animée.

Mais l'emblème national demeure la harpe, dont les doigts agiles d'Orla Brioscú nous découvrent une partie des charmes discrets. La jeune harpiste interprète ici sa version instrumentale d'une dizaine de ballades anciennes. Très plaisantes, celles-ci auraient à elles seules mérité un disque complet.

1 CD Arion, ARN 64063.
Auteur: Gérard Krémer.
128/1989

LE CHANT PROFOND   229
DE L'IRLANDE
Gemma Hasson, Kilfenora Ceili Band, the Blacksmiths, Aileach, Sands Family

IRISH TIMES   230
Patrick Street

★★★

SHADOW HUNTER   231
Davy Spillane

★★

ANOTHER QUIET SUNDAY   232
Shotts & Dykehead Caledonia Pipe Band
with guests Battlefield Band and Bernard Pichard

★★★

Le mouvement folk, vous vous souvenez?... Salutaire pour tout un pan de la réalité musicale, il avait contribué à sortir de l'oubli tout un pan de la réalité musicale, alors en voie d'asphyxie. Que reste-t-il aujourd'hui de cette bouffée d'air frais? Quelques beaux disques comme ce «Chant profond de l'Irlande» réédité par Arion qui, sans tenir les promesses

de son titre, nous rappelle certains aspects sympathiques du celtisme revendiqué par les groupes irlandais de l'époque. Les ballades nostalgiques de Gemma Hasson ou les alertes danses des Blacksmiths feront toujours plaisir à entendre.

Mais la veine n'est pas tarie; les jeunes bardes de Patrick Street sont là pour en témoigner. Avec leur *Irish times* toujours actuels, ils nous convient à un festin de timbres délicats, apprêtés à la sauce d'arrangements très soignés. La *World Music* façon celte de Davy Spillane est par contre moins savoureuse; le virtuose du pipeau de ferblanc (*low whistle*) et de la cornemuse (*uilleann pipes*) imagine peut-être conquérir une nouvelle audience avec son cocktail de sturio, mais ni le rock, ni la musique irlandaise n'en sortent grandis.

Aucun risque de déviation de cette espèce avec le très martial Shotts & Dykehead Caledonian Pipe Band. Vainqueur de toutes les compétitions possibles et imaginables, la bande affirme au contraire un classicisme musclé, qui s'exerce tant dans les marches que dans les *jigs*, *reels* et autres danses traditionnelles.

1 CD Arion, ARN 64138.
Auteur: Eleanor O'Kelly.

1 CD Green Linnet, GLCD 1105.

1 CD Tara, CD 3023.

1 CD Temple Records, COMD 2037.
Auteur: Robin Morton.
141/1991

DANSES SCANDINAVES   233
Danemark ~ Norvège ~ Suède ~ Finlande
Rasmus Storm/Jydsk paa Naesen.

Qui connaît Rasmus Storm, l'obscur violoneux né vers 1730 dans l'île danoise de Funen? Et pourtant, il le mériterait:

ranimé après un long silence, son *Livre de musique* se révèle des plus sympathiques avec ses menuets, ses polkas, ses marches et autres *skovsöen* aux harmonies populaires. Un petit ensemble à cordes formé à cet effet par Michael Sommer restitue ici avec bonheur quatorze de ses soixante-trois œuvres. Son interprétation très homogène, rehaussée par une ornementation élégante, s'insère dans la meilleure veine revivaliste.

Plus moderne, ne serait-ce que par l'apport de l'accordéon, du saxophone et même quelquefois de l'orgue, la seconde partie du disque reste pourtant dans un esprit semblable. Egalement mené par Michael Sommer, qui ajoute à sa panoplie le *harding-fiddle* scandinave, le groupe Jydsk paa Naesen actualise le répertoire traditionnel de façon tout à fait agréable, sans en trahir l'esprit.

1 CD PlayaSound, PS 65036.
125/1989

LAPONIE   234
Chants et poésies de Sames
★★★

Voici un document scientifique – dans le sens le plus strict du terme - de premier ordre, même s'il ne saurait susciter l'enthousiasme du profane, fût-il mélomane averti. Il s'agit en effet d'un corpus résultant de recherches ethnomusicologiques et linguistiques extrêmement approfondies sur l'art poétique et vocal des Sames, un peuple lapon vivant au nord de la Finlande, de la Norvège et de la Suède.

Cette publication associe les répertoires chantés du *joïk* et du *leük* à la poésie orale finno-ougrienne. Défini comme «vision du monde et art du souvenir», le *joïk* est un type de court poème, chanté ou déclamé, généralement sans accompagnement instrumental, si ce n'est, occasionnellement, le tambour chamanique, qui rappelle son origine. Célébrant la mémoire d'un défunt, évoquant un animal, une montagne, parfois la mer, le *joïk* se construit sur une ou deux phrases lapidaires, faisant penser au *haïku* japonais, entrecoupées d'onomatopées un peu à la manière du *lilting* irlandais. Parfois aussi, il est pur imitation d'un cri d'animal, tel le surprenant «*joïk* du loup». Quant au *leük*, en général d'expression plus austère, il serait l'apanage des Sames du Sud appelés Skolts, et se rattache au domaine épique, parfois à la lamentation.

Un disque pour spécialistes, on s'en sera douté, mais qui mérite amplement de figurer dans la collection de tout amateur sérieux des cultures nordiques.

1 LP CETO/ORSTOM-SELAF, 806.
Auteur: Jocelyne Fernandez.
88/1986

EUROPE
ORIENTALE

POLKAS DE POLOGNE 235
★★★

On en est venu à ne plus connaître de la polka que la face «viennoiserie aseptisée» développée par J. Strauss et Cie, et celle de «piano de guinguette» que l'on retrouve, dans les volumes poussiéreux, entre des scottish, des quadrilles et des valses lentes. L'origine populaire de la polka, danse née dans la seconde moitié du XIXe siècle quelque part entre la Pologne et la Tchécoslovaquie, est démontrée par ce disque qui réunit trente titres arrangés et exécutés par huit petites formations vocales et instrumentales dans lesquelles l'accordéon tient souvent une bonne place. Dans le domaine des arrangements de musiques populaires polonaises, ces transcriptions simples et bon-enfant sont plus agréables et semblent plus véridiques que celles réalisées par T. Sygietyński pour l'ensemble Mazowsze. Voilà en tout cas qui redonnera des ailes à votre grand-mère, même si elle n'est pas polonaise.

Isabelle Talagrand

1 CD Polskie Nagrania, PNCD 023.
130 / 1990

CHANTS POPULAIRES TSIGANES DE HONGRIE 236
Assemblés et édités
par Rudolf Víg
★★★★

On retient souvent des Tsiganes de Hongrie l'image de ces orchestres professionnels qui ont élaboré un genre musical très complexe, développant l'improvisation et la virtuosité sur la base lointaine de la musique traditionnelle hongroise ou tsigane. Ces orchestres représentent pour beaucoup de gens (Brahms ou Liszt eux-mêmes s'y sont trompés) la musique «hongroise», synonyme dans ce cas de musique «tsigane». Bartók, Kodály, Bardos ont recueilli la véritable musique populaire hongroise; Rudolf Víg, lui, a parcouru micro en main les villages des quelque 400'000 Tsiganes de Hongrie, à la recherche de leur folklore authentique.

Et il a trouvé les chants ancestraux, interprétés bien sûr par des Tsiganes inconnus et non professionnels, qui ignorent tout du jeu d'un instrument. Deux types de chant se dessinent: les lamentations (*loki gîl'i* – chant lent – en tsigane, *hallgató nóta* – chant à entendre – en hongrois) aux mélodies descendantes, lentes et ornementées, ponctuées d'interjections, et les chants à danser (*khelimasti gîl'i* – chant dansant – en tsigane ou *pattagó nóta* – chant cadencé – en hongrois), aux textes légers débordant souvent en onomatopées; ces derniers sont accompagnés par une rythmique très particulière, riche en syncopes et faite par la voix, sur deux hauteurs et deux syllabes (cette technique est judicieusement isolée sur la plage 9 du premier disque). Le rythme peut être produit éventuellement par les doigts, les mains, en frappant sur une cruche ou en entrechoquant des petites cuillères, mais le modèle vocal est le plus typique.

Outre qu'il représente un moment d'émotion intense et étrange, ce disque a aussi valeur ethnographique: le travail admirable de Víg s'est mis au service d'une tradition dont on peut penser que, assimilation aux Hongrois de souche aidant, elle a désormais son avenir derrière elle.

Claire Delamarche

2 CD Hungaroton HCD, 18028-29.
Auteur: Rudolf Víg.
131 / 1990

HONGRIE   237–238
L'orchestre tsigane de Budapest

Musique traditionnelle hongroise de Transylvanie
Mihály Halmágyi (violon), Gizella Adam (gardon et chant)

Sous la même rubrique «Hongrie» et sous la même étiquette de la firme d'Etat hongroise nous arrivent deux disques diamétralement opposés. D'un côté, le très officiel Orchestre tsigane de Budapest, de l'autre, les défenseurs d'une culture – celle des Hongrois de Roumanie – condamnée à mort par la folie dévastatrice du Conducator Ceausescu.

La *magyar nóta* («mélodie hongroise»), appelée encore *cigány zene* (musique tsigane) ou *népies müdal* (chanson «populisante») est ce que le monde a retenu généralement de la musique hongroise. Elle s'oppose au *cigány folklor* (folklore tsigane authentique) et à la *magyar népzene* (musique populaire authentique). Ce sont souvent des adaptations orchestrales d'œuvres magyarisantes des XVIIIᵉ (Bihari, Rózsavölgyi, Lavotta, Csernák...), XIXᵉ (Liszt, Erkel...) ou XXᵉ siècles comme dans ce disque. L'Orchestre tsigane de Budapest reprend l'effectif de l'orchestre tsigane traditionnel (quintette à cordes, clarinette, cymbalom) multiplié par dix environ, élargi de flûtes et autres saxophones pour atteindre le chiffre de cent musiciens. Neufs *primás* (premiers violons) se partagent les solos, dont le directeur de l'orchestre, László Berki, lequel fait même intervenir Bach (la «Gavotte en rondeau» de la *Partita en mi majeur*) et Mendelssohn (le finale du *Concerto en mi majeur pour violon*) dans la cadence d'un *Concerto rapide*

en la majeur anonyme. Bien sûr, à cent, on ne peut pas se permettre la souplesse de tempos que l'on a à huit. Pour retrouver l'esprit tsigane véritable, mieux vaut se reporter à des ensembles plus réduits. Il y a tout de même quelques beaux morceaux de bravoure dans ce disque, très tape-à-l'oreille, aseptisé et bien pensant (mais pas toujours parfait sur le plan de la justesse), et finalement pas désagréable.

András Jánosi, directeur artistique du second disque, semble reprendre le flambeau de Ferenc Sebö, musicien et musicologue admirable, qui s'intéressa de près à la musique des Hongrois de Roumanie, et spécialement à celle de Csángók, Hongrois de Moldavie. Jánosi a recueilli ici une tradition très particulière au sein de la musique csángó, celle de Gyimes. Un violon (pourvu d'une cinquième corde vibrant par sympathie) déroule les danses sur la base harmonique obsessionnelle de la quinte *sol-ré*. Le rythme est assuré par le *gardon*, gros violoncelle utilisé comme percussion (les cordes sont frappées avec une baguette ou pincées de façon à venir claquer sur le bois). La voix, prégnante, presque agressive, typique des voix de femmes hongroises traditionnelles, vient parfois s'ajouter à ces danses qui rythment la vie villageoise : *csárdás*, lamentations, *magyaros*, musique de funérailles ou de noces, dont une *Marche de Rákóczi* à la mode csángó étonnante.

Claire Delamarche

1 CD Hungaroton, HCD 10233.
1 CD Hungaroton, HCD 18145.
Auteur : András Jánosi.
125/1989

HONGRIE   239-241
Kalotaszegi Népzene: musique hongroise de Transylvanie
Sándor «Netti» Fodor

Az a szép piros hajnal: musique hongroise de Transylvanie
Béla Halmos

Chansons tsiganes de Hongrie
Ensemble Kalyi Jag

Avec ces deux disques de musique folklorique hongroise de Transylvanie, on retrouve l'atmosphère incomparable des *tancházak*, bals des jours de fête animés par l'orchestre du village autour d'un feu où l'on grille le lard ou fait cuire la goulache. Autour du premier violon ou *primás*, meneur de l'orchestre et star locale, un second violon, un violoncelle (ou un *gardon*, sorte de violoncelle utilisé comme une percussion, dont on frappe les cordes contre le bois) et une contrebasse. On peut y ajouter, selon les occasions et les régions, un cymbalum, une flûte paysanne, une guimbarde ou, dans les mélodies lentes qui servent de pause, une de ces voix féminines perçantes comme seule la Hongrie en produit.

Les deux disques, menés respectivement par les *primások* Béla Halmos et Sándor «Netti» Fodor, sont parfaitement interchangeables, y compris avec des enregistrements d'autres régions hongroises. Les mêmes noms se retrouvent dans chacun des disques: Sándor Csoóri et Péter Éri, tous deux membres par ailleurs de l'ensemble Muszikàs (leur complice dans ce groupe, la chanteuse Márta Sebestyén, les a suivis auprès de Halmos), ainsi que le violoncelliste Pál Havasréti.

Kalyi Jag (Feu noir), groupe de Tsiganes de Hongrie, a trouvé une voie propre. Sur la base du chant traditionnel tsigane tel que Rudolf Víg, András Hajdu ou les frères Csenki l'ont recueilli (et qui n'a rien à voir avec les orchestres de restaurants chics de Budapest), ils développent un art personnel, n'hésitant pas en particulier à faire intervenir des guitares ou des mandolines. Le résultat est fort séduisant, et au fond pas si hérétique que cela.

Claire Delamarche

3 CD Hungaroton, HCD 18122, HCD 18173 et HCD 18132.
133/1990

ROUMANIE   242
La Vraie Tradition de Transylvanie

En cette heure sombre pour les villages roumains, chaque disque de «vraie» musique populaire rurale apparaît comme un plaidoyer pour leur survie. Que resterait-il en effet de ces traditions si leur environnement était rayé de la carte? Cette réédition bienvenue d'enregistrements effectués et commentés par Herman Vuylsteke attire notre attention sur un foisonnement de genres musicaux et d'occasions auxquelles ceux-ci étaient – le sont-ils encore? – indissociablement liés: fêtes de récolte, noces, rituels funéraires...

Délimitée au sud et à l'est par la chaîne des Carpathes, la Transylvanie avait déjà fasciné de nombreux observateurs, dont les plus illustres demeurent bien sûr Bartók et Brăiloiu. Et il y a de quoi: aux émouvantes mélopées à voix nues, ou plutôt habillées d'une délicate ornementation mélodique, répond un large éventail de pratiques instrumentales, dont la présente sélection nous permet d'appréhender la richesse. Ainsi, les petits orchestres villageois appelés *tarafuri* ont-ils des couleurs sonores très diverses, déterminées à Mociu par l'alto à chevalet plat, dans le Bihor par le violon à pavillon et le tambour, et dans le Maramures par l'accompagnement primitif d'une guitare à trois cordes. Quant aux merveilleux solos de flûte, de cornemuse ou de *frunza*, une simple feuille utilisée comme mirliton, ils évoquent hélas! un bucolisme probablement suranné.

1 CD Ocora/BRT, C 559 070.
Auteur: Herman C. Vuylsteke.
128/1989

ROUMANIE   243
Musique des tsiganes de Valachie
Les lăutari de Clejani

★★★★

Cet enregistrement (1986) a été réalisé à Bucarest, pendant une mission de Laurent Aubert, au nom des Archives internationales de musique populaire.

Le *taraf* (terme d'origine arabe désignant un ensemble d'instrumentistes qui jouent chacun de plusieurs instruments — d'habitude un ou deux violons, accordéon, flûte, cymbalum, une variante de luth, à manche court, contrebasse – et qui chantent aussi) est celui de la localité de Clejani, dans la plaine du Danube, non loin de Bucarest. L'ensemble est réputé et on lui a consacré même un livre, il y a quelques années. Si la musique est, dans la majorité des cas, dansante, dans un système rythmique divisé à l'occidentale, si elle montre souvent des intonations quelque peu exotiques (secondes augmentées, ornementation très riche), il ne faut pas croire qu'elle est moins représentative de la musique populaire roumaine. La tradition des musiciens tsiganes, établis en Roumanie depuis plusieurs siècles, s'hérite de génération en génération, selon un apprentissage rigoureux. Surtout, elle doit correspondre aux goûts des employeurs, c'est-à-dire des paysans.

Les *lăutari* sont chargés des fêtes du village. Le caractère de la musique est donc détendu, souvent porté à la plaisanterie. La musique est accessible, les formes sont développées, le style performant. La virtuosité est souvent éblouissante.

Le rôle des musiciens tsiganes a été, à une époque pas très éloignée, minimisé en Roumanie, pour des raisons politiques. Il convenait de montrer que la musique populaire était le produit exclusif des paysans, c'est-à-dire des Roumains. Si les tsiganes sont plus enclins à une certaine démonstrativité virtuose, ce n'est pas pour des raisons nationales mais parce que leur musique est une musique de fête, produite par des professionnels. Car, outre ces moments de brio sonore, quand le ton devient grave (dans le premier exemple, un dialogue de la Jeune Fille et de la mort; déjà!) toute la disponibilité expressive de ces merveilleux musiciens se trouve mise en jeu.

Costin Cazaban

1 CD Ocora/AIMP, C 559036.
Auteurs: Laurent Aubert, Thierry Fischer.
118/1989

TRANSYLVANIE   244
Erdélyi Népzene (Musique populaire de Transylvanie)
Eva Fábián; András Berecz, Márton Balogh, Katalin Svorák (chant), Zoltán Juhász (furulya), Béla Halmos (violon), Sándor Csoóri junior (alto), Pál Havasréti (violoncelle), ensembles Téka, Kalamajka, Hegedös et Ujstílus, László Rossa (direction musicale)

★★★★

Une des plus grandes farces en ce début de bicentenaire de la liberté et des droits de l'homme aura été la campagne publicitaire de l'Office du tourisme roumain (abrégé judicieusement OTROU sur Minitel, comme le faisait remarquer *La Croix* du 26 mars): vacances idylliques dans pays mort de faim, de terreur, et de corruption. Un gigantesque poisson d'avril, serait-on tenté de railler si la plus triviale boîte de sardines n'avait là-bas la rareté des cuisses d'escargots. Si c'est possible, il y a des Roumains encore plus malheureux que les autres: ceux des diverses minorités, slaves, allemandes et hongroises. C'est peu dire qu'ils sont brimés. Les deux millions et demi de Hongrois, répartis essentiellement en Transylvanie et dans le pays sicule, annexés par le traité de Trianon, en 1920, sont purement et simplement en train d'être rayés de la carte par la folie mégalomane de Nicolae 1er: hémorragie de fuyards vers la Hongrie, assimilations forcées, fermeture des écoles hongroises, villages rasés... Encore cinq ans et la Transylvanie, qui a vu naître le plus grand roi magyar, Mathias, le poète Endre Ady et Béla Bartók, sera vidée de sa culture.

C'est dire l'importance de ce disque (enregistré à Budapest). Outre trois danses roumaines: *doina*, *ardeleana* («transylvaine») et *mînîntalu* (danse à petits pas») et cinq chants des Csángók (les Hongrois de Moldavie), dont une lamentation très typique de cette minorité, imprégnée des mélodies et des échelles roumaines, le compact offre un large panorama des musiques hongroises transylvaines et sicules, plus proches de celles de Hongrie: ballades et lamentations parlando, danses en tempo giusto (ou mesuré).

Les premières sont le plus souvent *a cappella*, et permettent d'entendre deux des plus belles voix de ce répertoire: Éva Fábián et Márta Sebestyén, la chanteuse de deux célèbres ensembles populaires hongrois.: Sebö et Muzsikàs. Elles sont parfois accompagnées de la *furulya* (flûte à bec, jouée ici par Zoltán Juhász avec un bourdon émis par sa propre voix). Les secondes, avec leur enchaînement souvent tripartite (*keserves*, *lassú*, *friss*: lamentation, lent, vif) ont fait office, très déformées par les orchestres tsiganes, pour Liszt, Brahms et des générations de touristes, de musique typique hongroise. Elles font découvrir les instruments traditionnels: *hegedü* (violon), *brácsa* (alto), *nagybögö* (contrebasse), *tekerö* (vielle à roue avec deux cordes en bourdon accordées à l'octave), *dob* (tambour), clarinette (forme moderne du *nádsíp* traditionnel). Manquent tout de même le *duda* (cornemuse), le *köcsömduda* (tambour à friction), le *doromb* (guimbarde), le *töröksip* (chalumeau turc), le *facimbalom* (cymbalum de bois) et le cymbalum. N'empêche: cette musique ne peut manquer d'émouvoir ni ce disque, qui se pose comme un manifeste anti-Conducator (d'où l'absence regrettable de tout commentaire musicologique), d'atteindre son but.

Claire Delamarche

1 CD Fonti musicali – traditions du monde, 581115.
Auteur: Ferenc Novák.
122/1989

ROUMANIE   245-247
Musique de village

Enregistrements réalisés de 1933 à 1943 par Constantin Brăiloiu et ses collaborateurs

Dans la collection dirigée par Laurent Aubert, les archives internationales de Musique populaire de Genève publient sur trois CD une large sélection du fonds Constantin Brăiloiu détenu par l'institut de Recherches ethnologiques et dialectologiques de Bucarest. C'est un hommage justifié au père de l'ethnomusicologie roumaine, infatigable collectionneur, théoricien d'envergure, fondateur des archives de Genève, mort à Paris en 1958. Les AIMP ont déjà publié la collection universelle de Brăiloiu, ainsi que sa collection de musique populaire suisse.

Les responsables de l'édition ont opté pour l'intensif contre le panorama extensif et ils ont bien fait: on a ainsi la possibilité de connaître trois régions des plus riches en manifestations musicales, au moins au temps où Brăiloiu a entrepris ses recherches (en collaboration étroite avec l'école sociologique roumaine, avec des chercheurs des spécialités les plus diverses, aboutissant à des véritables monographies d'un village ou d'une région). Les éditeurs ont agi ainsi en accord avec la méthode diachronique de Brăiloiu, proche philosophiquement de la phénoménologie. Les exemples, enregistrés sur le terrain sur des 78 tours, survivaient tant bien que mal et ont trouvé ainsi le support qui leur permette l'éternelle fréquentation. Car il s'agit d'une collection d'une valeur artistique et documentaire inestimable, tant par l'esprit scientifique qui a présidé à sa constitution que par le fait que le phénomène musical populaire roumain est en perte d'authenticité et de volume,

comme cela s'est produit partout depuis que la société rurale n'est plus ce qu'elle était.

Les conditions éditoriales de ces trois disques sont elles aussi remarquables: texte de présentation détaillé, signé par l'ethnomusicologue roumain Speranta Rădulescu, excellentes traductions françaises et anglaises des vers chantés. Un glossaire explique judicieusement les nombreux termes spécifiques. Les exemples se rangent dans trois grandes catégories: genres occasionnels (rites liés à la fertilité, aux noces, à la mort, à la célébration du Noël – les superbes *colinde*), mélodies lyriques non–occasionnelles (mais dans la pratique artistique du village, elles ont aussi une fonction rigoureusement déterminée) et danses (dont un rituel initiatique complexe, *Calusul*, qu'a étudié brillamment Mircea Eliade dans son livre *De Zalmoxis à Gengis Khan*).

Si l'on veut trouver un trait général à ces productions folkloriques, par dessus les différences des genres et des régions, ce serait peut-être la «pulsion variationnelle» (*Variationstrieb* comme l'appelle Constantin Brăiloiu pour souligner la référence à Freud). La liberté de chaque interprète – créateur s'exerce autour d'un archétype virtuel et plus on ramasse les variantes, plus l'archétype se virtualise et se concrétise, en même temps. Un splendide exemple, parmi d'autres: la *doïna* (chanson lyrique d'un type très répandu). La combinaison «libre» de motifs laisse supposer une forme archétypale insaisissable, une sorte de «structure de profondeur», comme dirait Chomsky. Le répertoire de formules est relativement restreint mais la richesse des articulations semble illimitée. Pour comparaison, dans le classique, on peut penser aux récitatifs des oratorios de Bach: le filtre restrictif, lui-même, assure la liberté. Constantin Brăiloiu remarquait d'ailleurs: «la tendance de tout art populaire à l'exploitation exhaustive d'une technique donnée». Le rythme non-mesuré (*parlando rubato*) selon la classification de Brăiloiu) y participe pleinement, tout comme les respirations variées, coupant la phrase de manière surprenante et sans trop se soucier des dimensions des vers, taillés pour la musique à l'aide de vocalises ou d'adjonctions de syllabes dépourvues de sens. La liberté d'intonation ne s'appuie point sur des modulations et l'absence de celles-ci est compensée par la variété des cadences à l'intérieur du même mode, variété qui n'a rien à envier à un Luca Marenzio, par exemple. Les degrés du mode sont souvent fluctuants (quarte augmentée ou juste), ce qui a largement inspiré le langage de Bartók. Les rapports de fréquence sont instinctivement trouvé en accord avec l'harmonie de résonance et les «justes proportions», pour le plus grand plaisir des «écologistes» musicaux d'aujourd'hui. C'est le terrain de la plus haute rencontre de la fantaisie et du protocole.

Dans plusieurs mélodies lyriques instrumentales (flûte droite), la voix de l'interprète s'ajoute au son de l'instrument (effet amplement utilisé dans la musique contemporaine aussi), comme si le son instrumental était trop froid, trop impersonnel et qu'il fallait l'enrichir par la participation vocale. C'est une méfiance ancestrale envers l'instrument dans un pays où la plupart de la production folklorique est vocale, et où la musique d'église, seule musique de culte pendant des siècles, est exclusivement chantée. Les voix sont étonnamment riches de couleurs et d'effets: attaques de glotte (technique disparue aujourd'hui), voix de tête, exploitation d'un timbre pénétrant et constamment varié, vibratos de toute sorte. Les contours mélodiques sont souvent chargés d'ornements et le texte de présentation remarque, à juste titre, «le changement subtil de la couleur vocale sur les longues vocalises cadentielles».

La «pulsion variationnelle», si elle est naturelle, n'est pas moins contrôlée avec le goût et le sens des réalités musicales. Il en résulte une tension subtilement exploitée entre variation et répétition tant sur le plan de la forme que sur le plan mélodique ou harmonique (quand la mélodie est accompagnée par un instrument, souvent dans de belles hétérophonies – qui ont influencé, dans le temps, le style de Georges Enesco). Chez les musiciens populaires professionnels (les *lautari*, voir le disque Ocora, ci-dessous) les variations ont un caractère un peu plus démonstratif.

Quelques numéros concernent des rituels plus développés, comme *Le Sapin*, lié aux coutumes funéraires. Cet «arbre cosmique» (Mircea Eliade) est associé à ceux qui sont morts jeunes. Il devient le symbole de la vie arrêtée mais, à un degré plus haut d'abstraction, il participe à une cérémonie dans laquelle le cosmos réintègre celui qui a quitté le monde des vivants. C'est cela qui explique «la coutume générale de substituer des objets cosmiques aux réalités du cérémonial funéraire populaire», coutume dont parlait Mircea Eliade. Le besoin de transcender la réalité mène à une sorte d'adaptation spécifique de la tradition chrétienne, définie par Mircea Eliade comme «*christianisme cosmique*». Il existe aussi la coutume de marier symboliquement les jeunes morts célibataires avec des personnes vivantes. Entre la vie et la mort, il y a continuité. Dans le registre des mélodies liées aux coutumes funéraires, on remarquera aussi un signal d'une beauté «rocheuse» interprété au cor des Alpes (*tulnic*).

On pourrait parler, inversement, du symbolisme mortuaire des noces. Si, dans les coutumes funéraires, l'artiste populaire souligne la continuité du temps circulaire, dans les cérémonies nuptiales, il accentue surtout l'inexorabilité du temps unidirectionnel.

Ces trois disques sont une œuvre de sauvetage pour des chefs-d'œuvre en péril, menacés dans leur existence vivante par l'incontournable changement des structures sociales.

Costin Cazaban

3 CD VDE/AIMP, CD 537/539.
Auteurs: Constantin Brăiloiu,
Speranta Rădulescu, Laurent Aubert.
118/1989

BALLADES ET FÊTES   248
EN ROUMANIE

Ce double album a été réalisé par Bernard Lortat-Jacob et Jacques Bouët à partir d'enregistrements effectués en 1980 et 1981. Il est essentiellement constitué de ballades, définies comme étant des «récits épiques chantés». La ballade est en Roumanie le propre de musiciens professionnels appelés *lăutari* («bardes», «rhapsodes»), dont la plupart sont des Tsiganes sédentarisés vivant en périphérie des communautés villageoises et qui, selon la demande, se groupent en orchestres à géométrie variable ou *taraf*. Leur présence demeure indispensable à la réussite de toute fête, notamment des noces, comme en témoigne la face B, entièrement dédiée au répertoire de mariage. Un montage de cinq pièces enregistrées en différents lieux retrace le parcours des musiciens d'une étape à l'autre de la cérémonie, du moment où la mariée quitte la maison familiale aux magnifiques danses instrumentales (*hora*) animant le bal et menées par un violon virtuose.

Si les ballades ne jouent qu'un rôle secondaire lors des fêtes, peu propices à l'écoute des légendes traditionnelles, elles restent cependant le principal moyen d'expression d'une littérature orale jamais codifiée, d'une richesse inépuisable et d'une étonnante vitalité, en dépit des conditions sociales actuelles, guère favorables à leur perpétuation. C'est donc à juste titre que la majorité de ces enregistrements leur est consacrée. Des sept ballades que comporte cet album, cinq sont reproduites intégralement, et les paroles de toutes sont transcrites et traduites avec minutie. Une analyse littéraire et musicologique fine dégage les lignes directrices du genre à travers l'observation des divers styles d'interprétation. On peut ainsi distinguer les exécutions modernisantes, tendant vers une structuration strophique peaufinée, de celles, plus archaïques, dans lesquelles la ballade se construit en une succession de modules mélodico-rythmiques dont l'agencement est relativement libre. Une caractéristique vocale importante notée par Lortat-Jacob est la diversité des registres expressifs, qui se traduit par le passage du chanté au récitatif, *recto tono* ou *parlato*, permettant de mettre en évidence soit la composante musicale de la ballade, soit la métrique de ses vers, soit encore les moments forts du récit.

Le chant est accompagné tantôt à la guitare seule, tantôt par un *taraf* pouvant comprendre le violon, l'accordéon chromatique, la contrebasse et le cymbalum (*tambal*). Alors que les autres instruments fournissent un soutien harmonique et rythmique constant, le violon n'intervient généralement que dans les préludes et les interludes par des phrases lapidaires, préfigurant, prolongeant et reprenant les modulations de la voix en les ornant de mille façons.

La valeur hors pair de cet album n'est pas son seul mérite; nous avons de plus là une musique qui s'écoute avec un réel plaisir!

2 LP Le Chant du monde, CNRS/Musée
de l'homme, LDW 74 846/47.
Auteurs: Bernard Lortat-Jacob,
Jacques Bouët.   87/1986

FRUNZA VERDE 249
Musique folklorique roumaine
★★

Le groupe Frunza Verde, dont le nom signifie «feuille verte», nous offre ici un condensé de la musique des campagnes roumaines. Cinq suites instrumentales nous font passer en moins de temps qu'il n'en faut pour l'écrire de la province de Transylvanie à celle de Bucovine, puis au Banat, en Olténie et finalement en Montenie, à la frontière bulgare. Le contrebassiste Constantin Pavelescu et ses camarades se livrent à une démonstration orchestrée à un train d'enfer des différents styles et combinaisons possibles du *taraf*, l'ensemble instrumental roumain. On reconnaît au passage la flûte de Pan *nai*, les flûtes pastorales *caval* et *fluier*, le taragot et peut-être le violon à pavillon, ainsi que, en arrière-plan, l'accompagnement du cymbalum *tambal* et du luth *cobza*.

Malgré l'aspect trop didactique et sans grande émotion de leur prestation, il faut reconnaître aux musiciens de Frunza Verde de belles qualités techniques et un souci d'authenticité qui les honore. A cet égard, ce disque peut constituer une introduction tout à fait valable à la diversité de la musique populaire roumaine.

1 LP VDE, 30-470. 95/1986

LE MYSTÈRE DES 250
VOIX BULGARES
Vol. 2
★★★

LE CHANT DES FEMMES 251
BULGARES
Chœur de femmes de Sofia
★★★

BULGARIE 252
Village Music of Bulgaria/
Bulgarian Folk Music

Depuis leur première apparition à l'Ouest, ces chœurs de femmes aux timbres acides et aux polyphonies parfois audacieuses n'ont cessé de fasciner une large audience. Mais sait-on toujours que leur mystère, si mystère il y a, réside dans la savante synthèse réalisée par quelques habiles compositeurs entre les matériaux de la tradition populaire et ceux du chant religieux orthodoxe, arrangés selon des conceptions musicales actuelles? Il ne s'agit donc pas de musique traditionnelle à proprement parler, bien que ses interprètes n'aient pas été formées aux techniques vocales académiques et que leurs voix conservent de ce fait une certaine «pureté angélique» pouvant faire illusion. «Le chœur *a cappella* qu'elles forment s'appuie sur un savoir musical primitif revu par les arrangements de musiciens contemporains», s'en explique clairement l'auteur d'une des notices. Nous sommes ainsi bien dans le contexte des «écoles nationales» d'Europe de l'Est, dont Bartók, Kodály et Enesco ont été parmi les premiers chantres.

Cela dit, on ne peut qu'admirer le goût dont témoignent ces arrangements vocaux, parfois soutenus par une instrumentation virtuose directement inspirée des esthétiques villageoises. Les voix sont parfaitement justes, avec ce qu'il faut de grain et de coups de glotte pour créer l'effet voulu. Se recoupant partiellement sur le plan du répertoire, ces deux productions font état d'une démarche en soi cohérente, dont on ne saurait négliger l'apport.

Mais la palme, s'il en faut une, revient à cette réédition d'enregistrements réalisés il y a une vingtaine d'années par Ethel Raim et Martin Koenig en Bulgarie méridionale. Ne cherchons pas plus loin la clé du «mystère des voix bulgares», elle se trouve ici, dans le génie créateur de ces communautés villageoises, et on ne peut que regretter qu'une version édulcorée de leur musique ait occulté de telles merveilles.

1 CD Cellier, 016.
Auteur: Marcel Cellier.

1 CD Auvidis, A 6138.
116/1988

1 CD Elektra Nonesuch / Explorer Series.
Auteurs: Ethel Raim, Martin Koenig.
123/1989

BULGARIAN POLYPHONY   253

Vol.1: The National Folk Ensemble «Philip Koutev»

★★

TRIO BULGARKA   254

The Forest is Crying (la forêt pleure)

Lamentation pour Indje Voivode

★★

BULGARIAN MUSICAL FOLKLORE   255

Pirin - Bulgarie centrale et occidentale - Thrace

★★★★

Les polyphonies vocales des femmes bulgares sont décidément à la mode, à en juger par l'abondance des publications les concernant. L'ensemble dirigé par Philip Koutev est, on s'en souvient, un des groupes ayant le plus contribué à leur reconnaissance internationale. Cette nouvelle production pour le marché japonais confirme l'efficacité d'une recette savam-

ment concoctée. D'un disque à l'autre, on sent la démarche se renforcer, avec par exemple un usage accru de l'accompagnement instrumental et une diversification des couleurs compositionnelles.

Mais ce folklore de scène bien léché finit par devenir lassant, autant que sa version en formation réduite offerte par le Trio Bulgarka. Trop professionnels pour être vraiment crédibles, les arrangements impeccables de ces trois solistes du chœur de Radio Sofia ne dégagent pas grande émotion.

Plus proche des sources, la musique sélectionnée par la musicologue bulgare Elena Stoin pour Balkanton est plus convaincante. Elle permet notamment de saisir les différentes stylistiques d'une région à l'autre et d'apprécier, en solo ou en accompagnement du chant, les instruments traditionnels que sont le luth *tambura* du Pirin, la vièle *gadulka* de la région de Schope, ou la flûte *kaval* des bergers de Thrace, bien mis en valeur par une série de superbes enregistrements.

1 CD Victor/Ethnic Sound Series, VPD 1413.
Auteur: Ohashi Chikara.

1 CD Hannibal Records, HNCD 1342.
Auteur: Dmitr Penev.

1 CD Balkanton, 06 0050.
Auteur: Elena Stoin.
128/1989

BULGARIE   256

Le Mystère des voix bulgares - A Cathedral Concert

★★★★

Enregistré en tournée, ce disque reprend une bonne partie des pièces déjà enregistrées par Le Mystère des voix bulgares (dans les deux volumes Marcel Cellier et le volume de compilation de ceux-ci). A l'intérêt du «live», il combine pourtant l'avantage de comporter de nombreux solos (5 pièces sur 14, *a vox sola* ou avec instruments) plus proches du folklore traditionnel (rappelons que tous les chœurs ne sont en réalité que des arrangements effectués par des compositeurs contemporains), ainsi qu'un échantillonnage complet de tous les types de pièces chorales, depuis la diaphonie simple (*Vetâr vee*) jusqu'au grand chœur patriotique (*rodino*).

L'interprétation, hautement inspirée, transcende de loin le professionnalisme assez froid du reste de la discographie de l'ensemble et compense un minutage plutôt chiche. Voici probablement le meilleur disque de folklore professionnel bulgare disponible, aux côtés du disque *Bulgarie-Chants de femmes* (Harmonia Mundi «Musique d'abord»), qui, de façon inexplicable, n'a toujours pas été reporté en compact.

Marc Desmet

1 CD Philips, 842 232-2. 136/1990

ASIE
OCCIDENTALE

THE SACRED KORAN 257

Recitations by Muezzins of Istanbul - The Ottoman Empire

Ibrahim Canakkaleli, Fevzi Misir, Yusuf Gebzeli, Aziz Bahriyeli

Pour des centaines de millions de musulmans, le Coran n'est pas seulement le meilleur des livres, il est la parole de Dieu, révélée aux hommes par l'intermédiaire de Son Prophète. On comprend alors que ceux qui ont reçu la mission de le transmettre y consacrent leur vie entière. De même que les Corans manuscrits sont les joyaux de la calligraphie islamique, la psalmodie constitue le modèle de l'art vocal d'un bout à l'autre du monde musulman. Si les règles d'interprétation en sont partout rigoureusement les mêmes, on constate cependant les différences de style inhérentes à la diversité des mentalités, des sensibilités. Ainsi la récitation est-elle d'une extrême austérité dans la péninsule arabique, alors qu'elle est beaucoup plus «fleurie» en Egypte ou en Turquie.

Les quatre muezzins d'Istanbul réunis pour ce disque rivalisent d'inspiration, mais sans qu'aucun ne cède jamais à la moindre impulsion de virtuosité. De leur voix nue, dépourvue de tout accompagnement instrumental, ils parviennent à doter leur cantilation d'une intensité prodigieuse. La musicalité y est transcendée par la force proprement surnaturelle du contenu, et le flux de la déclamation ramène implacablement l'auditeur au centre de son être. Même sans nécessairement saisir le sens littéral de chaque verset, on reste subjugué par la puissance du Verbe telle qu'elle s'exprime ici.

1 CD Victor / Ethnic Sound Series, VPD 1387.
Auteur: Ahmed Kudsi Erguner.
124 / 1989

TURQUIE 258

Cinuçen Tanrikorur

Longtemps attendu, ce disque nous fait accéder aux arcanes de la musique savante proche-orientale. Le style de Cinuçen, d'une finesse et d'une profondeur rarement égalées, offre une remarquable synthèse des influences à la fois mystiques, courtisanes et populaires qui ont jalonné le développement de l'identité culturelle turque. Sans jamais s'écarter des canons traditionnels, ses compositions s'inscrivent cependant dans une esthétique contemporaine guidée par un goût sûr et une inspiration d'une grande élévation. On ne peut s'empêcher de comparer la démarche de Cinuçen à celle de Munir Bashir: un même désir de tirer la quintessence de leur héritage semble animer les deux luthistes. Mais le rapprochement ne saurait voiler les mérites et l'originalité de chacun. Peut-être moins épuré et ascétique que celui du maître de Bagdad, le talent du soliste turc se caractérise en revanche par une générosité et une suavité exceptionnelle, auxquelles l'influence mevlevi n'est pas étrangère. Cette dernière est particulièrement sensible dans la version condensée d'une suite vocale et instrumentale destinée à la cérémonie des derviches tourneurs. Ici comme dans l'élégie au flûtiste Akagündüz Kutbay, les timbres pourtant très différents du luth et de la voix s'entrelacent et s'alimentent mutuellement, au point qu'il devient parfois difficile de les distinguer. Les improvisations (*taksim*) de *ud*, pour leur part, mettent en valeur un jeu aérien délicatement orné, dont émergent quelques traits fulgurants de toute beauté. Cet artiste exigeant et talentueux contribuera sans doute à vivifier la tradition musicale turque dans ce qu'elle a de plus universel.

1 LP Ocora, 558574.
Auteur: Marc Loopuyt.
93 / 1986

MUSIQUE SOUFI   259
Chants inédits
du XVe siècle
★★★★

Nezih Uzel et Kudsi Erguner, les deux
derviches baladeurs d'Istanbul, nous
invitent ici à un voyage dans les résonances de l'abbaye de Sénanque. Nulle
part ailleurs, si ce n'est peut-être au
hammam d'Üsküdar, la flûte de Kudsi et
le chant de Nezih n'avaient bénéficié
d'une acoustique aussi parfaite: telles
d'interminables spirales sonores, les envolées du *ney* sont portées par la réverbération des voûtes romanes alors que,
de sa voix chaude et grave,le chanteur
élabore ses lentes mélopées, sans fiori-
tures inutiles, sur la pulsion cardiaque
de son *bendîr*.

Ce disque est un hommage rendu à
deux grands maîtres du soufisme médiéval : Jîlânî, dont l'enseignement est toujours perpétué par la confrérie Qâdi-
riyyah, et Merâgî, un poète et musicien
originaire d'Azerbaïdjan. En face A, une
longue méditation musicale dédiée à
Jîlânî retrace les étapes d'une cérémonie d'«audition spirituelle» (*samâ'*), centrée sur le rite d'invocation (*zikr*). C'est
l'occasion pour le flûtiste de développer
des improvisations d'une beauté majestueuse et extatique, ponctuées par la
sourde répétition du Nom divin, dont la
progression sur les degrés de l'échelle
évoque le processus d'alchimie intérieure propre à l'ésotérisme islamique.

En seconde face, un choix de pièces
chantées en persan permet d'aborder
l'œuvre musicale d'Abdul Qâder Merâgî.
On regrettera l'absence de traduction
des poèmes dans la notice, car la découverte de cette musique intime et allusive
reste de ce fait partielle.

1 LP Grem, G 1503–1.
Auteurs : Xavier Bellenger,
Ahmed Kudsi Erguner.
94/1986

THE MYSTIC FLUTES   260
OF THE SUFI
Preludes of Ceremonies
for Whirling Dervishes
The Erguner Brothers of Turkey

En compagnie de son frère Suleyman,
d'un joueur de vièle *kemençe* et de deux
percussionnistes dont l'incontournable
Nezih Uzel, Kudsi Erguner nous propose
dans ce nouveau disque une série de
magnifiques compositions instrumentales, *peshrev* et *saz semai*, provenant
de la tradition mevlevi de Turquie. Servant ordinairement de préludes aux
poèmes chantés dans les cérémonies
des derviches tourneurs, ces pièces sont
ici liées entre elles par de longues improvisations de flûte ou de vièle, véritable
ciment de l'édifice musical.

Cette musique majestueuse, aux
résonances à la fois aristocratiques et
mystiques, est admirablement servie par
une instrumentation sobre, parfaitement
en accord avec les usages anciens. A cet
égard, il faut rendre hommage à Kudsi
d'avoir su poursuivre l'œuvre de réhabilitation entreprise par son père à une
époque où l'on pouvait craindre la disparition pure et simple de l'héritage musical ottoman. Grâce à cette démarche
exemplaire, ces joyaux, dont certains
remontent au XVe siècle, ont pu retrouver
tout l'éclat de leur pureté originelle.

1 CD Victor / Ethnic Sound Series,
VDP 1388.
Auteur : Ahmed Kudsi Erguner.
126/1989

CHANTS DES DERVICHES 261
DE TURQUIE
Musique soufi: la cérémonie du zikr
★★★

TURQUIE 262
Musique soufi
★★★

CHANTS ET DANSES 263
POPULAIRES DE TURQUIE
★★

Deux récentes rééditions remettent en circuit des témoignages sonores du soufisme turc, enregistrés en France il y a une dizaine d'années. L'une présente une cérémonie complète de la confrérie Halvetiya, dirigée à l'époque par le regretté Shaykh Muzaffer Ozak. Appelé *zikr* (de l'arabe *dhikr*: «remémoration», «invocation»), ce rituel émouvant a pour but d'actualiser le souvenir de Dieu dans le cœur des derviches par la profération de litanies et de formules sacrées. Reposant sur une véritable science spirituelle, le processus d'extase auquel on assiste ici se développe en une succession de degrés d'intensité croissante; il culmine avec la répétition des syllabes telles que «*Hay*» (*Hayyu*: «le Vivant») et «*Hou*» (*Huwa*: «Lui»), transmuées en rauques exhalations.

«Que peut-il y avoir derrière les sons?», s'interroge Nezih Uzel. Cette question lancinante a motivé sa recherche du secret de la vie: elle l'a depuis longtemps jeté aux pieds du Maître, dont il traduit les enseignements... par les sons. Par un choix de poèmes empruntés aux différents ordres soufis, Nezih divulgue les effluves de la mystique islamique la plus pure. De sa voix sourde et chaude, il interprète Pîr Sultan Abdal, Yunus Emre ou Fuzuli, les chantres de l'amour infini, tandis que le

ney de Kudsi Erguner se fait l'écho de son inspiration la plus profonde.

Quant aux *Chants et danses populaires de Turquie* apparaissant sur le troisième de ces disques, ils sont de valeur très inégale et desservis par une notice bâclée et un montage peu imaginatif. L'alternance systématique de pièces vocales et instrumentales d'esprit très différent est maladroite. Plutôt que d'avoir son attention constamment détournée par des danses électrifiées d'un intérêt tout relatif, on aurait préféré pouvoir goûter en paix au chant sublime de bardes anatoliens de la qualité de Burhan Çaçan.

1 CD Arion, ARN 64061.
Auteur: Ahmed Kudsi Erguner.

1 CD Ocora, C 559017.
Auteur: Nezih Uzel.

1 CD Playa Sound, PS 65025.
119/1989

FASL 264
Musique de l'Empire ottoman
Makam Hidjaz Houmayoun
Ensemble de Kudsi Erguner
★★★★

LES JANISSAIRES 265
Musique martiale de l'Empire ottoman
Ensemble de l'Armée de la République turque
Direction: Kudsi Erguner

Après s'être fait reconnaître comme émérite joueur de *ney*, la frêle flûte de roseau du Proche-Orient, Kudsi Erguner s'attache depuis quelques temps à réhabiliter les anciens genres de la musique turque, dont certains avaient été interdits, d'autres défigurés, par les outrances de la politique culturelle kémaliste. Ainsi le *fasl*, la suite vocale et instrumentale de la musique de la cour ottomane, est-il dans son actuelle version radiophonique interprété par un chœur et un orchestre aux dimensions quasi symphoniques. En réduisant le nombre d'interprètes au strict minimum et en mettant l'accent sur les contrastes de timbres et la finesse de l'ornementation, Kudsi parvient à faire ressortir toute la saveur des lignes mélodiques aux contours délicats. Le Makam Hidjaz Houmayoun sert ici de fil conducteur à un choix de compositions des XVIIIe et XIXe siècles et d'improvisations de *ney*, de *kemençe* (vièle), de *qanun* (cithare) et de *ud* (luth), qui s'avèrent d'une étonnante richesse expressive.

Emblème d'une puissance militaire destituée, l'ensemble musical des Janissaires survit aujourd'hui sous forme de distraction touristique, et son répertoire «officiel» s'est considérablement abâtardi. Grâce à l'intervention discrète de Kudsi Erguner, nous pouvons à nouveau en apprécier l'expression la plus authentique, celle qui galvanisait l'armée du Sultanat sur les champs de bataille. Les tonitruances des *zurna* (hautbois) et des *boru* (clairons) sont du plus bel effet martial, cadencées par les tambours et les cymbales. Il faut cependant bien se garder de confondre le *mehter-hane*, l'orchestre des Janissaires, avec une simple fanfare. Son répertoire ne se limite en effet pas aux marches et aux airs de charge; il comporte également tout un corpus d'œuvres tirées de la tradition tant savante que populaire, qui servaient à animer les pompes de l'ancien protocole. La splendeur de la restitution convaincra tous les amateurs.

2 CD Auvidis / Ethnic, B 6737 et B 6738
Auteur: Ahmed Kudsi Erguner.
137 / 1990

TURQUIE   266
L'Art du tanbûr ottoman
★★★★

Qu'est-ce que le *tanbûr*? Un instrument de musique. Qu'est-ce qu'un instrument de musique? Un objet, son mode d'emploi, son répertoire. Or il se trouve que les cordes montées sur cette caisse et ce manche peuvent être soit pincées (et on a un luth nommé *tanbûr*) soit frottées (et on a une vièle nommée *yayli tanbûr*). Et quand on alterne deux joueurs de l'envergure de Fahreddin Çimenli et Abdi Coskun, on obtient un disque de très grande musique, contrasté comme le feu et l'eau, comme l'écaille du plectre et le crin de l'archet. Fort bien présentée et enregistrée par son fidèle serviteur Ahmed Kudsi Erguner, la musique classique turque est ici magnifiée. Musique de silence, structurée par les questions et réponses que le musicien adresse à lui-même, musique d'une temporalité gorgée d'énergie maîtrisée, riche d'un répertoire et d'une virtuosité qui se laissent oublier pour faire place au présent, à la fois don, présence et actualité.

François Picard

1 CD VDE / AIMP, 586.
Auteur: Ahmed Kudsi Erguner.
136 / 1990

TURQUIE   267
Cérémonie des derviches Kadiri
★★★

Ces silhouettes ondoyantes emportées par la transe qui tournoyaient sur le plateau des scènes parisiennes ou dans les *Rencontres avec des hommes remarquables* de Peter Brook, nul n'était mieux qualifié qu'Ahmed Kudsi Erguner pour les enregistrer dans leur lieu de vie même, dans les *tekké* d'Istanbul. Il en rapporte des cérémonies émouvantes, dont toutefois la musicalité risque fort de ne pouvoir seule faire accéder l'infidèle à la transe. L'audition mystique réclame une longue initiation la préservant d'un dévoiement profane qui la confondrait avec la fièvre du samedi soir. Nul danger ici, tout est authentique et le soufisme reste ésotérique, «réservé aux initiés». Mais pour eux, c'est à n'en pas douter la voie suprême.

François Picard

1 CD VDE/AIMP, 587.
Auteur: Ahmed Kudsi Erguner.
136/1990

TURQUIE   268
Voyages d'Alain Gheerbrant
en Anatolie

Ce double album, qui inaugure la nouvelle série «Archives» d'Ocora, réunit des enregistrements inédits réalisés en Turquie par Alain Gheerbrant, de 1956 à 1957. Le premier disque est entièrement dédié à l'un des plus fameux bardes anatoliens du siècle, Asik Veysel († 1974); personnage quasi légendaire en Anatolie, Veysel incarnait l'idéal de liberté et de tolérance caractéristique de la confrérie Alevi-Bektashi, une des expressions les plus décriées du soufisme.

De sa voix un peu cassée, doublée parfois à l'unisson par celle de son compagnon de route Küchük Veysel, l'*ashik* nous donne ici le meilleur de son art. En effet, si l'on compare par exemple les deux versions figurant ici du *Rossignol* (*Bülbül*) avec celle enregistrée par Columbia (Turquie) dans les studios d'Ankara (réf. TSX 505), on perçoit nettement les mérites d'une prise de son *in situ*, libre de contraintes et d'artifices techniques.

La face B débute par un long prélude au *saz*, exécuté à la demande spéciale de Gheerbrant. Plutôt que d'une improvisation, il s'agit d'une succession de motifs mélodico-rythmiques s'enchaînant les uns aux autres, et dont on retrouve certains, à peine modifiés, en guise d'introductions à d'autres plages du disque. Parmi celles-ci, on appréciera particulièrement la chanson traitant du symbolisme de la lettre *alif*, «De la lettre A tout est sorti», dont les paroles sont un excellent témoignage de la dimension ésotérique de l'enseignement alevi.

Le second disque réunit différents enregistrements recueillis chez les Tahtadji, une fraction alevi ayant choisi de vivre retirée dans la forêt, à l'écart du monde, de façon à préserver intactes ses coutumes secrètes. A côté d'une série d'hymnes (*nefes*) chantés, dans la tradition de Pîr Sultan Abdal, une place importante est laissée à la musique instrumentale, notamment aux instruments à vent.

Outre le couple *zurna-davul* (hautbois-tambour), dont la présence est indispensable à toute fête rurale, on peut entendre une très belle mélodie jouée sur le *mey*, un autre type de hautbois, dont l'anche épaisse produit une sonorité très douce et chaude, contrastant avec le timbre criard du *zurna*. Parmi les plages dédiées à la flûte *kaval*, on retiendra surtout la dernière, «musique à programme» évoquant la légende du mouton noir, *Kara Koyun*, dont une autre version, enregistrée en 1938 par Adnan Saygun, a récemment été rééditée dans la Collection universelle de Brăiloiu (VDE 30-426, plage A1).

Il faut signaler la remarquable notice d'Alain Gheerbrant, qui nous fournit une introduction substantielle à cette musique et à son contexte, ainsi qu'une traduction commentée des paroles des chants.

2 LP Ocora, 558 634/35.
Auteur: Alain Gheerbrant.
86/1986

MUSIQUE DE TURQUIE 269
Collection K. et U. Reinhard
★★★★

Réalisé à partir des enregistrements effectués par Kurt et Ursula Reinhard au cours d'une quinzaine de missions en Turquie, cette collection peut être rapprochée de celle tirée des «Voyages d'Alain Gheerbrant en Anatolie». Mais le champ est ici plus large, il couvre pratiquement tous les domaines de la musique populaire de l'ensemble du pays. Judicieusement sélectionné, le matériel musical est réparti en quatre catégories occupant chacune une face de ce double album:

— La musiqe de fête est présentée sur la première, à travers le jeu du tambour *davul* et du hautbois *zurna*, apanage quasi exclusif des Tsiganes. Parfois remplacé par la clarinette, comme en Thrace, ou par le petit hautbois *mey* dans les parages du Caucase, le *zurna* demeure le principal animateur des réjouissances villageoises.

— La face B, dédiée à la musique de Turquie méridionale, fait apparaître une grande variété instrumentale. Mais on retiendra aussi un chant épique de toute beauté, la ballade de Kerem et Asli, interprété par le vénérable Kir Ismail Güngör, un des derniers dépositaires de cet art discret.

— Chants d'amour et danses constituent la majeure partie de la troisième section, qui offre un panorama des usages musicaux des rivages de la mer Noire. A côté des instruments de plein air, clarinettes doubles et cornemuses, la prédominance est accordée à la petite vièle *kemençe*, dont les cascades de quartes parallèles accompagnent le chant intimiste des amateurs et des professionnels. Mais pour les mariages, c'est plutôt le violon qui mène la danse.

— Une présentation de la musique turque ne saurait être complète sans qu'il soit question des *ashik*, les fameux bardes mystiques et contestataires d'Anatolie. Six d'entre eux, dont exceptionnellement une femme, nous abreuvent de leurs chants profonds puisés à la source de la spiritualité alevi.

2 LP Museum Collection, Berlin, MC1. Auteurs: Kurt et Ursula Reinhard. 89/1987

TURQUIE, MUSIQUE TSIGANE 270
Les frères Erköse
★★★

Si l'art des Tsiganes d'Europe orientale est déjà bien connu, ce disque nous introduisant à leur interprétation du répertoire turc est particulièrement bienvenu. On sait que, dans toutes les contrées où ils ont nomadisé, les Tsiganes ont toujours été reconnus comme des instrumentistes remarquables, étant d'ailleurs en plus d'un endroit les seuls véritables musiciens professionnels.

Les frères Erköse s'inscrivent bien dans cette tradition, dont ils présentent une version actuelle, à mi-chemin entre l'art savant et l'art populaire, et où les instruments turcs, le *kanun*, le *ud* et le *darbuka*, voisinent avec le violon «à la turque» ou *keman*, et la clarinette, qui a remplacé l'antique *zurna* à la fin du siècle dernier.

A ce syncrétisme instrumental répond un style de jeu virtuose, dans lequel les interprètes ne craignent pas d'emprunter des éléments formels à différentes régions du bassin méditerranéen, voire à la musique populaire moderne. Ainsi, dans le *taksim* en *Nihavand*, on entend avec surprise, après des improvisations aux tierces et au chromatisme bien occidentaux, le *kanun* se transformer soudain en guitare *flamenca*... fugitif clin d'œil aux *Gitanos* andalous!

L'autre solo instrumental, *Hijaz*, exécuté à la clarinette, est d'un caractère beaucoup plus classique : faisant parfois sonner son instrument comme un *ney*, le musicien recrée toute la chaleur, le souffle et les intervalles microtonaux propres à la flûte de roseau. Cependant, c'est dans les danses, exécutées par l'ensemble au complet, que la verve des frères Erköse se manifeste pleinement : une hétérophonie en cascade alterne avec des improvisations instrumentales vertigineuses, soutenue par une percussion à la fois légère et vigoureuse, marquant des rythmes souvent irréguliers, tels le 7/8 terminant la magnifique danse de la mer Noire en fin de première face.

1 LP Ocora, 558 649.
Auteur : Ahmed Kudsi Erguner.
82/1985

MOYEN-ORIENT 271
La poésie chantée
Feyzullah Cinar - Hossein Ghavami - Mohammed Ali Tedjo - Alouane Jerad

Expression par excellence des nomades et des mystiques, la poésie chantée est restée au Moyen-Orient un art vivant, entretenu par des générations de bardes inspirés. Par leur lyrisme enflammé, ceux-ci traduisent les élans douloureux de leur âme mise à vif par l'aspect transitoire de ce monde ; et quand ils chantent l'amour ou l'ivresse, c'est pour mieux conjurer leurs aspirations spirituelles les plus profondes.

Une des dernières rééditions de l'Anthologie des musiques traditionnelles de l'UNESCO permet d'apprécier quatre grands maîtres de cet art et, à travers eux, les quatre principaux genres poétiques moyen-orientaux. Mais cette publication date car, malgré ses mérites – la traduction des paroles des chants, notamment – elle laisse l'auditeur sur sa faim : chacun de ces interprètes hors pair aurait mérité un disque à lui seul. Ce trop bref aperçu ne nous permet que de goûter brièvement aux saveurs raffinées du *nefes* turc, du *ghazel* persan, du *klam* kurde et de l'*ataba* arabe.

1 CD Auvidis / UNESCO, D 8025.
Auteurs : Alain Daniélou, Jacques Cloarec, Jochen Wenzel.
130/1990

SIVAN PERWER 272
Chants du Kurdistan
★★★★

Les tribulations du peuple kurde font régulièrement la une des journaux : depuis longtemps, elles attirent notre attention sur l'identité d'une nation écartelée entre la Turquie, la Syrie, l'Irak, l'Iran et l'URSS. Dans une telle situation, qui, mieux que le troubadour, saurait se faire le chantre de cette identité ? Ni le temps, ni l'exil n'ont d'emprise sur son art, qui affirme tout haut les valeurs d'un héritage culturel menacé. Avec Sivan Perwer, la cause kurde s'est trouvée un héraut d'un talent exceptionnel. De sa voix tendue, incantatoire, il conjure les souffrances des siens, non pas en exacerbant leur sentiment de révolte, mais en leur appliquant le baume de la poésie traditionnelle. En chantant les vicissitudes de l'amour, il ne prône cependant pas l'oubli, bien au contraire : ses poèmes allusifs touchent au cœur parce qu'ils sont vrais et que, en tant que tels, ils sont une arme imparable.

Accompagnant ses mélopées lancinantes au *tanbûr*, le luth à long manche commun à tous les bardes du Proche-Orient, Sivan nous convainc par la force et l'intensité de son message autant que par la sobriété des moyens mis à sa disposition.

1 CD Auvidis, A 6145.
125/1989

KURDISTAN   273
Musique kurde
★★★

Selon une opinion courante, les Kurdes seraient les descendants des Mèdes de l'Antiquité; la similitude entre le mode mélodique unique dans lequel se développe leur musique et le Dorien connu des Grecs ne serait ainsi pas le produit du hasard, si l'on en croit Christian Poché, l'auteur de ce disque. Réalisés en Syrie et au Liban, ces enregistrements démontrent l'identité culturelle d'un Kurdistan qui, même morcelé, a su résister à toute assimilation.

Contrairement à leurs voisins, les Kurdes n'ont jamais théorisé leur musique; tout au plus la répartissent-ils en deux catégories en fonction de l'intensité sonore des instruments. Ainsi, les sonneries tonitruantes des hautbois *zurna* appartiennent-elles au répertoire diurne, alors que les flûtes et les instruments à cordes conviennent mieux à la nuit. Parmi ces derniers, les Kurdes affectionnent particulièrement le luth à long manche, dont deux types apparaissent ici: le grand *meydan saz* aux profondes résonances et le *tanbura*, plus petit et donc d'un timbre plus aigu. Un magnifique chant dans le style dit «mésopotamien» et deux longues improvisations instrumentales nous font apprécier les qualités expressives de trois remarquables virtuoses.

1 CD Auvidis / UNESCO, D 8023.
Auteurs: Christian Poché et
Jochen Wenzel.
136 / 1990

CHANT BYZANTIN   274
Passion et Résurrection
Sœur Marie Keyrouz, S.B.C. et la
Chorale de l'église Saint-Julien-le-Pauvre

Sublime Sœur Marie Keyrouz! De sa voix angélique, elle gravit sereinement les échelons liturgiques de la Semaine Sainte, transmuant les thèmes douloureux de la Passion en profondes méditations, pour finalement laisser libre cours à sa jubilation lorsqu'elle exalte le miracle de la Résurrection.

On est peu habitué à entendre une femme s'adonner aux austères vocalises byzantines, et les transports enflammés de la jeune religieuse libanaise n'en sont que plus bouleversants. Qu'elle chante en grec ou en arabe, elle contrôle parfaitement la moindre inflexion de ses lignes mélodiques, conférant à ses stances une force lumineuse exceptionnelle. «On prie deux fois lorsqu'on prie en chantant», aurait dit saint Basile; la voix lumineuse et charismatique de Sœur Marie n'aura certainement aucune peine à se faire entendre.

1 CD Harmonia Mundi, HM 901 315.
129 / 1990

WASLA D'ALEP   275
Chants traditionnels de Syrie
Sabri Moudallal et son ensemble
★★

SYRIE   276
Zikr: rituel islamique de la
confrérie Rifa'iyya d'Alep
★★★

Grâce au disque compact, il nous est possible maintenant d'apprécier la pleine dimension d'un genre musical tel que la «suite orientale». Comme la *nouba* maghrébine ou le *shash maqom* d'Asie centrale, le wasla proche-oriental est un tout organique dont le sens profond ne se révèle que dans la durée. Dans un disque enregistré à Paris, Sabri Moudallal développe toutes les subtilités de la *wasla Nahawand*, entrecoupée de très belles improvisations vocales (*layali*) et instrumentales (*taqsim*). L'écoute de cette musique en soi magnifique génère cependant quelques déceptions: les artistes ne semblent pas au meilleur de leur forme, les voix sont parfois un peu fausses, et la balance sonore est mal équilibrée.

Dans un autre registre, un document recueilli à Alep par Christian Poché présente une des manifestations les plus impressionnantes du soufisme proche-oriental: le *zikr al-hadra* (*zikr*: «souvenir», «invocation»; *hadra*: «présence») de la confrérie Rifa'iyya. Le premier des deux longs extraits reproduits ici retrace l'ambiance d'exaltation extrême suscitée par la récitation de litanies et le martèlement des tambours; elle culmine avec le rite appelé *darb shish* («transpercement par l'épée»), au cours duquel le responsable de la cérémonie transperce effectivement le flanc des disciples les plus courageux sans que le sang ne coule. A cette épreuve défiant la raison succède la phase d'«extinction» (*fana*), exprimée par la répétition rythmée de formules sacrées qui constitue le *zikr* proprement dit. Ce témoignage fascinant ne saurait évidemment être apprécié selon des critères musicaux et son abord demande un minimum d'information préalable. Mais il nous révèle un aspect fondamental de la spiritualité islamique.

1 CD Inédit / Maison de cultures du monde, MCM 260 007.
Auteur: Habib H. Touma.
1 CD Auvidis / Unesco, I 8013.
Auteurs: Christian Poché, Jochen Wenzel.
122 / 1989

MUNIR BACHIR 277
En concert à Paris
★★★★

ALEP-SYRIE 278
Muhamad Qadri Dalal
Improvisations au luth
★★★★

Comme à son accoutumée, Munir Bachir se montre au delà de toute critique. Austère alchimiste des sons, il est paradoxalement à la fois le plus traditionnel et le moins conventionnel, le plus individualiste des musiciens arabes contemporains. Chacune de ses improvisations atteste l'immensité de son potentiel créatif; or celui-ci se manifeste toujours à l'intérieur des plus stricts canons de la science du *maqâm*, mais d'une manière unique, inimitable. Qu'il plonge au plus profond de son inspiration ou qu'il évoque en passant le contour d'un air populaire irakien, Bachir se situe au-dessus de la mêlée. Son art épuré révèle la dimension la plus ésotérique de la musique proche-orientale.

Mais on aurait tort de croire que le luthiste de Baghdad est un cas isolé: Bien que le *taqsîm* (improvisation modale) séparé de son contexte orchestral reste un genre marginal dans l'univers musical arabe, nombreux sont aujourd'hui les instrumentistes qui s'y adonnent avec délices. Témoin en est un disque récent du Syrien Muhamad Qadri Dalal, réalisé avec le concours du Centre culturel français de Damas et accompagné d'un livret dû à la plume avisée de Pierre Bois. Issu d'une famille de musiciens d'Alep, cet artiste talentueux excelle dans un registre plus expansif, moins attaché à une syntaxe rigoureuse qu'à l'épanchement de son imaginaire mélodique. En ouvrant la voie à un renouveau de la musique arabe, de telles réalisations lui permettent par la même occasion de renouer avec ses racines les plus profondes.

1 CD Inédit / Maison des cultures du monde, MCM 260 006.

1 LP Ceto / Orstom-Selaf, 808.
Auteur : Pierre Bois.
114 / 1988

AL KINDI   279
Musique classique arabe
★★★

MOUNIR BACHIR   280
Récital - Solo de luth oud
★★★

INDO-ARABIC VARIATIONS 281
Baligh Hamdi - Magid Khan
★★

Chacun à sa manière, ces trois disques évoquent l'universalité de la tradition musicale arabe, qui n'a jamais cessé d'absorber les apports les plus divers. Afin de nourrir l'expression inspirée, mais un peu fruste, de leurs ancêtres bédouins, les maîtres arabes médiévaux ne craignaient pas de puiser aux sources tant grecques et turques que persanes ou indiennes. Comme son nom le laisse augurer, le trio Al Kindi perpétue cet enseignement avec délicatesse. Constitué du flûtiste tunisien Mohamed Saada, du percussionniste égyptien Adel Shams Eldin et du français Julien Weiss au *qanûn*, il nous propose un abord très épuré du répertoire savant des *maqâm*, dans lequel de très belles improvisations alternent avec des compositions instrumentales telles que *samai*, *wasla* et *nawba*.

Quant au nouveau CD de Mounir Bachir, ne vous y trompez pas : il s'agit de la réédition de son fameux « récital à Genève » de 1971 (Pathé Marconi C 054-

11803), qui avait en son temps grandement contribué à la reconnaissance internationale du maître de Bagdad. Alors moins puriste qu'il ne veut aujourd'hui le faire croire, il ne craignait pas de livrer à son auditoire quelques pièces de bravoure comme « le *oud* fou » ou « l'Orient en Andalousie » au parfum très flamenco. La surprise est ici provoquée par l'adjonction de quatre brèves improvisations du grand Mohamed Kassabgi, qui n'a pourtant pas l'honneur de figurer sur la pochette. Enregistrés dans les années trente, ces témoignages émouvants nous fournissent un échantillon de l'art de ce remarquable luthiste de l'école cairote.

Que dire enfin des très modernes « Variations indo-arabiques » réalisées par l'Egyptien Baligh Hamdi avec la complicité du sitariste Magid Khan ? Avant tout, qu'il s'agit d'une opération savamment orchestrée ; mais aussi que la rencontre se passe là au niveau de la musique légère, sans qu'il faille nécessairement attacher à celle-ci une connotation péjorative.

1 CD Auvidis / Ethnic, B 6735.
Auteur. Julien Weiss.
1 CD Artistes arabes associés, AAA 003.
1 CD Playa Sound, PS 65035.
134 / 1990

RABIH ABOU-KHALIL   282
Nafas
Rabih Abou-Khalil (oud), Selim Kusur (nay, voix), Glen Velez (tambour sur cadre), Setrak Sarkissian (darabukka)

Lorsque quatre virtuoses de la musique proche-orientale se réunissent dans un studio norvégien et que les techniques d'enregistrements les plus sophistiquées sont mises au service de leur talent, qu'en résulte-t-il ? Une démonstration de synthèse, formellement impeccable, mais restant à la surface des choses, sans

jamais parvenir à générer de réelle émotion. Un peu à la manière du *Babylon Mood* de Mounir Bachir – un des plus mémorables «ratés» du maître de Bagdad, soit dit en passant – ce *Nafas* du luthiste Rabih Abou-Khalil laisse dans l'ensemble froid. Les prouesses des instrumentistes suscitent bien une certaine admiration, notamment les exploits des deux percussionnistes, mais le courant ne passe pas. Quel est alors le secret de l'alchimie musicale? C'est probablement au-delà des sons qu'il convient de la chercher, dans l'intention qui les suscite, si l'on en croit cette parole du Prophète: «Les actions ne valent que par les intentions».
1 CD ECM 1359/835, 781-2 Y.
123/1989

YÉMEN DU NORD   283
Musique vocale et instrumentale
★★★

Presque insolite au sein du monde arabo-islamique, la musique du Yémen a manifestement conservé un bon nombre d'archaïsmes remontant à la période de la *Jâhiliyya*. De contour strophique et syllabique, le chant sobre et rêche des Yéménites de Saadah et de Hajjah n'a que peu de points communs avec les longues vocalises auxquelles la musique arabe «courante» nous a accoutumés: il paraît tout droit issu des incantations des nomades du désert.

La marque d'une longue pénétration africaine est sensible dans la musique instrumentale. Le *tanbura* yéménite, martelant ses mélodies rudes au strict pentatonisme, n'est-elle pas la sœur des lyres éthiopiennes et soudanaises? le culte du *zar*, qui sert de cadre à son jeu, dériverait d'anciens rites curatifs d'origine chamique ou couchite. Accompagnés ou non de percussions, les duos de flûte *gasaba* évoquent eux aussi une conception musicale plus africaine

qu'arabe, avec leurs diaphonies lancinantes inscrites dans un ambitus restreint. Quant au *'oud* de Sanaa, un ancien type de luth à quatre chœurs au timbre feutré, il serait aujourd'hui en voie de disparition, supplanté par le *'oud* égyptien. Deux plages remarquables permettent néanmoins d'en apprécier ici les derniers virtuoses.
1 CD Auvidis/UNESCO, D 8004.
Auteurs: Christian Poché, Jochen Wenzel.
118/1989

YOM KIPPOUR   284
Prière pour le jour du Grand Pardon
Emile Kaçmann (voix), Joachim Havard de la Montagne (direction des chœurs et orgue)
★★

LES JUIFS YÉMÉNITES   285
Diwan judéo-yéménite
★★★

LITURGIES JUIVES D'ETHIOPIE 286
★★★★

Le premier de ces disques réunit les prières chantées les plus solennelles des deux grandes fêtes juives, le Nouvel An (*Roch haChana*) et le jour du Grand Pardon (*Yom Kippour*). Ministre officiant de la synagogue de la rue Copernic à Paris, Emile Kaçmann traduit de sa voix profonde les élans de la *emounah*, la foi judaïque. Sur le plan stylistique, son interprétation s'inscrit dans le renouveau de la musique synagogale, initié après la guerre notamment par le célèbre musicologue Léon Algazi. Compositeur et harmonisateur de nombreux chants, celui-ci a adapté ces prières, qu'elles soient d'origine sépharade ou ashkénaze, à la sensibilité occidentale contemporaine. En cela, Kaçmann est son disciple direct; si sa manière de chanter n'est pas proprement parler traditionnelle, il n'en demeure pas moins un des porte-parole les plus éminents de la diaspora d'Europe occidentale.

En contrepartie, les documents yéménites réunis par Noémi et Avner Bahat nous ramènent à un stade antérieur de l'histoire du peuple juif, puisque les premières vagues d'émigration au Yémen remontent à la destruction du Premier Temple, soit au début du VIe siècle avant J.-C. Le Diwan, qui fait l'objet de ce disque, constitue pour les Juifs orientaux le répertoire des fêtes coutumières. Chantés en hébreu, en arabe ou en araméen, ces poèmes se caractérisent par leur conservatisme; ainsi, l'usage d'instruments de musique leur étant proscrit, les chanteurs rythment leurs strophes de pseudo-tambours faits de bidons en fer-blanc ou de plaques de cuivre. Captés dans l'ambiance intime d'une demeure privée, ces mélodies ont gardé une fraîcheur que le retour en Israël n'a pas altéré.

Il en va de même des liturgies judéo-éthiopiennes recueillies par Simha Arom. Lentes mélopées très ornementées ou chants mesurés, rythmés par le souffle et le martèlement des pieds sur le sol, les psalmodies des Beta Israël diffèrent de celles tant des Ethiopiens chrétiens que de leurs coreligionnaires orientaux et occidentaux. La comparaison de leurs prières pour la clôture de Kippour avec celles interprétées par Emile Kaçmann est à cet égard significative. Témoignages émouvants d'une spiritualité maintenue contre vents et marées, ces documents permettront de se faire une plus juste idée de l'ampleur de la tradition juive.

1 CD Arion, ARN 64065.
1 CD Auvidis / UNESCO, D 8024.
Auteurs : Noémi et Avner Bahat.
1CD Inédit / Maison des cultures du monde, W 260013.
Auteurs : Simha Arom, Frank Alvarez-Pereyre.
134 / 1990

KHAZANIM ET KHAZANOUT 287
(Chants et chantres de synagogue)
Hershman - Sirota - Rosenblatt - Mirsky - Kwartin - Tkatsch - Steinberg - Kapov - Kagan

La cantilation de synagogue, comme le culte, comporte deux rites, l'ashkénaze et le sépharade. Ce disque présente des repiquages d'enregistrements à la fois très rares (appartenant à la collection Elie Delieb qui possède un catalogue de 285 *khazanim*!) et très anciens de quelques chantres légendaires d'Europe de l'Est, dont l'un, Gershon Sirota, mourut en 1943 dans le ghetto de Varsovie.

Presque tous les grands *khazanim* (ténors et moins fréquemment barytons) étaient issus de Russie ou de Pologne. Le *khazan* chantait l'office, généralement accompagné par un chœur de petits garçons, un orgue et même parfois un orchestre. C'est précisément parmi ce chœur d'enfants qui étudiaient la musique, les mots de chaque prière et la manière de les chanter (*nousakh ha'tfila*), avec le *baal tfila* (celui qui connaît la prière) que se recrutaient les enfants prodiges. Le *baal tfila* avait fort à faire avant de confier le *Wunderkind* aux bons soins d'un conservatoire de musique ou d'un professeur célèbre, car les signes qui se trouvent au-dessus de chaque lettre hébraïque de prière ou de psaume permettent seulement d'identifier la mélodie qui correspond au texte.

Mais on ne chante pas de façon identique le même texte de la semaine et le *shabbat*, pour *Roch ha chana* ou *Yom Kippour*. Chaque prière possède un mode spécial pour chaque circonstance, et un juif religieux qui aurait perdu la notion du temps terrestre, en entrant dans une synagogue, serait capable de découvrir la date exacte et l'heure simplement en entendant le *khazan* chanter. Les *khazanim* qui n'ont pas péri dans la *Shoa* ont massivement émigré aux Etats-Unis et en Israël, où l'enseignement et la tradition se perpétuent. Aux Etats-Unis, certains sont devenus chanteurs d'opéra comme Richard Tucker et Jan Peerce. Mais transiger avec l'emploi du temps d'un véritable «partenaire de Dieu» paraît inconcevable aux yeux d'un *khazan* comme Joseph Malovany qui officie dans la synagogue de la Cinquième Avenue. Ce dernier, qui ne dédaigne ni Mozart ni Haendel en concert, fait remonter la tradition de la *khazanout* à environ 2000 ans, et lui trouve un grand nombre d'affinités avec le chant grégorien. Cela dit, on retrouve dans les chants hassidiques et beaucoup de chansons yiddish les motifs mélodiques de la *khazanout*. Les *khazanim* présentés sur ce disque sont tous nés dix ou vingt ans avant le début de ce siècle, et témoignent d'un univers anéanti. On ne peut donc que souhaiter qu'Elie Delieb puisse continuer à éditer tous les trésors de sa collection.

Myriam Anissimov

1 CD Pearl Gemm, CD 9313.
118/1989

HAZANOUT   288
Chants liturgiques juifs

CHANTS YIDDISH   289
Talila et l'Ensemble Kol Aviv
★

Risquons-nous à confronter ici deux visages radicalement différents de la sensibilité juive: d'une part, les marques inspirées d'une des plus anciennes traditions spirituelles du monde, et de l'autre, l'hypothétique rejeton d'un folklore douteux adapté au goût du jour.

Le voyage à travers le chant religieux des principales communautés hébraïques proposé par la Maison des cultures du monde atteste la pérennité d'un art sacré d'une force remarquable. Le *hazanout* est l'art des chantres synagogaux, de ces maîtres de la prière qui sont encore aujourd'hui les porte-parole d'une dévotion ardente. Empruntés aux traditions yéménite, sépharade et ashkénaze, les exemples regroupés dans ce disque illustrent l'étonnante diversité formelle de ces psalmodies, marquées en chaque lieu du sceau de l'esthétique régionale. Chant responsorial du *Zohar* à Boukhara, cantillation rythmée chez les Samaritains ou encore chœurs homophones accompagnés de cithare *qanûn* à Jérusalem et à Bagdad: autant de voies – parfois austères, parfois jubilatoires – adoptées par le peuple juif pour traduire ses aspirations les plus élevées. Rendons hommage à cette publication d'avoir su en réunir les plus belles expressions, même si chacune aurait mérité en soi un développement plus large.

En comparaison – si toutefois la comparaison a un sens – les chants yiddish de Talila et de l'ensemble Kol Aviv paraissent terriblement mondains et légers. On y retrouve en effet tous les poncifs du sentimentalisme le plus éculé. Mais ne jugeons pas trop vite: il s'agit d'un autre monde, celui d'une musique de variété pleinement assumée, encore que vaguement folklorisante. C'est, ma foi, bien fait, mais, après les *hazanim*, cela passe difficilement! L'erreur est peut-être de vouloir inclure un tel disque dans une rubrique de musiques traditionnelles...

1 CD Inédit / Maison des cultures du monde, MCM 260005.
Auteur: Habib H. Touma.
1 CD Arion, ARN 64042.
113/1988

CHANSONS YIDDISH 290
Ami Flammer, Moshe Leiser,
Gérard Barreaux

Ce disque ne prétend pas restituer l'ancienne musique hébraïque, et ceux qui l'aborderont sous l'angle musicologique seront déçus. En revanche, il offre une image juste de la sensibilité actuelle du peuple juif. D'une voix chaleureuse, un peu éraillée, Moshe Leiser chante les joies et les peines des Juifs de la diaspora. Qu'il évoque la tendresse d'une mère berçant son fils unique ou la rage du combattant face aux injustes tribulations dont les siens ont été victimes, il touche la fibre sensible de son auditoire avec un art consommé, empreint d'une profonde nostalgie.

Une instrumentation tout en finesse souligne le fait que cette musique, proche parente de celles des Tsiganes, provient d'Europe orientale. Gérard Barreaux, accordéoniste issu de la meilleure tradition populaire urbaine, et Ami Flammer, enfant terrible du violon classique, réalisent ici une heureuse synthèse de leurs influences respectives, attestant leur intention de se libérer des contraintes de tout ghetto culturel.

1 CD Ocora, C 558652.   94/1986

BEN ZIMET 291
Chants yiddish
★★

LIDA GOULESCO 292
Guyla Kokas et son ensemble
Chansons folkloriques tsiganes
★★

ELVIA PEHLIVANVIAN 293
Musique traditionnelle
d'Arménie
★★

En choisissant pour ses trois premiers volumes un chanteur juif, une artiste tsigane et une instrumentiste arménienne, les responsables de cette collection «Musique du monde» entendent certainement attirer notre attention sur la similitude de trois destins collectifs. Tous balottés de l'Oural à la Méditerranée et souvent bien au-delà, ces peuples ont ainsi été en contact avec les influences culturelles les plus diverses, n'affirmant leur identité qu'au risque de pires tribulations. Mais tentons d'aborder le contenu musical de ces disques: il faut alors reconnaître que l'art de Ben Zimet ou celui de Lida Goulesco ressortissent plus au domaine de folklore arrangé qu'à celui de la tradition. On y retrouve en effet, tous les poncifs du genre, des pompes endiablées de l'accordéon aux accents déchirants d'un violon nostalgique. Les roucoulades de ces deux chantres de la diaspora ne convainquent hélas pas. Quant aux mélodies sagement égrénées par Elia Pehlivanian, elles ne rendent justice ni à l'art raffiné du *kanonne* (*qanûn*), le psaltérion oriental, ni aux classiques de la musique arménienne que sont les œuvres de Sayat Nova et de Komitas. Il leur manque cette fluidité et ce sens de l'ornementation subtile qui confèrent à cet instrument une saveur inimitable.

3 CD Buda Records, 82440-2, 82441-2
et 82442-2.
Auteur: Dominique Buscail.
128/1989

CAUCASE,
ASIE CENTRALE ET
SEPTENTRIONALE

VOYAGES EN URSS   294-303
Anthologie de la musique instrumentale et vocale des peuples de l'URSS

Vol. 1: Russie; Vol. 2: Ukraine et Biélorussie; Vol. 3: Ouzbékistan et Tadjikistan; Vol. 4: Géorgie et Arménie; Vol. 5: Lituanie et Moldavie; Vol. 6: Estonie et Lettonie; Vol. 7: Kazakhstan et Kirghizistan; Vol. 8: Azerbaïdjan et Turkménistan; Vol. 9: Caucase du Nord, Volga et Oural; Vol. 10: Sibérie, Extrême-Orient et Extrême Nord

Cette anthologie fournit une somme impressionnante d'informations nouvelles sur les musiques populaires d'URSS, avec toutefois un net accent sur les répertoires instrumentaux. Elle n'échappe pas à l'inconvénient majeur du genre, à savoir l'inévitable morcellement en une quantité de brefs exemples musicaux – environ deux cents au total – ne donnant qu'un aperçu forcément partiel de chaque style, de chaque tradition ethnique et régionale, de chaque technique instrumentale. Mais comment pourrait-il en être autrement? Le titre même de cette collection, «Voyage en URSS», ainsi que l'illustration des pochettes, toutes identiques et représentant un compartiment du Transsibérien, évoquent bien l'idée d'une vue panoramique des paysages musicaux soviétiques, ce qui en soi est considérable.

A cet égard, le but est atteint: le choix des pièces est dans l'ensemble judicieux, tant sur le plan de leur représentativité que sur celui de leur qualité musicale; on regrettera toutefois l'insertion de quelques funestes étalages de «folklore symphonique» de la pire espèce, dont le moins que l'on puisse dire est qu'ils n'ajoutent rien à ce recueil par ailleurs remarquable.

Ne pouvant entrer ici dans le détail de cette collection – dont chaque disque, pourvu d'une notice illustrée, peut être obtenu séparément –, recommandons vivement l'ensemble pour sa rareté, sa diversité et son intérêt ethnographique.

**10 LP Le Chant du monde,
LDX 74001 à 74010.
90/1986**

CHANTS DES FEMMES   304
DE LA VIEILLE RUSSIE
Traditions de Kiéba, Br'ansk, et des Simielski de Sibérie

GEORGIAN VOICES   305
The Rustavi Choir

★★

CHANTS ORTHODOXES   306
RUSSES
Le chœur de l'église de la Dormition du monastère Novodevitchi
Direction: Hégoumène Piotr Polyakov

★★★

Les récents bouleversements de l'empire soviétique ont porté sur le devant de la scène son extraordinaire diversité culturelle. Toute son histoire respire ce pluralisme, mais il a fallu que la politique et l'économie s'en mêlent pour que s'y ouvre notre conscience.

Dans le domaine musical, les efforts fournis depuis quelques années par la Maison des cultures du monde n'ont pas été étrangers à cette reconnaissance. Avec ces *Chants des femmes de la vieille Russie*, elle ne fait évidemment qu'effleurer le sujet, mais la voie est désormais tracée. Les expressions vocales féminines de Kiéba, dans le grand Nord, de Br'ansk au sud-est de

Moscou, et de Bolchoi Kunale, à proximité du Lac Baïkal, attestent la permanence de formes musicales liées à des modes de vie rudes et communautaires. Sans susciter de surprises comparables à celles causées par la découverte des voix de femmes albanaises, bulgares ou mongoles, leurs polyphonies «archaïques» sont néanmoins attachantes par leur candeur et leur véracité.

Le chœur Rustavi de Tbilisi nous fournit pour sa part un exemple virtuose de professionnalisme dans un style qui avait déjà fasciné Stravinsky. La qualité de l'interprétation est indéniable, et il est vrai que cet ensemble offre un panorama représentatif des différents genres de polyphoniques de Géorgie, y compris le fameux *krimanchuli*, le yodel à la géorgienne. Mais les visées anthologiques de ce disque nuisent à la spécificité de ses composantes; les timbres vocaux ont par exemple perdu ce grain si particulier qu'on rencontre dans des enregistrements plus anciens de chœurs amateurs, au profit d'une interprétation «propre» et passablement banalisée.

Le disque réalisé au monastère moscovite de Novodevitchi à l'occasion du millénaire de l'Eglise russe pourrait à la rigueur prêter le flanc à une critique semblable. Mais il s'agit ici de musique «classique religieuse» russe, plus comparable à cet égard aux messes de Bach ou aux oratorios de Haendel qu'aux polyphonies «spontanées» des communautés rurales. Le grand souffle mystique qui anime ces chants solennels de la liturgie orthodoxe nous plonge au cœur de la très sainte Russie, dans un monde où le temps ne paraît pas avoir d'emprise, celui de la foi.

1CD Inédit, 26 0018.
Auteurs: Pierre Bois, Françoise Gründ.

1 CD Elektra-Nonesuch, 979 224-2.
Auteurs: Ted Levin, Anzor Erkomaishvili.

1 CD Auvidis / UNESCO, D 8301.
140 / 1991

GÉORGIE 307
The Marvels of Polyphony in Sakartvelo
A musical bridge between East and West
★★

BIÉLORUSSIE 308
Folklore musical de la Polésie biélorusse
★★★★

«Pont musical entre l'Orient et l'Occident», les polyphonies géorgiennes constituent sans aucun doute une synthèse musicale unique, dans laquelle subsiste une influence byzantine prépondérante. Parfois soutenues par une basse continue, les voix s'entremêlent, puissantes et retenues, et les audaces contrapuntiques pouvant paraître dissonantes à nos oreilles sont plutôt les manifestations d'un art achevé. On y relèvera ces fameux mélismes en voix de tête appelés *krimanchuli*, proches du yodel, dont le soliste du chœur masculin orne parfois la texture polyphonique. Pourtant, ce disque enregistré en concert ne convainc pas dans sa totalité; malgré de très beaux moments, on y sent par trop la marque d'un académisme volontiers nivellateur.

Moins policées, les expressions villageoises de Polésie sont à cet égard plus convaincantes. Située dans le sud de la république soviétique de Biélorussie, à la frontière de l'Ukraine, la Polésie apparaît comme un réservoir de formes musicales «archaïques». Une sélection de trente-quatre courtes pièces met en évidence la diversité formelle d'un répertoire essentiellement vocal et polyphonique. Souvent responsoriels, ces chants *a cappella* se distinguent de ceux des chœurs géorgiens par une esthétique restée spécifiquement rurale, caractérisée notamment par le timbre plus âpre des voix et l'usage de sons «glottés» qu'affectionnent les chanteuses en fin de phrases.

1 CD Victor / Ethnic Sound Series, VDP 1296.
Auteur : Ohashi Chikara.

1 CD Auvidis/UNESCO, D 8005.
Auteurs : Z. Mojeiko, I, Nazina.
123 / 1989

ARMÉNIE 309
Chants liturgiques du Moyen-Age et musique instrumentale
★★

Cette réédition en un CD de deux microsillons juxtapose arbitrairement deux ambiances complètement différentes, qui n'ont en commun que leur origine ethnique et géographique. Proche parent du chant byzantin, le répertoire de l'église arménienne comporte lui-même deux composantes distinctes, en fonction des moments liturgiques : le chant choral à l'unisson, soutenu par un bourdon vocal mobile, et les airs solistiques, beaucoup plus souples et mélismatiques. La renaissance de la musique arménienne instaurée au début de ce siècle par les travaux du Père Komitas a certainement contribué à l'affirmation de l'identité nationale en sauvant de l'oubli de précieux manuscrits médiévaux. Mais l'interprétation proposée ici par le chœur et les solistes d'Emma Dzadourian est peu convaincante ; elle pèche par un académisme excessif, comparable à celui de l'école de Solesmes dans l'histoire du grégorien ; la justesse et le grain distinctifs de l'esthétique arménienne se perdent au profit de voix puissantes formées à l'occidentale, pourvues d'un vibrato totalement inadéquat, issu des techniques de *bel canto* les plus caractérisées.

La sélection instrumentale qui suit est dans l'ensemble épargnée par ce processus de durcissement, si ce n'est une plage orchestrale des plus douteuses qui fait état de tous les clichés du folklore commercial ! Sinon, mis à part une vièle *kamântche* un peu «violonistique», cette seconde partie nous fait entrer de plain-pied dans la plus pure tradition caucasienne, à la fois savante et populaire. Parmi les meilleurs moments, relevons une très belle improvisation de luth *târ* dans le mode Bayati Chiraz et trois duos de hautbois *düdük* d'une douceur lancinante.

1 CD Ocora, 559001.
Auteur : Robert Ataian.
108 / 1988

ARMÉNIE 310
Chants liturgiques du Carême et des fêtes de Pâques
Communauté mékhitariste arménienne de Venise. San Lazzaro

GÉORGIE 311
Chants de travail - Chants religieux
★★★★

GEORGIA 312
The Marvelous Polyphony of Martve
The Symphonic Boys' Chorus in Sakartvelo
★★

Un des principaux centres de la liturgie arménienne se trouve curieusement à Venise, et ceci depuis le début du XVIIIe siècle. Déclarée territoire autonome, l'île de San Lazzaro appartient en effet à la congrégation fondée par l'abbé Mekhitar. Bien que rattachée à Rome, celui-ci pratique un rite apparenté à celui de l'Eglise orthodoxe grecque, dont le disque de la collection de l'UNESCO offre un merveilleux aperçu. Ces hymnes, dont les plus anciens remontent au Ve siècle, comptent parmi les plus beaux témoignages oraux de la spiritualité chrétienne. Les voix graves et austères de ces vénérables religieux possèdent une souplesse mélodique et un «grain» dont on cherchera en vain l'équivalent chez les interprètes actuels du chant grégorien.

Autre contrée du Caucase chrétien, la Géorgie a conservé dans sa musique vocale une esthétique tout-à-fait unique, dont les chants recueillis par Yvette Grmaud présentent des exemples saisissants. Ne devant cette fois rien à l'influence byzantine, les polyphonies géorgiennes fournissent de nombreux «indices de pérennité» d'une tradition d'origine pré-chrétienne. A cet égard, les chants de travail appelés *nadouri* sont absolument prodigieux, avec leurs inextricables contrepoints dont émerge parfois une voix presque irréelle en fausset guttural, yodlant d'invraisemblables figures mélodico-rythmiques. En comparaison, les chants religieux paraissent évidemment beaucoup plus sages, et les effets vocaux y sont en quelque sorte transmués par l'humble hiératisme de la dévotion.

Parfaitement entraînée, la chorale des garçons de Sakartvelo interprète pour sa part une version réécrite du répertoire traditionnel géorgien. Avec ses sopranos angéliques et ses basses profondes, cet ensemble de quelque soixante-dix voix force le respect par ses arrangements minutieux. Grâce à de telles écoles, l'avenir de la musique géorgienne paraît assuré.

1 CD Auvidis / UNESCO, D 8015.
Auteurs : Alain Daniélou et
Jacques Cloarec.

1 CD Ocora, C 559 062.
Auteur : Yvette Grimaud.
1 CD Victor / Ethnic Sound Series,
VDP 1386.
Auteur : Ohashi Chikara.
133 / 1990

AZERBAÏDJAN   313
Musique traditionnelle

A part quelques documents précieux, pour la plupart épuisés, rares étaient les moyens d'apprécier la musique d'Azerbayjan. Nous avons pourtant là une des expressions artistiques les plus fascinantes d'Orient, tant par son potentiel créatif que par la subtilité de ses techniques vocales et instrumentales. Réunis par Jean During pour la collection CNRS/Musée de l'Homme, ces enregistrements nous font pénétrer dans l'univers raffiné de la musique «savante» azeri. Bien que proche par le système mélodico-rythmique et l'instrumentation de son équivalent iranien, elle s'en écarte cependant par l'usage qui en est fait. Elle est dotée d'une intensité peu commune, qui la distingue de la chatoyance parfois un peu mièvre et surchargée de l'art persan − on retrouve d'ailleurs une différence comparable dans l'art du tapis.

Onze modes (*muqâm*) sont ici développés par une brochette d'artistes remarquables, parmi lesquels on notera la présence de Bahrâm Mansurov, grand maître aujourd'hui décédé du luth à long manche *târ*, de Hâbil Aliev, virtuose de la vièle *kamântche* et, chez les chanteurs, du prodigieux Alem Kâsimov, jeune artiste doté de tous les talents. Un jeu de *târ* rude, presque «à l'arrachée», une technique d'archet donnant au *kamântche* des sonorités tantôt acides, tantôt veloutées, et surtout des voix affectionnant le suraigu, constamment poussées à l'extrême limite de leurs possibilités : tels sont les ingrédients qui font de la musique d'Azerbaïdjan un art unique, d'une beauté extatique : à découvrir absolument, sans plus tarder...

1 CD Le Chant du monde / CNRS-Musée de l'homme, LDX 274901.
Auteur : Jean During.
129 / 1990

ALEM KASSIMOV 314–315
Mugam d'Azerbaïdjan

Vol. 1 : Mugam Chargah, Mugam Bayati Shiraz
Vol. 2 : Mugam Rast, Tesnif Dashti

Ces deux volumes fournissent une merveilleuse introduction à l'une des musiques savantes le plus subtiles et les plus émouvantes d'Orient. Le *mugam* (ou *muqâm*) azeri est en effet un art classique dans le plein sens du terme, tant par les qualifications techniques qu'il exige de ses interprètes que par son inépuisable potentiel expressif. Se présentant comme une suite où alternent les compositions au rythme alerte et les improvisations au débit non-mesuré, il permet au chanteur et aux instrumentistes de développer avec toute l'ampleur voulue chaque portion d'un parcours musical largement improvisé.

Enregistrés en public à la Maison des Cultures du Monde de Paris, le chanteur Alem Kassimov et ses deux accompagnateurs les jeunes frères Mansurov font déjà preuve d'une maturité à toute épreuve. La voix, le luth *târ* et la vièle *kamântche* sont en parfaite symbiose, dosant les effets avec une science consommée. Toujours à l'écoute de l'inspiration, le trio emporte son auditoire dans un flot continu d'émotions sublimées.

2 CD Inédit / Maison des cultures du monde, W 260012 et W 260015 (vendus séparément).
Auteur : Pierre Bois.
135 / 1990

AZERBAÏDJAN 316
Musique et chants des âshiq

Ashiq Hasan - Emran Heydari - Alim Qâsimov

★★★★

L'Azerbaïdjan est un carrefour où se sont rencontrés l'Europe et l'Asie, les Turcs et les Iraniens, l'islam et le zoroastrisme. Après un florilège de l'art savant du *muqâm*, Jean During nous présente, avec une pertinence sans cesse accrue, l'art populaire mais non moins élevé des bardes *âshiq*. Quel plaisir d'y retrouver l'immense Alim Qâsimov : qu'on se réjouisse, il s'agit de la même personne que le Kâsimov du disque précédent et que l'Alem Kassimov enregistré par la Maison des cultures du monde. Celui qui apparaît comme un des deux plus grands chanteurs vivants du monde islamique est une nouvelle fois touché par la grâce. Mais quelle surprise de découvrir ici combien son art doit aux bardes populaires, et combien les meilleurs de ceux-ci, tel Ashiq Hasan, supportent la confrontation.

Jean During a rassemblé sur ce disque des Soviétiques de Bakou et des Iraniens de Tabriz, et les Azeri, en dignes descendants des zélateurs de Zarathoustra, s'avèrent de merveilleux danseurs nietzschéens, sautant les barrières des genres comme les frontières. Les solos de luth à long manche *choghur* (*sâz*) par Emrân Heydari permettent de sentir toute la virtualité musicale des mélodies populaires quand elles sont aux mains d'un virtuose. La sonorité du *bâlâbân*, ce hautbois à perce cylindrique, cousin du *düdük* arménien et connu jusqu'au Turkestan chinois, n'a sans doute jamais mieux été captée en situation. Ni récital, ni savant, le plus risqué des disques disponibles de musique azérie est aussi le mieux présenté, le mieux enregistré et le plus beau.

François Picard

1 CD VDE / AIMP, VDE-613.
Auteur : Jean During.
139 / 1990

ASIE CENTRALE   317
Azerbaïdjan, Touva et Bachkirie
★★★★

Il faut saluer ici l'initiative de la Maison des cultures du monde de Paris d'inaugurer une nouvelle collection de disques destinée à rendre des formes musicales «rares» accessibles à son public. Le premier volume est consacré à trois aspects musicaux du Caucase et de l'Asie centrale soviétiques (et non de l'Asie centrale seule, comme l'indique le titre de la pochette) : l'Azerbaïdjan, le Touva et la Bachkirie, enregistrés en concert à Paris en décembre 1983. Ce contexte indique d'ailleurs bien l'intention de l'éditeur, qui est de privilégier la dimension esthétique de ces musiques, aux dépens d'une démarche plus strictement ethnomusicologique, laquelle exigerait notamment une collecte sur le terrain.

A lui seul, le haut niveau artistique des interprètes justifie cette réalisation. La première face est dédiée à trois *muqâmat* d'Azerbaïdjan, exécutés avec brio par Talat Kassimov (chant et *dâf*), Tofik Mamedov (*târ*) et Talat Balikhanov (*kamântche*). Très proche de la musique persane par les improvisations non rythmées ainsi que par les instruments utili-

sés et la pose des voix du chanteur, cette musique évoque beaucoup plus encore celle de Turquie dans le *tesnif*, chant en vers à la ligne mélodique richement ornée et rythmée.

La seconde face débute par une introduction au chant de gorge et à la diphonie de tradition mongole, mais interprétés par un chanteur venant de la République de Touva. Déjà connues en Occident, ces prodigieuses techniques vocales faisant appel à un travail tout à fait unique du pharynx et de la cavité buccale nous étaient inconnues dans leur version des monts Tannou. Le jeune chanteur Toumat, qui s'accompagne au luth *shamseh*, nous la fait découvrir à travers sa maîtrise parfaite du registre grave et de l'émission des harmoniques.

Quant à la Bachkirie, elle est représentée par un joueur de flûte *kuraï* nommé Ichmoulla Dilmouckhamedov, dont la technique, combinant le jeu de la flûte avec une sorte de bourdon vocal, rappelle par moments le son de la guimbarde.

Les commentaires de la face A (Azerbaïdjan) sont dus au Dr Habib H. Touma, ceux de la face B (Touva, Bachkirie) à Françoise Gründ, directrice de la collection. Signalons encore une pochette à la fois sobre et originale, d'un graphisme élégant, qui contribuera certainement à identifier cette collection parmi les productions discographiques actuelles de musiques traditionnelles.

1 LP Inédit / Maison des cultures du monde, MCM.
Auteur : Françoise Gründ.
78 / 1985

MUSIC OF CENTRAL ASIA   318
Uzbekistan

Parmi les réalisations japonaises méritant d'être signalées, il faut noter quelques récentes collections de disques compacts dédiées aux musiques traditionnelles. Aujourd'hui distribuée en Europe, la série «Ethnic Sound Collection» de King Records propose par exemple un catalogue accrocheur, bien que qualitativement inégal. On déplorera toutefois qu'il n'ait pas été jugé utile d'y publier une traduction – au moins anglaise – des notices, afin de ne pas inutilement pénaliser les auditeurs non japonisants!

Peut-être un peu trop policée, la musique présentée dans ce volume consacré à l'Ouzbékistan est plaisante mais sans plus. On y sent par trop la griffe d'une folklorisation nivellatrice, dont les ravages sont surtout sensibles dans les pièces d'ensemble. Les solos instrumentaux sont en revanche plus intéressants et l'on relèvera notamment de belles plages de flûte (*nai*), de vièle (*gijak*) et de luth (*rubâb*). Mais l'univers musical d'Asie centrale soviétique recèle encore une multitude de trésors cachés, auxquels il reste urgent de rendre justice.

1 CD King Records / Seven Seas, K30Y 5112.
Auteur: Koshiba Harumi.
121 / 1989

URSS: MUSIQUE DE LA TOUNDRA ET DE LA TAÏGA   319
Bouriates, Yakoutes et Toungouses
★★★

C'est par d'étonnantes démonstrations de guimbarde que commence cette incursion aux confins orientaux et septentrionaux de l'Union soviétique. Les frimas polaires (le thermomètre y descend jusqu'à –70°!) n'ont apparemment pas permis aux Yakoutes de développer d'autres ressources musicales que le chant et le jeu de la guimbarde. Mais quelle virtuosité! En solo, en duo, et

même en quintette, ils tirent de cet instrument des sonorités d'outre-tombe tout à fait inattendues, et leurs voix agrémentées de subtils coups de glotte s'accordent parfaitement avec les paysages arides du Grand Nord.

Proches culturellement des Mongols, les Bouriates de la toundra apprécient les longues mélopées des bardes, vocalisées *a cappella* ou accompagnées de leur vièle emblématique, le *khuur*. Mais celle-ci ressemble aujourd'hui singulièrement à un violoncelle, et les paroles des chants ont selon toute vraisemblance été banalisées – acculturation oblige: comparée à celle de leurs voisins, leur esthétique musicale paraît avoir perdu une bonne part de spécificité.

Chez les Toungouses, les chants accompagnés de tambour et de sonnailles évoquent les anciens rites chamaniques. Mais les trompes en écorce de bouleau et les longues flûtes en tige de roseau qu'on entend ici résonnent-elles toujours pour les esprits de la taïga, ou ces témoignages ne sont-ils que des survivances d'un temps révolu? Quoi qu'il en soit, ces enregistrements donnent envie d'en savoir plus sur ces mondes lointains.

1 CD Inédit / Maison des cultures du monde, MCM 460004.
Auteurs: Françoise Gründ, Roberte Hamayon.
107 / 1988

VOIX DE L'ORIENT SOVIÉTIQUE   320
Ouzbékistan, Touva, Kazakhstan, Turkménistan, Azerbaïdjan, Géorgie, Arménie
★★★★

MONGOLIE   321
Musique vocale et instrumentale
★★★

Ces deux disques témoignent du remarquable travail de prospection artistique effectué ces dernières années par la Maison des cultures du monde de Paris en URSS et en Mongolie. Ils s'inscrivent à cet égard dans le prolongement de deux précédentes publications de la même série : *Asie centrale* (hélas! aujourd'hui épuisé) et *Musiques de la toundra et de la taïga*.

Jusqu'à récemment, les civilisations de ces immenses zones revêtaient à nos yeux d'Occidentaux un aspect quasi mythique du fait de leur inaccessibilité. Mais, depuis peu, ce ne sont pas seulement les événements politiques et écologiques qui ont attesté leur existence à la face du monde : les nombreux bardes du Caucase et d'Asie centrale que certains ont eu la chance de découvrir en concert et que nous retrouvons ici avec délice nous en offrent un tableau nettement plus réjouissant. Du *muqâm* extatique d'Azerbaïdjan aux saisissantes diphonies de Touva et de Mongolie, en passant par la voix rauque des chanteurs ouzbeks de *kata achoula* ou par l'art raffiné des aèdes kazakhs et turkmènes : ce foisonnement de traditions musicales est d'une vigueur et d'une diversité étonnantes. Mise à part une tendance à la normalisation parfois perceptible dans le disque mongol, la seule déception nous vient, curieusement, des régions caucasiennes marquées par le christianisme : l'interprétation de la chanteuse arménienne Agapi Kazarian et de son ensemble est un peu mièvre, et il faut reconnaître que le chœur Soulori n'est pas un des plus intéressants de Géorgie. Mais que ces réserves ne découragent en aucun cas ceux qui seraient tentés par le voyage!

2 CD Inédit / Maison des cultures du monde, MCM 260008 et W 260009. Auteurs : Françoise Gründ (MCM 260008) et Pierre Bois (W 260009). 124 / 1989

MONGOLIE   322
Chants Kazakhs et tradition épique de l'Ouest

L'étonnante technique du chant diphonique mongol, récemment découverte par plusieurs musiciens et musicologues européens, n'apparaît que brièvement dans ce disque, à la fin d'une des trois versions présentées de l'*Eloge à l'Altaï*, l'introduction traditionnelle des récits épiques. Exécutée en «voix de pharynx» (*khöömij*), rauque et tendue, celle-ci contraste avec le style plus mélodieux de la précédente, ainsi qu'avec la variante donnée par un groupe d'enfants, qui mélangent à dessein les deux modes d'émission vocale tout en simulant par moments la diphonie par un sifflement dental.

Accompagnés au luth *tobshuur* ou à la fameuse vièle-à-tête-de-cheval *morin khuur*, les trois extraits qui suivent abordent le répertoire inépuisable de l'épopée mongole. Malgré une échelle mélodique limitée à quatre ou cinq tons, on est saisi par l'expressivité de ces interprétations et par la parfaite symbiose qui y règne entre la voix et l'instrument.

Quant au peuple turcophone des Kazakhs, disséminé dans un immense territoire allant de la mer Caspienne au Xinjiang chinois, sa musique est dominée par le personnage du barde appelé *akyn*, auquel est consacrée la première face de cet album. Très différente de celle des Mongols, la musique kazakhe se caractérise par des voix fortes et très timbrées, ainsi que par des mélodies diatoniques dans un ambitus beaucoup plus large. Le luth à long manche *dömbra*, qui soutient le chant d'un rythme vigoureux, offre aussi diverses possibilités de jeu purement instrumental : airs à danser, «musique à programme».

1 LP Ocora, 558 660. Auteur : Alain Desjacques. 93 / 1986

MONGOLIE 323
Musique et chants de tradition populaire
★★★★

L'originalité de la tradition musicale mongole n'était plus à démontrer; par contre, la prodigieuse diversité de ses techniques vocales restait à évaluer. C'est en grande partie chose faite grâce à ce choix d'enregistrements réalisés par Xavier Bellenger à Oulan Bator lors d'un festival regroupant les interprètes venus de toutes les régions du pays. Chant «long» et chant «court», voix de poitrine ou de gorge, chant sifflé, quatre variantes de chant diphonique: autant de modes d'émission vocale que seuls les Mongols et leurs voisins semblent avoir développés jusqu'à l'extrême limite de leurs possibilités.

La musique instrumentale n'est pas en reste entre l'Altaï et le désert de Gobi. Plusieurs solos de *morin khuur* attestent la réelle virtuosité des maîtres mongols de la «vièle-cheval», la flûte *tsur* est sans doute l'aérophone le plus intéressant, avec ses mélodies éoliennes émergeant d'un bourdon vocal rauque. Quant au jeu des guimbardes de cuivre ou de bambou, qui fait appel à un contrôle précis du souffle et des résonances buccales, il paraît calqué sur l'art vocal. Un grand absent ici: le tambour chamanique, probablement tombé en désuétude avec les rites auxquels il était lié.

On ne reprochera qu'une chose à cette admirable vitrine des musiques mongoles: l'absence d'une systématique claire dans l'ordre des pièces; la comparaison des styles et des techniques aurait ainsi été facilitée.

1 CD GREM, G 7511.
Auteur: Xavier Bellenger.
97/1987

MONGOLIE 324
Musique et chants de l'Altaï

Fruit des recherches d'Alain Desjacques en Mongolie occidentale, ce nouvel album complète les informations fournies par un disque précédent du même auteur sur les chants kazakhs et la tradition épique de cette région. Les techniques vocales mongoles sont depuis longtemps connues des amateurs, mais leur originalité et leur diversité demeurent fascinantes. Voix de pharynx rauques et graves, voix de flûte jouant sur le contrôle des harmoniques, chant diphonique combinant les deux: ces modes d'émissions ont effectivement de quoi séduire; preuve en sont tous les stages d'introduction au «chant mongol» qui pullulent depuis quelques années en Occident.

Mais la musicalité des Mongols ne se limite pas à l'application de quelques «trucs» vocaux, aussi ingénieux soient-ils. Elle découle d'une longue tradition de bardes professionnels, dont les premières mentions remontent au XIIIe siècle. Chanteurs d'épopée, conteurs ou joueurs de vièle, ils pratiquent aussi bien le «chant court», syllabique et rythmé, que le «chant long», très virtuose et mélismatique. Leurs thèmes de prédilection sont les paysages arides de l'Altaï et le cheval, héros de nombreuses légendes. Collectés en 1984, ces documents montrent un large éventail des pratiques musicales coexistant en Mongolie; certaines témoignent de l'influence chinoise, d'autres attestent le maintien de la culture kazakhe; l'ensemble est d'une densité et d'une qualité remarquable. Une notice explicative quadrilingue (français, anglais, russe et mongol) offre en outre de quoi satisfaire les plus exigeants!

1 LP CETO / ORSTOM-SELAF, 811.
Auteur: Alain Desjacques. **114/1988**

MONGOLIAN FOLK MUSIC 325
★★★★

Plusieurs publications nous ont déjà révélé la profonde originalité des traditions musicales mongoles. Aujourd'hui réédités en un coffret de deux disques laser, les magnifiques exemples réunis en 1967 par Lajos Vargyas font partie des documents indispensables à l'appréciation de ce prodigieux univers sonore. Les Mongols ont exploité de manière unique les ressources de la voix humaine, et un vaste panorama de timbres et de techniques apparaît ici, servi par d'admirables interprètes : des tessitures qui atteignent jusqu'à trois octaves, combinant voix de tête et de poitrine ; des chants «longs», non mesurés, parfois en diphonie, parfois agrémentés d'un travail glottal saisissant.

Il est intéressant de noter que , de façon presque paradoxale, une telle inventivité est assortie de l'usage d'un système mélodique strictement limité au pentatonisme anhémitonique, autrement dit à la «gamme à cinq tons». Il en va d'ailleurs de même pour le répertoire instrumental, en majorité solistique, paraissant calqué sur la musique vocale. Vièles, luths à long manche, cithares et flûtes fournissent ainsi au chant une contrepartie discrète et élégante, bien mise en valeur par un choix de pièces judicieusement réparties.

**2 CD Hungaroton / UNESCO,
HCD 18013-14.
Auteur: Lajos Vargyas.
142 / 1991**

ASIE
MÉRIDIONALE
ET HIMALAYENNE

IRAN 326
Musique persane

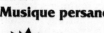

Un des grands mérites du disque compact est qu'il permet de faire resurgir de prestigieux enregistrements, sinon voués à tomber dans l'oubli. Relevons à ce propos l'effort particulier d'Ocora, qui réédite à tour de bras les plus beaux fleurons de sa collection. Ici, ce sont deux des sept dastgâh de la musique persane, *Mahur* et *Segâh*, interprétés en 1971 par la crème des musiciens de l'époque, dont notamment le chanteur Abdolvahhab Shahidi, le joueur de santour Faramarz Payvar et le célèbre percussionniste Hoseyn Tehrani.

Ces deux suites mettent en évidence l'équilibre et la parfaite logique interne de cet art savant, dans lequel le respect scrupuleux des règles est le plus sûr garant du *hâl*, de l'émotion sublimée. Un tel cadre permet à la sensibilité et à l'inspiration de chaque musicien de s'épanouir en des improvisations d'une délicate expressivité, faisant office de ponts entre les compositions d'ensemble. Comme les degrés de l'« échelle céleste» des mystiques, les séquences mélodiques mènent progressivement l'artiste et l'auditeur à la plénitude de l'extase, symbolisée par le *reng*, la danse qui conclut le *radif*.

1 CD Ocora, C 559 008.
Auteur: Hormoz Farhat.
107/1988

NUSRAT FATEH ALI KHAN 327
ET SON ENSEMBLE
En concert à Paris, vol. 1 & 2

Sans hésiter, le disque choc pour ces deux CDs du prodigieux *qawwal* pakistanais Nusrat Fateh Ali Khan, enregistrés lors de son passage à Paris. On a rarement l'occasion d'entendre une telle performance vocale. Véritablement habité par la musique, le chanteur semble se jouer de toutes les difficultés techniques, sans pourtant jamais donner l'impression d'une démonstration gratuite de virtuosité. Sa voix à la fois rauque et chaude est l'instrument d'une inspiration constamment renouvelée, et c'est avec une aisance déconcertante qu'il nous transporte dans des improvisations d'une complexité à couper le souffle.

«La musique est la nourriture de l'âme», avait coutume de dire le soufi Mu'inuddin Chishtî, fondateur de la plus importante confrérie indo-pakistanaise, et père présumé du *qawwalî*. Huit siècles plus tard, l'écoute de Nusrat Fateh Ali Khan et de son ensemble nous convainc que ces paroles n'ont rien perdu de leur actualité! Non seulement nous sommes rassasiés, mais ces chants de louange au Prophète de l'islam et à ses compagnons ne sauraient laisser indifférent au message dont ils sont porteurs. Il y a dans cette musique une forme de jubilation communicative.

2 CD Ocora, C 558 658/59.
1 LP OCR, 558675.
Auteurs: Ahmed Kudsi Erguner
et Bruno Ferragut.
86/1986
108/1988

NUSRAT FATEH ALI KHAN   328
En concert à Paris, vol. 3-4-5

THE ECSTATIC QAWWALI   329
Nusrat Fateh Ali Khan and Party, vol. 1-2
★★★★

PAKISTAN   330
La musique des qawal
★★★★

Les artistes traditionnels accèdent rarement au statut envié de *star* internationale. Seul un talent hors du commun doublé d'un charisme exceptionnel permet à certains d'y prétendre; encore faut-il qu'ils bénéficient d'une conjoncture particulièrement favorable. Nusrat Fateh Ali Khan a donc dû naître sous une bonne étoile, car son génie ne suffit pas à expliquer sa carrière fulgurante. Pour Pierre Toureille, l'un des premiers à avoir pressenti un tel succès, Nusrat ne serait rien de moins que «l'une des plus grandes voix en ce siècle»; et pourtant, l'art du *qawwâl* n'est que l'humble expression d'une dévotion profonde. Touché par la grâce, ce moderne apôtre du soufisme est en train de conquérir la planète par la seule force de sa voix sublime.

Quelles que soient les raisons d'un tel attrait, les producteurs se l'arrachent de Paris à Tokyo et, *world music* aidant, Nusrat jouit d'un prestige dépassant largement le cercle des initiés sans jamais s'être renié. En public au Théâtre de la Ville comme dans les studios japonais de JVC Aoyama, il se montre au sommet de sa forme.

Mais les prouesses de Nusrat Fateh Ali Khan ne nous feront pas oublier d'autres maîtres confirmés du «concert spirituel». Parmi ceux-ci, les frères Sabri sont depuis longtemps parmi les favoris des connaisseurs. La nouvelle édition d'un disque paru en 1977 dans la collection de l'UNESCO remet en circulation les témoignages émouvants d'un art qui, avec les années n'a cessé de s'affiner.

3 CD Ocora, C 559 072 / 73 / 74.
Auteurs: Pierre Toureille
et Jacques Dupont.

2 CD Victor / Ethnic Sound Series,
VDP 129 1352 (vendus séparément).
Auteur: Fujimoto Juichi.

1 CD Auvidis / UNESCO, D 8028.
Auteurs: Alain Daniélou et Habib H. Touma.
135 / 1990

MUSIQUES DU TOIT   331
DU MONDE
Ladakh et Népal
★★

Les contreforts de l'Himalaya présentent, on le sait, une grande diversité de pratiques musicales, liées ou non au bouddhisme tibétain. Or si celui-ci a déjà fait l'objet de nombreux disques, la musique profane des différentes communautés vivant dans ces régions reste moins connue. Pourquoi alors associer arbitrairement des airs populaires népalais à de la musique rituelle provenant exclusivement du Ladakh? S'il le fallait, les monastères de la Vallée de Kathmandou auraient largement pu en fournir un équivalent.

Le choix des pièces népalaises appelle, lui aussi, quelques commentaires, tant il témoigne de l'influence de l'Inde contemporaine aux dépens des formes traditionnelles autochtones. Les exemples de musique collective des Sherpa, des Newar et des Gurung appelés ici «danses» mettent en effet tous en évidence le petit harmonium indien, récemment implanté dans ce contexte.

Son intrusion se manifeste non seulement au niveau du timbre, mais plus encore à celui du style d'interprétation, ce qui est moins innocent. Il est regrettable qu'aucun terme de comparaison ne soit proposé : ce ne sont pourtant pas les ensembles de hautbois, de flûtes ou de tambours qui manquent dans la Vallée. La flûte apparaît bien dans ces enregistrements, mais à travers trois mélodies d'intérêt plutôt anecdotique ne reflétant aucune réalité sociale. Mentionnons encore une ballade de Gaine tout à fait agréable, mais qui ne fera pas oublier la remarquable anthologie publiée en 1973 par Mireille Helffer sous le titre : *Castes de musiciens au Népal* (Musée de l'homme / CNRS, LD 20).

D'une manière générale, cette réalisation se signale par sa superficialité et l'insuffisance de sa documentation. Les trésors musicaux préservés sur le Toit du monde mériteraient une meilleure mise en valeur : ils en ont besoin.

1 CD Playa Sound, PS 65021.
Auteur : Gérard Krémer.
115 / 1988

NÉPAL 332
Musique de fête chez les Newar
★★★★

Au plus fort de la vogue du pèlerinage à Kathmandou, Laurent Aubert prolongeait le séjour effectué en 1952 par Marguerite Losbiger-Dellenbach et en rapportait ces enregistrements, restés trop longtemps inédits. Nul *trip* ici mais l'étalage d'une prodigieuse diversité, fidèlement restituée dans une organisation qui respecte le cours des saisons. D'avril à avril on passe ainsi des flûtes des agriculteurs aux trompes rituelles des tisserands, de la vièle dont s'accompagnent les bardes aux hautbois des tailleurs.

Entre Inde et Tibet, entre hindouisme et bouddhisme, ces musiques montrent la position centrale de ces peuples des hauteurs, et l'on ira de surprise en surprise, découvrant ici des sonorités étonnamment chinoises, là l'écho du Pakistan, ailleurs les reflets des systèmes de l'Inde savante. La multitude des percussions y sert à exprimer la diversité des castes et des occasions. Les exigences éditoriales des Archives internationales de musique populaire nous permettent une fois de plus de débrouiller les fils enchevêtrés des pratiques musicales, montrant une complexité organique qui apparaît alors comme la caractéristique même des musiques populaires.

François Picard

1 CD VDE/AIMP, CD-553.
Auteur : Laurent Aubert.
125 / 1989

ACHE LHAMO 333
Théâtre musical tibétain
★★★

Il est réconfortant de constater que les Tibétains en exil maintiennent leurs traditions spirituelles et artistiques avec une détermination farouche. Enregistrés à Dharamsala, dans les contreforts indiens des Himalayas, ces extraits de l'épopée du «Prince Norsang» attestent le raffinement de l'*Ache lhamo*, l'opéra populaire tibétain. Le récit, qui tire sa source du corpus des *Jataka*, chroniques d'origine pré-bouddhique, nous plonge dans un univers semi-mythique, semi-historique, peuplé de fées, de sages et de démons.

Rythmé par un soutien instrumental extrêmement sobre assuré par un tambour et une paire de cymbales, le chant des acteurs, hommes et femmes, est d'une beauté saisissante. Selon le déroulement de l'intrigue, les voix au

timbre nasillard et aux envolées haut perchées entrecoupées de coups de glotte
passent sans transition de la technique
du «chant long» à un récitatif *parlando* au
débit rapide. Et pour conclure dans la
meilleure des traditions, les membres
du *Tibetan Institute of Performing Arts*
interprètent une série de chansons et
de danses profanes accompagnées au
luth *dramnyen*, dont le caractère allègre
contraste avec le hiératisme de l'expression théâtrale.

Peut-être nous manque-t-il ici la dimension visuelle pour goûter pleinement
la saveur de cet art; mais l'intérêt de sa
partie musicale suffit amplement à justifier une telle production discographique.

**1 LP Espérance / Traditions classiques
de l'Orient, ESP 8433.
Auteur: Riccardo Canzio.
98 / 1987**

TIBET   334
Musiques sacrées
★★★

Vêtement sonore du rite, une musique
telle que celle des communautés monastiques tibétaines ne saurait être évaluée
selon nos critères esthétiques ordinaires, car elle procède d'une relation
radicalement autre avec le monde des
sons. Sa raison d'être ne réside que
dans son efficacité spirituelle au sein de
la tradition sacrée dont elle est issue.
Recueillis en pays sherpa, au nord-est du
Népal, ces enregistrements fournissent
d'impressionnants témoignages provenant des deux principales écoles cénobi-
tiques himalayennes: les sectes *Gelug-
pa* (les «Vertueux») et *Nyingma-pa* (les
«Anciens»). Pour ces adeptes du bouddhisme *mahâyâna*, la fonction des instruments de musique est essentiellement
symbolique; elle marque la rupture avec

le temps ordinaire et l'entrée dans le
temps rituel, faisant participer les
officiants et leurs bénéficiaires à l'ordon-
nance des rythmes cosmiques. Trompes
télescopiques, hautbois, conques, tambours, cloches et cymbales s'en font
l'écho lors des cérémonies qui ponctuent
le calendrier tibétain. Ainsi le *Mani-
Rimdu*, événement majeur de l'année auquel l'auteur Georges Luneau consacre
la seconde partie de ce disque, est-il
pour les moines l'occasion de célébrer la
«sortie» des divinités du panthéon, incar-
nées par des personnages masqués. Par
l'offrande périodique de la musique et de
la danse, ils entendent raffermir les liens
d'allégeance les unissant aux protec-
teurs de la religion.

Si les pratiques liées au tantrisme
exercent souvent une fascination trouble
sur un certain public, la réédition de ces
documents du plus haut intérêt contribuera à en donner une image peut-être
austère, mais conforme à la réalité.

**1 CD Ocora, C 559 011.
Auteur: Georges Luneau.
110 / 1988**

MUSIQUE SACRÉE   335
DES MOINES TIBÉTAINS
Enregistrements réalisés
en Inde et au Népal
★★★

LADAKH   336
Musique de monastère
et de village
★★★★

La civilisation tibétaine est longtemps
demeurée une des plus mystérieuses
d'Orient. A quelque chose malheur est
bon, puisque l'invasion communiste a
poussé près de cent mille Tibétains à

émigrer, rendant de ce fait leur culture accessible à une foule avide de découvertes. Gérard Krémer nous présente ainsi des extraits de rituels monastiques enregistrés en trois hauts lieux du bouddhisme, où se sont réfugiés les Tibétains après 1959 : en Inde à Bodh Gaya, où le Bouddha connut l'illumination, et à Dharamsala, l'actuelle résidence du Dalaï Lama, puis au Népal à Swayambunath, l'un des foyers majeurs de pèlerinage bouddhiques. D'habiles montages mettent en évidence les principales phases de longues cérémonies collectives, entrecoupées de prières individuelles et de séquences instrumentales où l'on peut notamment entendre d'impressionnantes sonneries de trompes télescopiques.

Perché au nord-ouest de l'Inde, le Ladakh est une des régions où la culture tibétaine est restée la plus vivante, malgré un afflux croissant de touristes depuis son ouverture aux étrangers en 1974. Recueillis deux ans plus tard, les documents réunis par Mireille Helffer mettent en parallèle les deux domaines traditionnels de la musique ladakhie : le sacré et le profane. Le premier n'offre aucune différence significative avec ses manifestations tibétaines, comme le démontre l'impressionnant rituel d'offrande à la divinité protectrice A-phyi, par lequel débute ce disque. Les expressions séculières sont par contre propres au Ladakh, à l'exception de l'épopée du roi Ge-sar, commune à toute l'aire himalayenne. On y découvre notamment l'art des *be-da*, d'habiles spécialistes des chants de fête et de la musique pour le tir à l'arc. Rééditions augmentée d'un ancien album, ce matériel est admirablement mis en valeur par un livret d'une grande densité.

1 CD Arion, ARN 64078.
Auteur : Gérard Krémer.
1 CD Le Chant du monde/CNRS-Musée de l'homme, LDX 274 662.
Auteur : Mireille Helffer.
135/1990

INDE - KAWWALI 337
Chant soufi
★★★★

Ce disque est dédié au *kawwalî*, le chant mystique des confréries soufies du sous-continent indien. Surtout connu en Europe grâce aux enregistrements des frères Sabri du Pakistan, le *kawwalî* nous est maintenant accessible dans son expression indienne, grâce à ce deuxième volume de la série « Inédit » de la Maison des cultures du monde. Cet album nous présente l'ensemble de Ustad Jafar Hasain Khan, un des spécialistes les plus réputés en Inde, interprétant deux compositions d'Amir Khusraw, célèbre musicien et poète soufi du XIIIe siècle, et un *ghazal* plus récent de Danish Ali Garhi.

Utilisé par les derviches chishti comme moyen d'extase et d'union avec le Divin, le *kawwalî* se développe systématiquement selon le principe d'une succession de motifs et de variations, entonnés par le soliste et repris en chœur par les autres chanteurs. Le caractère répétitif et lancinant de cette musique, lié à l'augmentation progressive de son tempo et de son intensité, est un des éléments principaux de l'alchimie spirituelle qu'elle est censée opérer dans le cœur du dévot, musicien ou auditeur.

Le style viril et entraînant de Jafar Husain, bien soutenu par une section rythmique parfaitement en place, est en tout point convaincant. Tout au plus regrettera-t-on que, chez lui comme chez la plupart de ses confrères, le petit harmonium à soufflet d'origine européenne ait aujourd'hui remplacé le traditionnel *sârangi*, beaucoup mieux adapté à la reproduction des moindres inflexions vocales.

Quoi qu'il en soit, ce disque magnifique comble une lacune importante dans la discographie indienne. Il fournit de plus une excellente introduction sonore au monde du soufisme indien.

1 LP Inédit / Maison des cultures du monde, MCM 2. **83/1985**

ANTHOLOGIE DE LA MUSIQUE CLASSIQUE DE L'INDE   338

Vol. 1 : Musique classique instrumentale de l'Inde du Nord

★★★★

Cette réédition d'enregistrements réalisés entre 1950 et 1955 par Alain Daniélou inaugure remarquablement une nouvelle *Anthologie de la musique classique de l'Inde*. Il s'agit en effet de documents sonores d'une importance historique indéniable : nous avons ici non seulement les plus anciens témoignages de musique indienne jamais publiés en Occident, mais aussi les tout premiers enregistrements d'artistes tels que Ravi Shankar et Ali Akbar Khan, qui ont entre temps fait la carrière que l'on connaît.

La face A, qui leur est consacrée, nous permet de découvrir une très belle interprétation des *râgas Sindhi Bhairavi* (par Ali Akbar), *Manj Khammaj* (en duo, *jugalbandî*) et *Ahiri Lalita* (par Shankar), les deux derniers accompagnés aux *tablâ* par le regretté Chaturlal. On serait tenté de préférer cette version sobre et détendue, à celles beaucoup plus virtuoses qui ont contribué à la célébrité des deux musiciens en Europe et en Amérique.

La seconde face débute par deux *râga* joués à la *rudra vînâ* et au *swaramandala* par le Swami D. R. Parvatikar, un ascète musicien qui fut, sauf erreur, le maître de Daniélou. A la sonorité grave et majestueuse de l'une répond le timbre délicat et aérien de l'autre, qu'on a l'habitude de n'entendre qu'en toile de fond dans la musique vocale. Le disque se conclut sur trois pièces savoureuses, mais un peu courtes, au *sârangi*, à la flûte et au *shâhnâi*. Une très belle production, donc, qui nous offre quelques perles rares de la grande tradition hindoustani.

1 LP GREM, G 1508.
Auteur : Alain Daniélou.   **87/1986**

ANTHOLOGIE DE LA MUSIQUE CLASSIQUE DE L'INDE   339

Vol. 2 : Musique vocale hindoustani et carnatique

★★★★

CHANT DHRUPAD   340
Nasir Zahiruddin et Nasir Fayazuddin Dagar
Râga Bâgeshrî ; Râga Bhatiyar

LE CHANT DHRUPAD   341
De Ustad Zia Fariduddin Dagar
Râga Bhimpalasi

A l'écoute du chant *dhrupad*, on entre dans un des jardins secrets les plus suaves de la musique indienne. Après avoir longtemps été confiné au cercle restreint des spécialistes, supplantés par son rival le *khayâl*, ce genre noble et austère connaît depuis quelques années un regain d'intérêt notoire en Inde. Il faut à ce propos saluer la réédition dans l'anthologie de GREM des tout premiers enregistrements des frères Moinuddin et Aminuddin Dagar ; qui avaient été réalisés au début des années cinquante par Alain Daniélou. C'est avec bonheur qu'on redécouvre ces merveilleuses plages, longtemps demeurées introuvables, ainsi que celles dédiées aux maîtres de l'art vocal carnatique que sont notamment D. K. Pattamal et P. R. Balasubrahmanyam.

La sortie simultanée de deux disques de la dynastie des Dagar, l'un de Zahiruddin et Fayazuddin, cadets des précédents, et l'autre de leur cousin Zia Fariduddin, démontre que cette famille a su maintenir la tradition du *dhrupad* dans son intégralité. Le premier propose une interprétation du *râga Bâgeshrî* d'une pureté de sentiment et d'une intensité prodigieuses. Le chant baigne dans une exultation continue à laquelle on ne peut rester indifférent, pour peu qu'on accepte d'«entrer dans la résonance».

Plus fleuri et démonstratif, le style de Fariduddin est caractérisé par une suite de tensions et de ruptures, passant du calme méditatif à la véhémence du cri avec une aisance déconcertante. Son discours reste pourtant cohérent du début à la fin du *râga Bhimpalasi*, qui couvre les deux faces, et ne se perd jamais dans la recherche d'effets gratuits.

1 LP GREM, G 1509.
Auteur: Alain Daniélou.

1 LP Auvidis, AV 4511 ou 1 CD, A 615.

1 LP Espérance / Traditions classiques de l'Orient, ESP 8413.
Auteur: Christian Ledoux.
94 / 1986.

DAGAR BROTHERS   342
Râga Miyan ki Todi

DHRUPAD/DAGARVANI   343
Hindusthani vocal music
Râga Mûltani
★★★★

THE KING OF DHRUPAD   344
Ram Chatur Mallik in Concert
Râga Vinod - Râga Sindura - Râga Paraj
★★★★

INDE DU NORD   345
Musique instrumentale
Rudra vînâ - Vichitra vînâ -
Sarod - Shahnai
★★★

Rendons ici hommage au benjamin d'une prestigieuse génération de chanteurs indiens, Faiyazuddin Dagar, récemment décédé au sommet de son art. Avec son frère Faiyazuddin, il avait repris le flambeau du *dhrupad*, dont leurs aînés Moinuddin et Aminuddin avaient révélé les arcanes à l'Occident. A la fois austère et lumineux, le *dhrupad* est aujourd'hui mondialement reconnu comme le genre vocal classique par excellence de l'Inde du Nord. Les deux ultimes réalisations des «jeunes» frères Dagar témoignent de l'accomplissement de leur talent, servi par les performances du disque compact. Ils nous offrent ainsi la pleine mesure des *râga Miyan ki Todi* et *Mûltani*: plus de soixante-dix minutes de félicité intégrale dans chaque cas, avec toutefois l'avantage d'une meilleure prise de son pour le premier.

Mais les mérites du clan des Dagar ne devraient pas voiler d'autres figures quasi légendaires du *dhrupad*. Ram Chatur Mallik est l'un de ces personnages savoureux, qui incarnent avec brio l'univers sonore des anciennes cours mogholes. Dans cet enregistrement public réalisé à Vrindâvan, centre important de la dévotion krishnaïte, il nous fait découvrir trois *râga* peu connus: *Vinod*, *Sindura* et *Paraj*, des morceaux d'anthologie que devraient se procurer tous les collectionneurs.

Toujours pour les amateurs de *dhrupad*, signalons dans un ancien disque de la collection de l'UNESCO rééditée par Auvidis la présence d'une intéressante pièce de *rudra vînâ*: le *râga Gunakali*, interprété par Asad Ali Khan, un des très rares maîtres actuels de cet instrument. Autre curiosité de l'organologie hindoustani, la *vichitra vînâ* est une sorte de version indienne de la guitare hawaïenne, dont Gopal Krishna nous offre une remarquable démonstration. Quant au *sarod* et au *shâhnâi*, mieux connus, ils sont ici joués par Ashok Roy et Hira Lal, deux musiciens bengalis tout à fait honnêtes, mais qu'on se gardera de comparer avec les grands Ali Akbar et Bismillah Khan.

1 CD Jecklin, JD 628-2.
1 CD Victor / Ethnic Sound Series, VDP 1353.
Auteur : Kusano Taeko.
1 CD Wergo/Spectrum, SM 1076-50.
Auteur : Peter Pannke.
1 CD Auvidis / UNESCO, D 8021.
Auteur : Manfred Junius.
132 / 1990

INDE   346
Le chant khayâl de Parveen Sultana et Dilshad Khân
★★

La réputation de Parveen Sultana n'est plus à faire. Cette chanteuse a su s'imposer comme une des plus prodigieuses virtuoses actuelles du chant *khayâl*, le «*bel canto*» indien, selon la formulation d'Alain Daniélou. Son mari Dilshad Khân, avec qui elle fait cause commune depuis une douzaine d'années, est comme elle dépositaire de l'enseignement de Bade Ghulam Ali Khân, figure légendaire de la musique vocale hindoustani.

Mais, aussi séduisants soient-ils, leurs duos ne parviennent pas à convaincre pleinement ; le *râga Bâgesrî*, pièce maîtresse de ce disque, apparaît davantage comme un morceau de bravoure, prétexte à d'interminables joutes vocales, que comme le terrain d'entente d'un discours commun cohérent et concerté. Le style romantique du *thumrî* concluant cette face, semble mieux convenir au «jumelage» de leur sensibilité.

Le *râga Kalâvati* interprété en solo par Parveen et, dans une moindre mesure, la version donnée par Dilshad de *Megh Malhâr*, un *râga* de la saison des pluies, sont en définitive plus probants. On regrettera cependant que ce dernier privilégie la forme aux dépens du fond. Son interprétation par trop chargée, peu compatible avec la nature profonde et méditative de ce *râga*, ne parvient pas à effacer le souvenir de celle d'Amîr Khân, qui reste un modèle inégalé. Quant à la chanteuse, malgré le temps limité qui lui est imparti, elle touche en quelques minutes à la quintessence de l'art par un savant dosage des ingrédients mélodiques et rythmiques, qui démontre la pleine maturité de son talent.

1 LP Espérance / Traditions classiques de l'Orient, ESP 8412.
Auteur : Patrick Moutal.
90 / 1986

LAKSHMI SHANKAR   347
Les heures et les saisons
★★★★

Enregistrée dans les studios de Radio France, cette production offre un éventail des différents styles de l'Inde du Nord, interprétés par Lakshmi Shankar avec une remarquable maîtrise et une inventivité emplie d'émotion et d'équilibre. L'art de l'improvisation dont fait preuve la chanteuse est particulièrement mis en valeur dans les trois *khayâl* – mot persan signifiant précisément «imagination» – exécutés de façon à la fois virtuose et méditative.

Au sentiment nostalgique de *Ahir Bhairav*, le *râga* de l'aube couvrant toute la première face, s'oppose l'esprit serein de *Dhani* à l'échelle pentatonique, et le caractère printanier de *Basant*, qui se termine par un *tarana* très dansant construit sur un cycle rythmique à douze temps.

Trois pièces illustrent le genre «semi-classique» et romantique appelé *thumrî*. Ici, l'improvisation se limite à de savantes variations venant souligner les traits saillants de la composition mélodique; l'accent est mis davantage sur les textes, célébrant un amour toujours empreint de résonances mystiques. (Notons en passant, parmi quelques autres «coquilles», une erreur dans le commentaire de la pochette: *Sindhi Bhairavi* est bien un *thumrî* et non un *dadra*, terme désignant exclusivement un morceau dans le rythme à six temps du même nom).

La face D de l'album est entièrement consacrée à une spécialité de Lakshmi Shankar: le chant dévotionnel *bhajan*, dont elle nous offre pour conclure trois mélodies de sa composition sur des poèmes de la grande sainte Mira Bhai et du Surdas, un célèbre chanteur aveugle du XVe siècle.

Mentionnons encore, sur le plan instrumental, l'accompagnement à la fois sobre et efficace du tabliste Sadanând Naimpalli, et la toile de fond mélodique fournie par le *swara-mandala* et le *tampura*, dont la symbiose fait agréablement ressortir les harmoniques de la voix.

2 LP 558615/16.
Auteur: Aimée-Catherine Deloche.
83/1985

LAKSHMI SHANKAR 348
Les heures et les saisons
★★★★

LAKSHMI SHANKAR 349
Le Chant indien, classique et dévotionnel
★★★★

La reprise partielle en mini-disque des «heures et saisons» de Lakshmi Shankar ne fera pas oublier une réalisation plus ancienne intitulée *Le Chant indien, classique et dévotionnel*, accompagnée par Subrâmaniam au violon. Ici, voix et instrument se fondent à merveille, au point qu'il est parfois difficile de les distinguer. Un délice, à savourer avec la plus grande attention.
1 CD Ocora, C 558 615.
Auteur: Aimée-Catherine Deloche.

1 LP Stil, 0608.
Auteurs: Alain Villain, Mireille Ballero.
102/1987

ARUNA SAYEERAM 350
Chant carnatique
★★★★

LAKSHMI SHANKAR 351
Chants de dévotion
★★★★

SHOBHA GURTU 352
Queen of thumri
★★★★

Peut-être moins accessible à l'oreille occidentale que sa contrepartie instrumentale, la voix humaine demeure pour les Indiens la mesure de toute chose en matière de musique. Trois chanteuses se partagent ici le bonheur de nous émouvoir et de nous captiver par la beauté de leur art. Si le silence était de feu, les mille *râga* de l'Inde seraient les rayons de sa lumière, réfractée par autant de prismes que les pays compte de musiciens. Peu importe alors que l'artiste suive l'école carnatique du Sud, l'école hindoustani du Nord, ni qu'il ou elle chante le *kriti*, le *khayâl* ou le *thumrî*; seul subsiste ce doux parfum d'éternité dont la grande musique de l'Inde imprègne le temps.

Lorsque la belle Aruna Sayeeram invoque Shiva pour fuir l'ignorance, que la grande Lakshmi Shankar en appelle à la bienveillance de Rama, ou que la célèbre Shobha Gurtu chante les vertus infinies de Krishna, elles nous font vivre à la fois le désespoir de la séparation, l'élan de la passion aveugle et l'extase de l'union. Le chant de l'Inde est un dans sa diversité. Il est l'océan d'immanence dans lequel se noient les pluies de la mousson tropicale.

1 CD Auvidis / Ethnic, B 6747.
Auteur: Aimée-Catherine Deloche.

1 CD Auvidis / Ethnic, B 6745.
Auteur: Aimée-Catherine Deloche.

1 CD CMP, CD 3004.
Auteur: Mitchell Feldmann.
141 / 1991

PANDIT NIKHIL BANERJEE   353
Immortal Sitar
★★★★

Rendons ici hommage à Nikhil Banerjee, un des grands maîtres de la musique hindoustani, récemment disparu après une longue maladie. Ceux qui ont eu le privilège de le connaître se souviendront de la douceur et de l'humilité de cet homme aussi bienveillant avec les autres qu'exigeant avec lui-même. Attaché à la plus pure tradition de l'hindouisme, il considérait la pratique musicale comme un *sâdhanâ*, une rigoureuse ascèse spirituelle. Ce dernier disque, produit par la maison allemande Chhanda Dhara, nous livre la quintessence de l'art de Banerjee. Classique parmi les classiques, son style s'est toujours signalé par une luminosité et une maturité exemplaires. Son toucher délicat est reconnaissable dès les premières notes de l'*âlâp*, et ses improvisations témoignaient d'une inspiration constamment renouvelée.

Que les amateurs de musique indienne ne se privent sous aucun prétexte du bonheur de découvrir le *râga Purabi Kalyan*, une composition de Nikhil, à laquelle sont ici associés Zila Kafi, de son maître Allauddin Khan, et *Kirwani*, une mélodie du Sud de l'Inde.

1 CD Chhanda Dhara, SNCD 8886.
Auteur: Shefali Nag.
98 / 1987

PANDIT RAVI SHANKAR   354
Râga Pûriyâ-Kalyân,
Pûrvî-Kalyân, Dhun

Seul musicien oriental universellement connu, Ravi Shankar a depuis longtemps été désigné à la vindicte publique par les puristes de tout bord. Ses accointances avec les Beatles, puis avec Menuhin et Rampal, ou encore ses compositions pour sitar et orchestre, sans parler de ses musiques de film: tout ce fatras n'était pas fait pour leur plaire.

Pourtant, Shankar est un de ces rares artistes qui assument totalement leur dualité ; et quand il se prend à être « sérieux », toute critique tombe d'elle-même. Ecoutez ses *âlâp* et *jor* dans le *râga Pûriyâ-Kalyân*, ou ses *gat* en *Pûrvî*, c'est insurpassable !

N'en déplaise à ses détracteurs, Panditji aura marqué son époque. Il y avait l'avant-Shankar et il y aura l'après-Shankar dans l'histoire de la musique indienne.

1 CD Ocora, C 558674.
Auteur: Patrick Moutal.
102 / 1987

RAVI SHANKAR   355
Spirit of India: Râga Bairagi Todi, Gaud Sarang, Mishra Gara
Ravi Shankar (*sitâr*),
Kumar Bose (*tabla*)
★★★★

IMRAT KHAN   356
Imrat Khan (*sitâr, surbahâr*), Shafaatullah Khan (*tabla*)

IMRAT KHAN &   357
VAJAHAT KHAN
Jugalbandî: Râga Jhinjhotî, Râga Pîlû
Imrat Khan (*sitâr*),
Vajahat Khan (*sarod*),
Shafaatullah Khan (*tabla*)
★★★★

NARENDRA BAJATU   358
Râga Jog Kauns, Mishra Pîlû
Narendra Bataju (*sitâr, surbahâr*),
Hamid Khan (*tabla*)
★★

KRISHNA BHATT   359
Râga Chandnî Kedâr, Râga Kâfî
Krishna Bhatt (*sitâr*),
Hameed Khan (*tabla*)
★★

Grand favori des éditeurs de musiques traditionnelles, le *sitâr* indien fait chaque année l'objet de nombreux disques d'une qualité remarquable. Cette profusion permet à l'auditeur occidental de développer son goût, de se découvrir des affinités avec le style d'un artiste, d'une école, d'apprendre à faire la différence : l'appré-ciation de certains musiciens est indispensable à l'intelligence de l'univers musical hindoustani, celle d'autres reste à bien plaire.

Sur le parcours obligé du mélomane, nous rencontrons bien sûr Ravi Shankar, dont le style est reconnaissable entre mille. De toute évidence, son jeu est destiné à demeurer une référence incontournable de la créativité et de l'esthétique musicales indiennes au XXe siècle.

Toujours d'une profonde sérénité, il sait aussi conférer à sa musique une dimension ludique, particulièrement sensible dans son usage de cycles rythmiques inhabituels, comme ici l'étonnant *Sadey Gyarah* à onze temps et demi.

Dignes rejetons d'une prestigieuse lignée de musiciens de cours, Imrat Khan et ses fils s'inscrivent pour leur part dans la plus pure tradition du *sitâr*. Moins novateur que Shankar, Imrat affectionne les *râga* les plus classiques, telles les deux variantes de *Todî*, merveilleusement traitées l'une au *surbahâr*, l'autre au *sitâr*, ou ce *Jhinjhotî* dans lequel le talentueux jeune Vajahat lui donne la réplique au *sarod*.

Quant à Narendra Bataju et Krishna Bhatt, tous deux disciples de Shankar, ils sont certes des interprètes d'une moindre stature, mais la barre est ici placée très haut. Même si leurs prestations paraissent un peu ternes après celles des deux seigneurs du *sitâr*, on reconnaîtra à Bataju un toucher plein de sensibilité et à Bhatt une vitalité quelque peu intempestive, mais néanmoins prometteuse.

1 CD Chhanda Dhara, SP 83688.
Auteur: Shefali Nag.
2 CD Nimbus, NI 5153 et 5195.
Auteur: Neil Sorrell.
1 CD Elicopter System, 00001.
Auteurs: Jacques Elie et Carlos Camps.
1 CD Playa Sound, PS 65037.
Auteur: Jean-Pierre Tzaud.
131/1990

SHIVKUMAR SHARMA   360
(santûr)
**Râg Madhuvantî -
Râg Mistra Tilang**
Zakir Hussain (tablâ)

HARIPRASAD CHAURASIA   361
(flûte)
Râg Ahîr Bhairav
Sabir Khan (tablâ)

IMRAT KHAN   362
(surbahâr et sitâr)
Râg Darbârî - Râg Chandra Kânhrâ
Shafaatullah Khan (tablâ)
★★★★

RAM NARAYAN   363
(sârangî)
Râg Bhûpâl Torî - Râg Patdîp
Suresh Talwalkar (tablâ)

La musique classique hindoustani, du moins son expression instrumentale, traverse depuis un quart de siècle une des périodes les plus florissantes de son histoire. Ayant aujourd'hui acquis ses lettres de noblesse en Occident, elle témoigne d'une prodigieuse vitalité grâce aux apports de quelques virtuoses consommés. Cet arrivage de la firme britannique Nimbus Records ne suscite à cet égard aucune découverte ni aucune surprise; le talent des quatre solistes qu'il propose est depuis longtemps mondiale-ment reconnu. Mais qui s'en plain-drait?... Tous les amateurs de musique indienne savent ce qu'ils doivent à ces êtres bénis des dieux que sont Shivku-mar, Hariprasad, Imrat Khan et Ram Narayan. A travers une longue discographie et d'innombrables tournées en Europe, chacun a su nous dévoiler peu à peu toutes les ressources de son instrument, repoussant sans cesse les limites de ce qui paraissait techniquement concevable. A la phase de la séduction a succédé pour eux celle de l'accomplissement: comparé aux exubérantes prouesses de leur jeunesse, leur jeu a acquis une profondeur et une subtilité que seule permet une longue maturation.

Si l'on veut saisir l'essence de la musique de l'Inde du Nord, il faut absolument partager la longue méditation d'Imrat Khan dans le majestueux *râga Darbârî* – sans forcément souscrire aux exhibitions débridées du jeune Shafaat –, se laisser pénétrer par les coups d'archet déchirants de Ram Narayan, ressentir l'entente parfaite entre le *santûr* de Shivkumar Sharma et les *tablâ* de Zakir Hussain, ou encore savourer les délicates variations de Chaurasia sur un air de mariage d'Uttar Pradesh. Les voies de l'extase sont à ce prix!

**4 CD Nimbus, NI 5110, 5111, 5118, 5119.
Auteur: Neil Sorrell.
118/1989**

SERENITY   364
Subroto Chowdhury: sitar
★★★

INDE DU NORD   365
Pandit Balaram Pathak

Sérénité... Comment mieux définir en un mot l'atmosphère générale de la musique indienne? Même si ce terme demande à être nuancé, tant la palette expressive offerte à l'interprète est large, il synthétise bien la finalité de cet art aux ressources inépuisables. Ces deux disques récents de sitaristes hindoustanis en sont les témoins.

Dans ses *âlâp* graves et méditatifs comme dans ses envolées les plus fleuries, Subroto Roy Chowdhury reste toujours d'un classicisme de bon aloi, mais sans grande originalité. Son *Gurjari Todi*, un *râga* assigné aux premières heures de la matinée, allie la sobriété du style *dhrupad* aux ornementations subtiles propres au *khayâl*; quant aux deux autres modes traités ici, *Desh* et *Mishra Bhairavi*, leur esprit est plus populaire, et le sitariste y insuffle les délicates senteurs de son Bengale natal. Relevons aussi l'accompagnement rythmique puissant de Manikrao Popatkar; ce brillant technicien des *tablâ* nous gratifie en sus d'un solo d'une rare densité dans le cycle *Tîntâl*, à seize temps.

Mais la palme de la sérénité revient sans hésitation à Balaram Pathak, qui mérite d'être mieux connu en Occident. Son jeu limpide possède un charisme inimitable, capable d'émouvoir jusqu'à nos fibres les plus profondes. Sans la moindre recherche d'effets démonstratifs, son abord des *râga* se caractérise par un toucher d'une légèreté et d'une délicatesse extrêmes, rehaussé par un usage discret des harmoniques. Balaram Pathak est de ces artistes qui nous démontrent que «tradition» n'est pas synonyme de «stagnation», mais qu'on peut être comme lui un rénovateur de talent sans pour autant s'écarter d'un pouce des canons révélés.

1 LP Jazzpoint / India Classics, 1017.
1 CD Ocora, C 558 672.
Auteur: Patrick Moutal.
105 / 1987

USTAD AMJAD ALI KHAN 366
Music for Peace
 ★★★

Amjad Ali Khan a toujours affectionné, pour ses disques, des titres empreints d'un certain lyrisme. Qu'on se remémore ses précédents albums, *Music of Love*, *Music of the Monsoon*, ou le très beau *King of Ragas – Raga of the Kings* dédié au *râga Darbâri*. Tous publiés en Inde, ils restent malheureusement distribués à l'Ouest d'une manière parcimonieuse.

On peut espérer que cette réalisation allemande, qui met en regard le majestueux *râga Kedâr* et *Bhûpâlî Todi*, au parfum plus romantique, bénéficiera d'un meilleur rayonnement: elle le mérite.

A la puissance expressive d'Ali Akbar Khan, le «monstre sacré» du *sarod*, Amjad oppose une élégance fluide, servie par une technique étonnante, dont il paraît constamment vouloir repousser les limites.

1 LP Nataraj, NM 003.
101 / 1987

INDIAN CLASSICAL 367
Râga Marwa - Râga Misra Desh
Brij Narayan (sarod),
Zakir Hussain (tabla)
 ★★

Après s'être illustré par quelques disques d'une pétulance toute juvénile, Brij Narayan nous démontre qu'il peut aussi être un interprète fin et sensible. Une technique parfaitement contrôlée lui permet d'aborder avec aisance un *râga* aussi difficile que *Marwa*. Le défi était de taille, d'autant plus que la version enregistrée il y a un quart de siècle par Ali Akbar Khan, le maître incontesté du *sarod*, demeure la référence absolue.

Plus martial que méditatif, le tempérament du jeune virtuose le porte à des prouesses parfois excessives, qui forcent l'admiration, mais sans générer cette émotion presque palpable, souvent ressentie à l'écoute du grand *ustad*. Brij est en définitive plus dans son élément avec un *râga* léger comme *Misra Desh*, où sa fougue peut se mesurer sans entraves avec le brio habituel du tabliste Zakir Hussain.

1 CD Pyramid, 13495.

RAM NARAYAN: SARANGI   368
Râga Lalit
Suresh Talwalkar (tabla)

SARANGI THE MUSIC   369
OF INDIA
Râga Bageshree ~ Thumri Ustad Sultan Khan
★★★

SINGING SARANGI   370
OF SULTAN KHAN
Râga Kaunsi Kanada ~ Râga Chandra Madhu ~ Tabla solo ~ Râga Mishra Tilang
Zakir Hussain (tabla)
★★★★

Pour la plupart des amateurs de musique indienne, le *sârangi* reste indissociablement lié au nom de Ram Narayan. Il y a certes de quoi, et ce *râga Lalit* est une démonstration éclatante du génie qui l'habite. Après un majestueux *âlâp* de près de trois quarts d'heure, développé systématiquement selon toutes les règles de l'art, le maître indien de l'archet s'adonne avec délice à de savantes variations rythmées, accompagné par son inséparable percussionniste Suresh Talwalkar au *tabla*.

Mais Ram Narayan ne règne pas sans partage sur le monde du *sârangi*. Il lui faut aujourd'hui compter avec un autre expert de l'instrument aux «cent couleurs». Issu comme le grand Ustad Amir Khan de la fameuse école d'Indore, Sultan Khan affirme un style serein, empreint d'une profonde émotion. Plus mélodiste que rythmicien, il excelle dans les longues improvisations non mesurées comme son sublime prélude dans le *râga Kaunsi Kanada*.

Réalisé en 1974, alors que Sultan Khan sillonnait les Etats-Unis avec la troupe de Ravi Shankar, son *Bageshree* comporte quelques longueurs, notamment lorsqu'il lui faut réaccorder son instrument en cours de jeu, et l'inspiration y est inégale; mais la fraîcheur de l'enregistrement en public compense à bien des égards la perfection sonore du studio. Enregistrées quatorze ans plus tard, les quatre plages de *Singing Sarangi* démontrent une plus grande maturité; le contraire serait triste! Elles permettent au musicien de déployer toute l'ampleur de son talent et de sa sensibilité. La contribution du merveilleux Zakir Hussain aux *tablâ* y est bien sûr aussi pour quelque chose; écoutez son solo dans l'invraisemblable cycle rythmique *Char Tal ki Sawari* à onze temps: c'est renversant!

1 CD Nimbus, NI 5183.
Auteur: Neil Sorrell.

1 CD Rykodisc, RCD 10104.

1 CD Chhanda Dhara, SP 83988.
Auteur: Shefali Nag.
126/1989

INDE   371
Le Shâhnâi d'Ustad Bismillah Khan

Un nouveau disque de Bismillah Khan, le maître incontesté du *shâhnâi*, est-toujours un délice. Pour son premier enregistrement numérique, l'Ustad de Bénarès nous propose trois mélodies matinales: tout d'abord *Alhaiyâ Bilâval*, un râga en mode de do aujourd'hui rarement interprété, puis deux «classiques», *Gujarî Todî* et *Bhairavî*, auxquels le timbre nasillard du petit hautbois indien confère une coloration particulièrement émouvante. Bien que n'ayant plus tout à fait le souffle de sa jeunesse, cet artiste accompli fait preuve d'une constante inventivité, décochant ses traits avec une sûreté inébranlable, comme autant de flèches lumineuses dont chacune touche au but.

La plus totale harmonie règne au sein de l'ensemble. Galvanisé par l'inspiration du maestro, son acolyte est attentif à la moindre de ses incitations, dialoguant avec lui, développant les idées musicales qu'il se contente d'esquisser, ou au contraire canalisant le flux mélodique entre les berges d'une composition répétitive pour laisser la parole aux deux percussionnistes. Grâce à cette entente parfaite, les potentialités de chaque *râga* sont pleinement actualisées. Tour à tour grave et méditatif, enjoué, serein, par moments extatique, le *shâhnâi* d'Ustad Bismillah Khan incarne tout ce que le génie hindoustani a de sublime: sa musique est l'art de l'incantation jubilatoire.

1 CD Espérance / Traditions classiques de l'Orient, ESP CD 439, ou 1 LP ESP, 8439.
Auteur: Patrick Moutal.
110 / 1988

T. R. MAHALINGAM   372
Flûte en concert - L'Inde du Sud
★★★★

LA FLÛTE DE PANDIT   373
HARIPRASAD CHAURASIA
Traditions classiques de l'Orient - L'Inde, volume 17
★★★★

La flûte de bambou est pour les Hindous l'attribut de Krishna, dieu de l'amour et de l'harmonie cosmique; elle représente son pouvoir attractif, par lequel sont effacés les maux inhérents à la condition humaine. Cet instrument devait donc nécessairement occuper une place importante dans les deux grandes traditions musicales du Sud et du Nord de l'Inde. Au génie «statique» – extatique – de la musique carnatique, extrêmement codifiée, qui traduit en mode sonore le principe transcendant de l'hindouisme, répond le caractère «dynamique» et cyclique – méditatif – de l'art hindoustani, dont la pleine signification se révèle dans la durée. Cette bipolarité de la musique indienne apparaît clairement à l'écoute des flûtistes T. R. Mahalingam et H. P. Chaurasia.

Bien que datant déjà d'il y a quelques années, les enregistrements de Mahalingam servant ici de points de repère méritent qu'on y revienne, car ils demeurent une référence indispensable à l'abord de la musique instrumentale de l'Inde du Sud. Le maître incontesté de la flûte carnatique y démontre la pleine maturité de son art. Aussi à l'aise dans l'improvisation de préludes non mesurés (*alapana*) que dans le développement de longues compositions traditionnelles (*kriti*), ce soliste remarquable parvient à tirer de son instrument des sonorités d'une étonnante diversité, sans jamais donner l'impression d'un quelconque étalage de virtuosité. Au contraire, chaque ornement, jusqu'à la plus imperceptible oscillation de la ligne mélodique, est pleinement intégré et nécessaire au discours musical. Une assise rythmique aussi sobre qu'efficace est fournie par une section de percussions au jeu remarquablement soudé, constituée d'un tambour *mridangam*, d'un pot d'argile *ghatam* et d'un petit tambourin *kanjîra*.

Quant à Chaurasia, dont ce nouveau disque confirme le talent, il s'impose comme le digne successeur du regretté Pannalal Ghosh, grand rénovateur de la flûte hindoustani. Mais la comparaison s'arrête là: Hariprasad possède une technique et une sensibilité bien à lui, qui lui permettent d'aborder avec le même brio un *râga* aussi sévère que *Madhyamâdi Sâranga*, et une mélodie populaire (*dhun*) en *Misra Pahâdî* (face B). Du premier, à la structure pentatonique, il offre une interprétation très classique, fondée sur deux compositions en *Tîntâl* (cycle rythmique à 16 temps), dont émergent quelques belles envolées d'une grande pureté expressive. Mais c'est dans le style romantique et fleuri de *dhun* que Chaurasia excelle; après avoir épanché son inspiration lyrique en de subtiles modulations sur sa flûte au timbre grave, mœlleux et caressant, il troque soudain cette dernière contre un minuscule *piccolo*, avec lequel il nous livre pour conclure la quintessence de son art en quelques minutes d'une prodigieuse intensité.

2 LP Stil 0112/0212 578.
Auteur: Christian Ledoux.

1 LP Espérance/Traditions classiques de l'Orient, ESP 8416.
Auteur: Patrick Moutal.
89/1986

PANDIT HARIPRASAD CHAURASIA   374
Râga Yaman
★★★

Pas de grandes surprises avec ce nouveau disque de Chaurasia, le cinquième chez cet éditeur qui, décidément, l'aime bien. *Yaman*, *râga* «fondamental» de la musique hindoustani, est à la fois un des plus libres et des plus restrictifs, en ce sens qu'il offre d'inépuisables possibilités à l'improvisateur, si celui-ci ne tombe pas dans le piège de la virtuosité gratuite. La facilité déconcertante avec laquelle Hariprasad évolue sur l'échelle du mode tient du prodige, mais il a parfois tendance à en abuser.

Un coup de chapeau à Zakir Hussain, le plus doué des jeunes tablistes indiens, qui a le mérite d'être toujours à sa place. Sachant prévenir les désirs du soliste à la moindre incitation, il lui fournit une assise rythmique toujours souple et balancée.

1 CD Espérance/Traditions classiques de l'Orient, ESP CD 426. ou 1 LP ESP, 8426.
Auteur: Patrick Moutal.
102/1987

L. SUBRÂMANIAM EN CONCERT   375
Râga Kalyani
★★★

L. SHANKAR   376
Who's to know
★★

Malgré ses occasionnelles frasques interculturelles avec quelques prestigieux jazzmen, Subrâmaniam sait, le moment venu, se montrer un interprète digne de son héritage classique. Mais chez lui, l'innovation demeure un besoin constant. Son interprétation du *râga Kalyani* incorpore de nombreuses techniques nouvelles laissant transparaître une connaissance évidente du violon occidental.

Refondues dans le moule carnatique, elles lui permettent de diversifier son langage musical, sans pour autant donner à son discours plus de poids. Il en résulte une certaine froideur qui ne parvient pas à nous faire oublier le style plus ardent d'un M. S. Gopalakrishnan.

La même critique pourrait s'adresser à son frère L. Shankar, transfuge comme lui du Madras Violin Trio, puis de Shakti aux côtés de John McLaughlin. Affirmant une démarche résolument avant-gardiste, Shankar tire de son invraisemblable double violon à dix cordes une palette de timbres séduisante et inattendue. Mais, en dépit d'une virtuosité éblouissante, sa démonstration ne convainc pas vraiment: on en retire une impression mitigée, celle que procure un numéro de cirque réglé au quart de tour, mais dont ne se dégage aucune réelle émotion. Cette réédition en CD d'enregistrements datant de 1980 s'adresse surtout aux inconditionnels des voyages sidéraux (et sidérants...).

1 CD Ocora, C. 558 656.
Auteur: Aimée-Catherine Deloche.

1 CD ECM, 1195.
102/1987

AN ANTHOLOGY OF SOUTH INDIAN CLASSICAL MUSIC   377
L. Subrâmaniam

★★★★

L. SUBRÂMANIAM   378
Le violon de l'Inde du Sud

★★★

Voici le moyen d'évaluer tout le potentiel de la musique carnatique, la tradition classique d'Inde méridionale. Subrâmaniam n'est pas, comme on pourrait le croire, l'interprète privilégié de l'ensemble de cette anthologie, mais son instigateur et l'auteur de la sélection musicale. Très judicieuse, celle-ci offre en une cinquantaine d'exemples un panorama quasi complet des genres, styles, formes et instruments de la musique carnatique.

Derrière cette apparence didactique se cachent quelques perles d'un éclat rare. Parmi celles-ci, il faut signaler de superbes compositions de Tyagarâja, chantées par M. S. Subbulakshmi et par A. S. Lyer; autres grands moments, un duo entre la flûte extatique de T. R. Mahalingam et le violon velouté de Subrâmaniam, ou encore plusieurs plages de percussions, culminant avec un prodigieux *tâla vadyam* en forme de joute entre quatre rythmiciens virtuoses. Relevons encore, à titre de curiosité, l'usage tout à fait singulier de la clarinette qui, sous les doigts experts de A. K. C. Natarajan, s'intègre parfaitement à cet univers.

Ce fabuleux condensé résume à lui seul tout ce qu'il faut comprendre – et tout ce qu'on se doit d'aimer – de cette merveilleuse musique.

On savait Subrâmaniam résolu à tout pour imposer son art sur la scène internationale; et il le mérite d'ailleurs amplement! Dans un disque comme *Le Violon de l'Inde du Sud*, cette détermination se traduit par un jeu d'une technicité brillante et volontiers pétulante, dont les prouesses ébahissent plus qu'elles n'émeuvent. On sent derrière le moindre coup d'archet le désir de prouver quelque chose.

Construites comme des démonstrations mathématiques – et les mathématiques passent pour être froides –, ses improvisations dans le *râga Kîrvânî* dépassent, il est vrai, les bornes de l'entendement. Mais de grâce, que Subrâmaniam ne laisse pas son cœur s'endurcir!

4 CD Ocora, c 59001-004.

1 CD Ocora, C 559029.
Auteur: Prithwindra Mukherjee.
116/1988

HARIPRASAD [1]379-[2]380 CHAUSARIA : FLÛTE

Rôg Lalit
Anindo Chatterjee: tablâ

RAG KAUNSI KANHRA

Sabir Khan : tablâ

NISHAT KHAN : SITAR [3]381 IRSHAAD KHAN : SURBAHAR SHAFAATULLAH KHAN : TABLA

Râg Bhîmpalâsî ~ Râg Tilak Kamod
★★★★

DR. L. SUBRÂMANIAM : [4]382 VIOLON

Râga Hemavati
K. Shekar : tavil
★★★

SHANKAR 383

Nobody told me
★★★★

S.BALACHANDER : VINA 384

Râga Malahari

Les nouveautés dans le domaine de la musique indienne sont trop abondantes pour qu'il soit possible d'en rendre compte individuellement. Voici donc, en vrac, quelques réalisations récentes de solistes chevronnés, rattachés à la tradition tant hindoustani, du Nord de l'Inde, que carnatique, du Sud du sous-continent.

Déjà signalée dans ces colonnes, la prestigieuse compagnie Nimbus nous propose ici quatre nouvelles productions. Hariprasad Chaurasia, le grand maître de la flûte de bambou, demeure insurpassable dans son interprétation des thèmes classiques ; *râga* de l'aube comme *Lalit*, ou de la nuit, tel *Kaunsî Kânhrâ*, ses improvisations d'une douceur à la fois sensuelle et méditative évoquent immanquablement les mille saveurs de l'univers krishnaïte. Avec les frères Nishat, Irshaad et Shafaatullah, nous sommes assurés que la tradition musicale est maintenue, et leur disque nous rappelle que, il y a près de trente ans, leur père Imrat Khan avait été révélé à l'Occident par un album semblable, dont il partageait la vedette avec son frère Vilayat. Quant à Subrâmaniam, le Paganini de la musique carnatique, son archet toujours aussi véloce ne génère pourtant pas toute l'émotion qu'on aurait souhaitée de lui ; signalons à son côté la présence de K. Shekar, remarquable joueur d'un tambour peu connu : le *tavil*.

Mais le virtuose du violon à cinq cordes ne nous masquera pas les mérites d'autres interprètes du Sud de l'Inde, à commencer par ses propres frères L. Shankar et V. Lakshminarayana – décidément la musique indienne est une affaire de famille ! – dont les recherches de timbres sur leurs impayables violons à deux manches restent au service d'une réelle musicalité. La collaboration du chanteur Ganam Rao et des percussionnistes Zakir Hussain et Vikku Vinayakram, qui avaient fait les beaux jours du groupe Shakti, assure à l'ensemble une cohésion mélodico-rythmique à toute épreuve. Relevons encore une édition plus toute récente, mais digne des plus grands éloges, d'un concert à Tokyo du grand Balachander, le prodigieux technicien de la *vînâ* carnatique, qui nous fait apprécier tout le potentiel expressif de ce vénérable instrument.

4 CD Nimbus, NI 5152, 5182, 5233 et 5227 (vendus séparément) (1-4).
Auteurs: Neil Sorrell (1-2),
Martin Clayton (3), John R. Marr (4).
1 CD ECM 1397.
1 CD Victor / Ethnic Sound Series, VDP 1116.
138/1991

GRANDS MAÎTRES DE LA RUDRA-VEENA 385
Ustad Zia Mohiuddin Dagar Râga Pancham Kosh
★★★★

INDE DU SUD 386
Shri Emani Sastry
L'Art de la vînâ
★★★★

SOUTH INDIAN RAGAS 387
N. Ravikiran
Young Star of Gottuvâdyam

Ces disques nous permettent d'aborder de front trois types distincts de la *vînâ*, l'attribut des dieux de la mythologie hindoue. La *rudra vînâ* du nord de l'Inde et ses contreparties méridionales la *sarasvatî vînâ* et le *gottuvâdyam* se partagent le privilège d'être les instruments des formes les plus vénérables de la musique indienne.

Jalousement préservée au sein de quelques rares dynasties de musiciens rescapés de l'époque glorieuse des cours mogholes, la *rudra vînâ* a trouvé en Ustad Zia Mohiuddin Dagar le plus savant des interprètes. Le style *dhrupad* dans lequel il excelle est l'art de la lenteur : il distille sous son apparence austère les effluves d'une totale sérénité. Un long prélude dans le *râga Pancham Kosh* laisse au musicien le loisir de développer toutes les subtilités de sa démarche instrumentale. D'abord fluide, impalpable, la mélodie s'incarne progressivement jusqu'à trouver son plein épanouissement dans une suite de thèmes et de variations rythmées inscrites dans un *râga* voisin, le très classique *Malkauns*.

Plus aérienne et à la fois plus codifiée, la musique carnatique offre moins de liberté à l'interprète, dont les ornementations s'insèrent – un peu comme dans notre musique baroque – entre les limites strictes de compositions anciennes. Deux générations séparent le doyen Emani Sastry, un des maîtres actuels de la *sarasvatî vînâ*, et le jeune prodige du *gottuvâdyam* N. Ravikiran, âgé d'à peine vingt ans, dont ce premier disque démontre déjà la pleine maturité. Et pourtant, la même flamme les anime, celle insufflée par l'ascèse rigoureuse d'une tradition sans compromis, dans laquelle la pratique musicale reste avant tout un art de vivre.

1 CD Auvidis, A 6131.
Auteur: Alain Saron.

1 CD Playa Sound, PS 65015.
Auteur: Hubert de Fraysseix.

1 CD Chhanda Dhara, SNCD 15987.
Auteur: Shefali Nag.
112/1988

INDE: JUGALBANDI 388
Duo pour violon et guitare
V. G. Jog (violon),
Brij Bhusan Kabra (guitare)
★★★

RAGA-RAGINI 389
Indian Quintet (Instrumental)

Daya Shankar (shahnai), Vishwa Mohan Bhatt (guitare), Tarun Bhattacharya (santur), Ramesh Mishra (sarangi), Kumar Bose (tabla)

 ★★★

Même si l'on est en droit de leur préférer les sonorités veloutées du *sârangi* et du *sarod*, il faut reconnaître que le violon de V. G. Jog et la guitare de Brij Bhusan Kabra s'intègrent étonnamment à l'univers de la musique hindoustani. L'absence du halo d'harmoniques si caractéristique des timbres indiens est compensée chez eux par une subtile adaptation des possibilités techniques de leurs instruments aux exigences du genre. Jog maîtrise à merveille l'ornementation et Kabra tire des effets étonnants de sa guitare «à la hawaïenne». Leur duo dans le *râga Bageswari* est à cet égard convaincant, et les deux solos qui suivent permettent à chacun de développer la pleine mesure de son talent. Pour conclure, Jog s'associe au chanteur Vijay Kumar Kichlu pour une très classique *khayâl* dans le *râga Barwa*, rappelant par là même la primauté du chant dans l'esthétique musicale indienne.

On retrouve la guitare dans cet *Indian Quintet* marqué de la griffe de Ravi Shankar. Quatre poulains de son écurie sont en effet ici associés au tabliste Kumar Bose. Huit compositions aux saveurs très diverses leur permettent de multiplier à l'envi les combinaisons sonores, dans une ambiance générale plutôt légère et romantique. Sans atteindre la profondeur expressive des grands classiques, la démarche est néanmoins plaisante; ce disque est à recommander surtout à ceux qui persistent à croire la musique indienne monotone et répétitive.

2 CD Chhanda Dhara, SP 83388 et 84188.
Auteur: Shefali Nag.
123/1989

INDE DU SUD 390
Musiques rituelles et théâtre du Kerala

La civilisation de l'Inde est un océan dont seules quelques gouttes nous ont arrosés. Plus on s'y plonge, plus son ampleur et sa profondeur nous font perdre pied. La présente sélection, due à Pribislav Pitoeff, nous dévoile plusieurs aspects de la musique cérémonielle au Kerala, cet état situé au sud-ouest de la péninsule.

Ainsi dans les théâtres Kathâkali et Kûtiyâttam, les faits et gestes des héros sont les archétypes des comportements humains, et la musique qui les sous-tend procède d'une savante rhétorique au service du mythe. Pour l'ensemble de percussions *panchavâdyam*, ce sont d'inextricables polyrythmies qui sont l'agent du rituel lors des grandes fêtes religieuses, alors qu'une caste comme les guérisseurs Pulluvar pacifient les serpents par les vertus de la musique.

Privilège des Brahmanes, la récitation du *Veda*, «l'axe autour duquel tourne l'univers», transmet de génération en génération les enseignements les plus sacrés de l'hindouisme; quant au chant du *Gîta Govinda*, équivalent indien du Cantique des cantiques, il traduit en termes lyriques la dévotion associée au culte de Krishna. Ces quelques images nous font goûter un peu de l'incomparable saveur spirituelle de l'Inde, qu'on retrouve à divers degrés dans toutes ses manifestations artistiques.

1 CD Le Chant du monde / CNRS / Musée de l'homme, LDX 274 910.
Auteur: Pribislav Pitoeff.
142/1991

SOUTH INDIA 391
Miracle Percussion of Kudiyattam, the Oldest Drama of the World
★★★

TABLA DUET 392
Unique Tradition - Rare Combination
Zakir Hussain - Ustad Alla Rakha.

Dans le Kûtiyâttam, cet ancien genre de théâtre sanscrit, le rôle des percussions est de fournir un support sonore au jeu des acteurs. Grâce aux figures rythmiques complexes du *mizhavu*, une grosse timbale faite d'un mélange de cuivre et de terre cuite, et de l'*idakka*, un tambour en forme de sablier, les personnages du mythe prennent vie: les percussions donnent le pouls de l'épopée. Dans cet enregistrement réalisé hors situation, l'attention est évidemment déplacée au profit des qualités de timbres et d'esthétique sonore des instruments. Mais un tel disque a le mérite de révéler un aspect des plus vénérables traditions artistiques du sud de l'Inde.

Rien de tel, en revanche, avec Ustad Alla Rakha et Zakir Hussain, dont l'incomparable maestria des *tablâ* indiens est universellement reconnue. «Tel père, tel fils»: l'adage prend ici sa pleine signification, tant la connivence est parfaite. Se jouant de toutes les difficultés, les deux prodiges prennent un malin plaisir à développer les cycles rythmiques les plus complexes. Il y a bien sûr toujours une part de démonstration dans le solo – ou le duo – de *tablâ*: mais, aussi éclatante soit-elle, la virtuosité de ces extraordinaires percussionnistes demeure toujours soumise à la cohérence d'un discours systématiquement exposé. En définitive, c'est la musicalité pure qui

ressort grand vainqueur de cette joute familiale cordiale.

1 CD Victor / Ethnic Sound Series, VDP–1390.
Auteur: Minegishi Yuki.

1 CD Chhanda Dhara, SP 83788.
Auteur: Shefali Nag.
124 / 1989

LE SALON DE MUSIQUE, 393 «JALSAGHAR»
Satyajit Ray
Musique de Ustad Vilayat Khan
★★

L'idée était excellente de publier la musique de ce chef-d'œuvre du cinéma indien qu'est «Le salon de musique» de Satyajit Ray. Réalisée en 1958, cette ode mémorable à une aristocratie décadente est en effet aussi un vibrant plaidoyer pour la grande musique de l'Inde. Pour l'occasion, l'auteur n'avait pas lésiné sur les moyens, réunissant sous la houlette du maestro Vilayat Khan une impressionnante brochette d'artistes: Bismillah Khan, Begum Akhtar, Salamat Ali Khan, Imrat Khan, sans oublier la merveilleuse danseuse Roshan Kumari... de quoi faire rêver les connaisseurs!

Malheureusement, le résultat s'avère décevant. Le montage du CD ayant dû être effectué sur la bande son du film et non sur les enregistrements originaux, l'auditeur reste sur sa faim, frustré par des séquences musicales n'excédant souvent pas deux minutes. Mais, même si la déception est à la mesure de la qualité musicale, ce disque a enfin le mérite d'exister. Si vous avez aimé le film, procurez-vous le quand même!

1 CD Ocora, C 559022.
134 / 1990

GÎTA GOVINDA 394
Poème lyrique de Jayadeva
★★★★

Datant de 1982, ce magnifique coffret de quatre disques n'avait pas bénéficié, lors de sa parution, de la reconnaissance qui lui était due. Il s'agit pourtant d'un petit bijou: l'interprétation intégrale des vingt-quatre chants du *Gîta Govinda*, l'un des chefs-d'œuvre de la poésie érotique et mystique mondiale. Salué comme le Cantique des cantiques de l'Inde, ce long poème lyrique célébrant les amours de Krishna et Rhâdhâ est à la source d'un des courants spirituels majeurs de l'hindouisme, la *bhakti*, dont dérivent de nombreuses formes de dévotion populaire encore vivantes aujourd'hui.

Il est ici rendu dans le style traditionnel de l'Orissa, la province d'origine de Jayadeva, par le chanteur Ragunâth Pânigrâhi. Soutenue par un ensemble instrumental homogène, sa voix suave se plie avec bonheur aux exigences des *râga* prescrits par la trame. Au fil des états d'âme des protagonistes, on baigne ainsi dans une ambiance tantôt nostalgique, tantôt sereine, reflétant la progression de la quête amoureuse jusqu'à l'union extatique finale chantée dans le *râga Râmakalî*.

4 LP Auvidis 4505
Réédition (1989):
3 CD Auvidis, A 6152.
Auteur: Milena Salvini.
102 / 1987

RASLILA 395
The Dance of Krishna: Folkloric Dance Play of India
★★

THE PRAISE OF KRISHNA 396
One Day in Dwarikadhish Temple in Mathura, the Holy Place
★★

PRAYER MUSIC OF SIKH 397
In Bangra Sahib Temple, Delhi
★★★

Lieu sacré entre tous pour les adorateurs de Krishna, la petite ville de Vrindâvan, au sud de Delhi, est aussi la patrie du *Raslîlâ*. Ce genre de drame musical religieux, dont le nom signifie littéralement «jeu des saveurs», comporte un vaste répertoire décrivant les épisodes marquants de la geste du jeune dieu facétieux. Ici, ce sont ses amours avec les *gopî*, les fameuses bergères de la forêt de Vrindâvan, qui sont célébrées avec ferveur par une troupe d'acteurs-danseurs et musiciens. Mais la valeur musicale du long extrait présenté, intéressant comme document, n'est cependant pas suffisante pour retenir longtemps l'attention.

La même critique pourrait s'adresser aux chants d'invocation à Krishna recueillis au célèbre temple de Dwarikadhish à Mathura. Certes émouvants par la dévotion populaire qu'ils reflètent, ces témoignages ne conservent, une fois reproduits sur disque, que leur aspect anecdotique.

Sous ce rapport, les chants mystiques des Sikhs sont plus «plaisants», si toutefois ce terme revêt ici un sens. Accompagnées discrètement aux *tablâ* et à l'inévitable petit harmonium à soufflet, parfois à la vièle, leurs douces mélopées exhalent les effluves d'une spiritualité intensément vécue.

3 CD Victor / Ethnic Sound Series,
VDP 1349, 1350 et 1351.
Auteur: Ohashi Chikara.
128 / 1989

RAJASTHAN   398
Vièles et guimbardes
★★★★

Le Rajasthan n'est pas seulement une des régions les plus riches en couleurs de l'Inde; il recèle aussi d'inépuisables trésors musicaux, dont ce nouveau disque réalisé par Geneviève Dournon nous présente certains aspects encore rarement entendus.

La première face est consacrée à la vièle *kâmâyachâ*, apanage des Mânganiyâr, une communauté musulmane connue pour ses bardes. La sonorité ample de leur instrument est mise en valeur par un travail d'archet très souple, notamment dans les attaques rythmiques faisant ressortir le contraste entre le timbre chaud et «caressant» des cordes mélodiques *baja*, en boyau, et celui, plus aigre, des *jhâra* métalliques à fonction rythmique; de plus, un jeu de cordes sympathiques produit un halo d'harmoniques caractéristique, qu'on retrouve aussi chez le *sârangi*, un autre instrument à cordes frottées existant au Rajasthan.

Ce disque débute par un très beau chant narratif intitulé *Sâmeri*, exécuté par Sâkar Khan, un maître du *kâmâyachâ* à la voix et au jeu pleins de sensibilité et de profondeur. Sa vièle dialogue avec une double paire de claquettes *kartâl* dans la pièce suivante. Un morceau de bravoure démontrant les possibilités techniques de l'instrument et un chant de noces au tempo vif concluent la première partie.

Trois pièces nous présentent ensuite deux types de guimbardes du Rajasthan: le *morchang*, en fer, très proche des linguaphones d'Asie centrale et du Sud de l'Europe, et le *ghorâlio*, en bambou, de la famille des guimbardes du Sud-Est asiatique. Suit un enregistrement d'un curieux instrument joué par deux musiciens, le *jaltâl*, fait d'un plateau de laiton contenant un peu d'eau et d'un couvercle en terre cuite, frappé par une paire de baguettes et produisant un son comparable à celui de la guimbarde. Deux pièces vocales terminent ce disque: l'une accompagnée par la cithare *surmandal*, et l'autre, par le *sindhi sârangi*.

1 LP Le Chant du monde CNRS / Musée de l'homme, LDX 74839.
Auteur: Geneviève Dournon.   85/1986

FLÛTES DU RAJASTHAN   399

Comme c'est le cas en de nombreuses contrées du globe, les communautés pastorales du Rajasthan affectionnent particulièrement le jeu de la flûte. Cet instrument à la fois facile à fabriquer et aisément transportable s'adapte en effet bien à leurs conditions d'existence précaires. Réédition augmentée d'un album paru en 1977 dans la collection CNRS/ Musée de l'homme, ce disque compact met en regard deux types d'aérophones communs au Rajasthan et aux régions avoisinantes: le *nar*, une flûte «oblique» de la famille du *nay*, et la flûte à bec double dans ses deux variantes appelées *satara* et *pawa*.

Simplicité des moyens, certes, mais au service d'une musicalité qui a quelque chose d'universel. La similitude avec les techniques de flûte des bergers d'Afrique du Nord, de Roumanie ou d'Asie centrale est d'ailleurs frappante. Sous les doigts d'Ahmed le guérisseur ou de Karna Ram Bhil le hors-la-loi, les mélodies de flûtes s'entrecroisent avec les sons gutturaux d'un bourdon vocal, emportant l'auditeur dans une spirale de sensations voluptueuses. Quant aux flûtes doubles, l'usage de la respiration circulaire leur confère un pouvoir de fascination difficilement résistible.

1 CD Le Chant du monde / CNRS / Musée de l'homme, LDX 274 645.
Auteur: Geneviève Dournon.   131/1990

INDE CENTRALE   400
Traditions musicales des Gond
★★★

Entre le marteau de la culture hindoustani du nord et l'enclume de la culture
carnatique du sud, les sociétés tribales
pré-aryennes ont préservé leur magie et
leurs particularismes. L'ethnologie ayant
frappé de tabou l'usage du mot «primitif», les adjectifs nous manquent pour
qualifier la musique des Gond: elle sé-
duira en tout cas les amateurs d'étrange,
d'inouï, d'insolite, mais apportera aussi
une occasion d'émerveillement, une
source d'espoir et une matière à penser
à ceux que l'idée d'un modèle musical
unique, celui du concert et du studio,
imposé à toute la terre, fait frémir de
sainte horreur.

Ce disque respire le plein air, la
forêt, l'affût patient, le rythme lent des
travaux saisonniers entrecoupés de
fêtes. Les sentiments s'expriment naturellement, timidité des adolescents, tristesse de la mariée quittant ses parents.
Chants, danses et cérémonies alternent,
relayés par les instrumentistes spéciali-
sés, sur le disque comme dans la vie.

Les Archives internationales de
musique populaire et le musée d'ethnographie de Genève se devaient de publier
ces enregistrements réalisés *in situ* par
Jan van Alphen, dont la probité de la présentation apporte le seul regard possible
sur ceux qu'on croit des «bons sauvages»
et qui se qualifient plus justement de
Koitur, c'est-à-dire «êtres humains».

François Picard

1 CD VDE / AIMP, VDE 618.
Auteur: Jan Van Alphen.
139/1990

BAUL OF BENGAL   401
Baul Samrat Purna Das
★★

Ce disque des «fous de Dieu», édité en
Allemagne, retient l'attention par l'élégance de sa présentation et la remarquable qualité de sa prise de son. Mais il
offre peu de nouveau par rapport aux
albums précédents dédiés à l'art des
Bauls, ces bardes mystiques du Bengale
qui ont inspiré certains des plus grands
poètes bengalis, notamment Rabindra-
nath Tagore, Atul Prasad Sen et Nasrul
Islam. Si la musique des Bauls est fascinante, autant par la pureté des lignes
mélodiques que par la singularité des
sonorités instrumentales, leur doctrine,
issue du syncrétisme de différents courants spirituels répandus au Bengale, est
tout aussi remarquable.

Sacré *Baul Samrat*, «roi des fous»,
par ses pairs, le chanteur Purna Das est
déjà célèbre en Occident, notamment
grâce à ses nombreux flirts avec la fine
fleur du rock anglo-saxon. Il faut lui
reconnaître d'indéniables qualités vocales et un pouvoir de séduction peu commun; on lui préférera toutefois un Ghour
Khepa ou un Pavan Das, plus proches de
la tradition et moins à la recherche
d'effets spectaculaires.

Sans être aussi virtuose que lui,
son épouse Manju Das se signale par
quelques interprétations savoureuses
sur la seconde face de ce disque. Mais
quel besoin a-t-elle de s'accompagner à
l'harmonium? Le résultat n'est certes
pas à l'avantage de la musique: les
timbres spécifiques des instruments
bauls, l'*ektâra*, le *khamak* ou le *nupûr*,
sont complètement noyés dans une
informe pâte sonore rappelant les
orchestrations banales de la musique de
film indienne.

1 LP Chhanda Dhara, SP 9283.
Auteur: Shefali Nag.
86/1986

CHANTS POPULAIRES DU BENGALE
402
Loka bhârati

Il est regrettable qu'un tel folklore soit présenté comme étant de la musique populaire. Rien n'est plus éloigné de la verve mystique des Bauls ou du lyrisme inspiré des bateliers du Gange que ces épanchements sentimentaux d'un académisme insipide. Les reconstitutions folkloriques ont toujours un aspect parodique: au lieu de servir la réalité qu'elles prétendent magnifier, elles en présentent une pâle caricature qui ne satisfait personne à force de vouloir plaire à tout le monde.

Le chanteur Nirmalendu Choudhury et ses accompagnateurs ne sont pas dépourvus de qualités artistiques: les voix sont justes, les airs allègres et l'instrumentation bien en place. Mais on ne parvient pas à y croire. Tout cela rappelle trop les orchestrations de musiques de film produites par les studios de Calcutta. Le Bengale a mieux à nous offrir, et il l'a déjà prouvé.

1 LP M.F. MV 753.017.
Auteur: Prithwindra Mukherjee.
95/1986

INDE-NAGALAND
403
Chant des tribus Sema et Zeliang
★★

Ce disque présente les premiers documents sonores jamais publiés sur la musique de deux ethnies du Nord-Est de l'Inde, les Sema et les Zeliang du Nagaland. Il est cependant dommage que ces enregistrements aient été réalisés en studio, lors de la visite d'une troupe naga à Paris, et non sur le terrain. Forcément artificielle, la restitution hors con-

texte d'une telle musique la prive d'une partie de sa vitalité au profit d'une exécution trop peaufinée.

Les chœurs *a cappella* des Sema méritent néanmoins d'être connus. Chants de travail ou danses de fête, ils font apparaître d'étonnantes techniques vocales basées sur la répétition de modules mélodiques en quintes parallèles. Cette manière de chanter à deux ou trois voix, qui rappelle dans une certaine mesure les procédés de l'*organum* médiéval, fournit une donnée nouvelle sur la répartition de la polyphonie dans le monde.

Les Zeliang, par contre, chantent à l'unisson ou parfois à l'octave lorsque le chœur est mixte, comme dans la «Danse des bracelets», un chant responsorial de jeunes gens. Beaucoup plus linéaire que celle de Sema, leur musique est proche de celle de leurs voisins tibétains ou birmans, auxquels les apparente aussi leur langue.

1 LP Inédit / Maison des cultures du monde, MCM 3.
Auteur: Françoise Gründ.
93/1986

SRI LANKA
404
Percussions magiques
★★

SRI LANKA
405
Buddhist chant I: Mahâ Pirit - The Great Chant
Monks of the Madangalla Pirivena

De nombreuses archives sonores ont déjà été publiées sur les expressions du «bouddhisme du Nord», et les enregistrements des cérémonies monastiques tibétaines ont apporté des témoignages impressionnants sur cette véritable alchimie spirituelle que mettent en œuvre les rites du «Grand Véhicule» (*Mahâyâna*). Le «Petit Véhicule» (*Hinayâna*) du Sud demeurait en revanche moins connu; ces deux disques viennent ainsi combler une lacune importante, tout en illustrant deux abords complètement divergents d'un même sujet.

D'une part, les «Percussions magiques» de François Jouffa nous offrent quelques séquences éparses retraçant le parcours de son film «La Bonzesse», tourné en 1973. Un commentaire aussi mystifiant que son titre rend hélas ce document peu fiable, malgré l'intérêt de son contenu.

Peut-être austère et sans complaisance, la publication du Professeur Wolfgang Laade est par contre inattaquable du point de vue scientifique; elle fournit une présentation substantielle du *Mâha Pirit*, un rituel centré sur la cantilation des *sutta* (*sutra*), les sermons canoniques du Bouddha. Signalons qu'il s'agit d'un des volumes inaugurant la nouvelle collection *Music of Man Archive*, compilée par Laade.

1 CD Globe, GMDC 102.
Auteur: François Jouffa.
1 CD Jecklin, JD 651-2.
Auteur: Wolfgang Laade.
143/1991

ASIE DU SUD-EST

BIRMANIE 406
Musique d'art

La publication originale de ces enregistrements de Jacques Brunet en Birmanie avait en son temps suscité l'admiration unanime des amateurs. Leur réédition intégrale – près de deux heures et demie de musique – sous forme d'un petit coffret de deux disques compacts comblera ceux pour qui ces trésors musicaux sont dignes des plus grands égards. Peu de pays semblent être restés aussi isolés et imperméables aux ingérences du monde moderne, et les rares fenêtres ouvertes sur la culture birmane en donnent souvent une lumière diffuse et parcimonieuse.

Ce florilège, qui présente tous les aspects majeurs de la musique birmane, n'en acquiert que plus de valeur. Comme Guillaume de Machault, les maîtres de l'ancienne musique de cour *môn* répartissaient leurs instruments en deux groupes: ceux à sons puissants, destinés aux cérémonies de plein air, et ceux au timbre plus doux pour la musique d'intérieur. Aux premiers correspond le *hsaing waing*, le grand ensemble de tambours, de gongs et de hautbois. Cette musique pleine de contrastes, de ruptures et d'improvisations apparemment débridées, est d'un effet saisissant, d'une splendeur à la fois martiale et hiératique. Quant aux seconds, la harpe, la flûte et le xylophone, ils sont les agents d'un art de chambre raffiné, qui s'exerce en solo, en duo ou en trio. Ici, la harpe est reine; cet instrument d'origine indienne, qui a aujourd'hui pratiquement disparu du sous-continent, revêt pour les Birmans une importance particulière: il est pour eux la référence sur laquelle s'est élaborée toute leur théorie musicale, en même temps qu'un symbole de la lumière de l'univers.

2 CD Ocora, C 559019/20.
Auteur: Jacques Brunet. 107/1988

LAOS 407
Lam Saravane-Musique pour le khène
★★★

Les innombrables pérégrinations de Jacques Brunet ont ouvert la voie de quelques-unes des plus fascinantes traditions musicales d'Asie du Sud-Est. Art de l'oralité par excellence, le *lam* se présente sous forme de longues joutes vocales improvisées, lors desquelles le «camp» des hommes rivalise avec celui des femmes. Dans cette «géographie poétique» chère aux Laotiens, la cour d'amour se mêle à l'anecdote sociale et à l'allusion politique comme les mailles d'une étoffe moirée. Même sans en saisir le sens, on reste conquis par le savoir-faire de la grande chanteuse Nang Soubane Vongath, dont les vocalises raffinées laissent son jeune partenaire masculin proprement hors combat.

L'accompagnement instrumental de ce *lam Saravane* est fourni par une petite flûte, un tambour et un grand orgue à bouche au timbre obsédant, le *khène*. Pourvu de seize à dix-huit tuyaux de roseau, ce dernier demeure l'instrument identitaire du peuple lao. Les six plages qui complètent ce CD nous font découvrir un grand soliste de l'instrument, le maestro Nouthong, dont la virtuosité permet de capter un peu de «l'esprit du *khène*».

1 CD Ocora, C 559 058.
Auteur: Jacques Brunet.
132/1990

THAÏLANDE 408
Musique des La hu-nyi-
★★★

Surtout connu pour sa production d'opium, le «Triangle d'or», qui s'étend

du nord de la Thaïlande aux zones limi-
trophes birmane et laotienne, est le fief
des *La hu-*, un peuple aujourd'hui morcelé, rattaché à l'aire linguistique tibéto-
birmane. Ces témoignages de la musique des *La hu-nyi-* (*La hu-* «rouges») dénotent un mode de vie tribal ancré dans
un contexte spirituel animiste encore
vivace.

Ainsi, le nouvel an ou les célébrations de la nouvelle et de la pleine lune
sont-ils l'occasion de réjouissances communautaires et de rites propitiatoires
destinés à raffermir les liens unissant
la société humaine au monde des esprits. On entend alors le *nam-*, un type
d'orgue à bouche fait de cinq tubes de
bambou fichés dans un résonateur en
calebasse. De dimensions très variab-
les, cet instrument traditionnellement
réservé à la musique cérémonielle permet un jeu polyphonique tout à fait distinctif, dont ce disque fournit un grand
nombre d'exemples.

Le répertoire amoureux est aussi un
aspect important de la musique *la hu-*;
où ne l'est-il pas? Mais ici, la coutume
veut que, pour déclarer leur flamme, les
jeunes gens se retirent hors des limites
du village, de façon à ne pas offusquer
les anciens. Leurs épanchements peuvent alors s'exprimer en toute liberté,
par le chant ou le truchement d'une
mélodie de luth, de vièle, de flûte ou de
tout autre instrument. L'amour courtois
fait ici l'objet d'un langage codé grâce
auquel un simple air de guimbarde peut
traduire le mot à mot des galanteries les
plus lyriques.

Regrettons tout de même que ces
documents d'un réel intérêt ethnographique soient desservis par une prise de
son de qualité très inégale.

**1 LP Bärenreiter-Musicaphon / Anthologie
de la musique d'Asie du Sud-Est,
BM 305 / 2575.
Auteurs : Gretel Schwörer-Kohl,
Hans Oesch.
104 / 1987**

THAÏLANDE   409
La musique
des Môns
★★★

L'ancienne civilisation môn passe pour
avoir influencé les cultures aussi bien
thaïlandaise que birmane et cambodgienne. Aussi n'est-il pas surprenant de
rencontrer dans ce disque un grand
nombre d'instruments et de structures
musicales rendus familiers par d'autres
publications discographiques consacrées
à la péninsule indochinoise. On y retrouve les hautbois, les xylophones et les
jeux de gongs communs à toute cette
aire culturelle.

Mais il faut noter ici la présence
d'un instrument propre aux Môn, le *perng
mang khâwk*, une série de sept tambours
suspendus à l'intérieur d'un cadre de
bois et accordés sur les degrés de
l'échelle pentatonique. En solo ou intégrés à l'orchestre, ils permettent un jeu
d'une prodigieuse virtuosité, qui est particulièrement bien mis en valeur dans la
première pièce du disque, véritable morceau de bravoure.

Une excellente prise de son met en
relief les contrastes de timbres et les
nombreuses ruptures de tempo qui
confèrent à cette musique un dynamisme
constant. Cependant – et c'est hélas
fréquent dans cette collection – la notice
n'offre pas les renseignements qu'on
serait en droit d'attendre d'une telle publication. Il ne s'agit en effet pas d'une
musique de divertissement, et le contexte cérémoniel de chaque séquence
aurait amplement mérité quelques commentaires.

**1 CD Playa Sound, PS 65019.
Auteur : Hubert de Fraysseix.
113 / 1988**

CAMBODGE 410
Musique royale

★★★★

THAÏLANDE 411
Musique de Chieng Maï

★★★

VIÊTNAM 412
Hát Chèo, théâtre populaire traditionnel

★★

Réédités en disques compacts, ces trois volumes de l'ancienne collection «Musical Sources» de l'Unesco raviront les amateurs de musiques «rares» d'Asie du Sud-Est. Les deux premiers sont dus à l'infatigable Jacques Brunet, et le troisième à l'éminent professeur Trân Van Khê. Datant d'il y a près de vingt ans, les enregistrements cambodgiens de Brunet revêtent aujourd'hui une valeur inestimable, du fait de l'éclatement des structures sociales traditionnelles. Dans le monde clos du palais royal de Phnom Penh étaient alors entretenues quatre formations instrumentales distinctes, ayant chacune son rôle à jouer dans les pompes de la cour: musiques de mariage, de guerre, du culte des ancêtres, et enfin des cérémonies de divertissement de la salle du trône. Tout porte à craindre que ces documents en présentent les derniers témoignages, figés pour l'éternité...

Située au carrefour historique des civilisations khmère, thaï, lao et chinoise, la ville de Chieng Maï en Thaïlande a conservé dans son répertoire les traces des dynasties et des cultures qui s'y sont succédées. Ainsi, le *piphat*, un ensemble de jeux de gongs et de xylophones accompagnant ici le théâtre musical *liké*, est-il l'équivalent du *pinpeat* khmer qui apparaît dans le disque cambodgien; par contre, dans la musique rituelle du monastère Vat Nantaram et dans celle de l'ancien orchestre Krung Say Thai Doeum, les mélodies d'une douceur moirée sont produites par des instruments – flûtes, vièles, luths ou tympanons – dont l'origine chinoise est attestée.

Quant au *hát chèo* vietnamien, contrepartie populaire de l'opéra courtisan *hat bôi*, c'est un théâtre essentiellement satirique. Son esthétique, tant visuelle que sonore, est très codifiée; ainsi, à chaque personnage, à chaque situation correspond une manière conventionnelle de chanter. L'action est en outre ponctuée par un petit ensemble où dominent les instruments à archet et les percussions. Sans entrer dans les détails de l'intrigue, Trân Van Khê fournit dans une brève notice les clés d'appréciation d'un art sinon passablement hermétique et ardu, surtout en l'absence de son complément visuel.

3 CD Auvidis / UNESCO, D 8011, D8007 et D 8022.
Auteurs: Jacques Brunet et Trân Van Khê.
126 / 1989

MUSIQUE VIETNAMIENNE 413 DE DAN TRANH
Trân Quang Hâi et Bach Yên

★★★★

Edité aux Etats-Unis, ce disque est entièrement consacré au *dàn tranh*, une cithare à seize cordes métalliques de la famille du *koto* japonais, du *gu-chang* chinois et du *kayagum* coréen.

Non seulement interprète, mais aussi ethnomusicologue, attaché au Musée de l'homme et au Musée des arts et traditions populaires de Paris, Trân Quang Hâi fait preuve d'un goût très sûr dans son orientation artistique, en dépit de – ou, serait-on tenté d'écrire, grâce à – son éloignement de la terre natale. Suivant en cela les traces de son père Trân Van Khê (cf. le disque *Vietnam, nouvelle musique traditionnelle*, enregistré en 1973, Ocora 558 512), Hâi a su maintenir une élégance empreinte de nostalgie, laquelle fait souvent totalement défaut dans les productions sirupeuses du Vietnam actuel, tout en enrichissant la tradition, notamment par le développement de préludes improvisés.

Maîtrisant les techniques complexes de l'instrument, dont l'expressivité procède avant tout de l'ornementation mélodique, Trân Quang Hâi met en évidence le timbre fragile et acide de la cithare, apanage des lettrés vietnamiens.

Nous pouvons évaluer la diversité du répertoire du *dàn tranh* grâce à un choix judicieux de pièces anciennes et nouvelles, parmi lesquelles on retiendra l'intégrale de *Luu Thuy Truòng*, un classique de la musique des amateurs aux arpèges délicats, ou encore la composition raffinée de Hâi, *Nhó Cô Dô Hué*, évoquant la grandeur de l'ancienne capitale vietnamienne.

N'oublions pas, pour terminer cette chronique, de mentionner la participation de la chanteuse Bach Yên, interprète sensible de *Qua Câu Gió Bay*, un chant populaire plein de poésie.

**1 LP Lyrichord, LLST 7375.
84 / 1985**

VIETNAM   414
Rêves et réalités
Trân Quang Hâi et Bach Yên
★★★

Cette réédition d'un matériel publié pour la première fois en 1979 est ici augmentée de deux nouvelles plages de cithare *dàn tranh*. La première, en solo, permet à Trân Quang Hâi de démontrer sa pleine maîtrise d'un instrument aux intonations subtiles, dans le jeu duquel prédomine la nuance nostalgique. Dans la seconde, il accompagne la voix délicate de Bach Yên dans un extrait du célèbre roman en vers *Kiêu*.

Le reste est un panorama du répertoire habituel du duo, incluant des chants de travail et d'amour, une berceuse et diverses évocations vocales et instrumentales de l'univers poétique viêt. La polyvalence désormais bien connue du musicien vietnamien est peu mise en évidence : deux courtes pièces de monocorde et de vièle ne figurent ici qu'en appendice. On aurait préféré les voir plus largement représentées et mieux intégrées dans ce répertoire. La qualité de l'enregistrement appelle aussi quelques commentaires : rien ne justifie en effet l'excès d'écho et de réverbération artificiellement ajoutés à la prise de son sous le prétexte probable d'« habiller » les voix nues. La musique se suffit à elle-même et n'y gagne rien.

**1 CD Playa Sound, PS 65020.
114 / 1988**

VIETNAM   415
Musique du théâtre de cour
★★★

JAVA   416
Musique du théâtre
★★★

S'il n'y avait pas une connotation socio-historique aussi prononcée, le terme d'opéra conviendrait parfaitement pour définir les théâtres musicaux et dansés des anciennes cours orientales, lesquels n'ont rien à envier aux fastes de *Don Juan* ou de *Carmen*.

Quelques extraits de la musique de théâtre vietnamienne nous introduisent dans un monde raffiné, régi par un code précis de conventions. Au Vietnam, l'auditeur averti peut ainsi suivre aisément le déroulement de l'intrigue. Comme le chinois, le japonais et le coréen, le vietnamien est une langue à tons, ce qui confère aux voix une éloquence d'une souplesse remarquable. De plus, les passages chantés alternent continuellement avec les récitatifs et les déclamations, offrant aux acteurs-chanteurs une grande diversité de registres expressifs. La troupe du Conservatoire d'art dramatique de Hô Chi Minh ville est ici accompagnée par un ensemble instrumental composé d'un hautbois, de cordes et de percussions, en parfaite symbiose avec le jeu scénique. Appuyant l'action, soulignant ses moments forts ou restant au contraire en retrait lorsque le dialogue s'intensifie, la musique stipule l'entrée dans le «temps théâtral», écho de l'a-temporalité mythique qu'il évoque.

La douceur quasi céleste de la musique javanaise imprègne aussi le théâtre traditionnel. Deux séquences très différentes sont présentées ici: l'une est un fragment «concertant» de l'inépuisable *Ramayana*, dans une version remaniée vers la fin du siècle dernier à la cour de Jogjakarta – l'intégrale comporte quarante épisodes d'environ 2 h 30 chacun! Le hiératisme majestueux de cet art élégant subsiste dans les genres plus légers comme le *langen driyan* (littéralement: «divertissement du cœur»). Accompagné par un *gamelan* aux timbres d'une extrême douceur, le chœur féminin de Surakarta nous donne un avant-goût du monde des *apsara*, nymphes célestes du panthéon hindou.

1 LP EMI-Odéon / UNESCO, 64-2602821.
Auteur: Trân Van Khê.

1 LP EMI-Odéon / UNESCO, 64-2403201.
Auteur: Jacques Brunet.
95 / 1986

GONDANG TOBA   417
Musique instrumentale des Batak-Toba, Sumatra

D'Indonésie, on connaît surtout les prestigieux gamelans de Java et de Bali, en oubliant volontiers que des régions comme le pays Sunda à l'ouest de Java ou l'île de Sumatra recèlent des cultures totalement distinctes qui méritent d'être découvertes. Réalisé par l'ethnomusicologue Arthur Simon, qui dirige à Berlin une remarquable collection de disques, ce double album nous introduit à la musique des Batak du nord-ouest de Sumatra.

Une grande partie de ces enregistrements est consacrée à la musique cérémonielle *gondang*, qui a survécu à l'implantation du christianisme. Le hautbois *sarunei* au timbre strident et le *taganing*, un jeu de cinq tambours accordés, y rivalisent de virtuosité dans des séquences exécutées à un train d'enfer sur un accompagnement de gongs. Construite sur l'enchaînement constant de modules mélodico-rythmiques relativement complexes, cette musique laisse aux interprètes une grande liberté de variation et d'ornementation. Les mêmes principes se retrouvent dans la musique instrumentale appelée *uning-uningan*, contrepartie profane du *gondang*; mais ici, la présence de plusieurs instruments à cordes, d'une flûte et d'un xylophone, donnent à l'ensemble une sonorité plus douce, mais d'une égale lancinance.

Un des aspects les plus frappants de cette musique est son caractère non dynamique – dans le sens d'une quelconque progression – mais foncièrement statique; son apparente monotonie constitue en fait la base de son esthétique et de son efficacité: elle exprime la permanence d'un *état* proche de la transe.

2 LP Museum Collection, Berlin, MC12.
Auteur: Arthur Simon.
93 / 1986

GENDANG KARO   418
Sumatra septentrional, Indonésie
★★★

Faisant suite à *Gondang Toba*, consacré à la musique instrumentale des Batak-Toba, ce second album d'Arthur Simon sur les Batak de Sumatra aborde le répertoire de la musique de transe et de danse d'un autre sous-groupe, les Karo, peuple d'agriculteurs vivant au nord de l'île. On y retrouve le même souci d'exhaustivité dans le commentaire, la même présentation systématique, qui en font des publications ethnomusicologiques de haut niveau.

Plus de la moitié de ces enregistrements sont dédiés au *gendang sarunei*, l'orchestre mené par le petit hautbois *sarunei*, dont le timbre nasillard et strident domine une section rythmique constituée de gongs et de tambours. Fête de la jeunesse, procession funéraire, danse de possession, mariage, consécration d'une maison: autant d'occasions de jeu dont une oreille non familiarisée perçoit difficilement les spécificités musicales. Les autres plages mettent en évidence un instrument peu courant: le *keteng-keteng*, sorte de cithare tubulaire en bambou dont les deux cordes et le corps sont frappés à l'aide de baguettes de bois. Le *gendang keteng-keteng* comporte en outre un petit luth ou une flûte, et un bol de porcelaine; cette formation est liée à l'invocation des esprits, et notamment du *tendi*, qui est pour les Batak la force vitale dont dépendent la santé et le bonheur de chacun.

2 LP Museum Collection, Berlin, MC 13.
Auteur: Arthur Simon.
108/1988

JAVA   419
Gamelans historiques
★★★★

Ce disque inaugure la réédition bienvenue de la série *Musical Sources* de l'Unesco. Constitué d'enregistrements réalisés en 1970 par Jacques Brunet aux *kraton* (palais) de Jogjakarta et de Solo, ainsi qu'au Musée national de Jakarta, il nous présente l'ancienne tradition musicale des cours javanaises dans toute sa splendeur.

Un des éléments les plus fascinants de cette musique est sa lenteur: d'emblée, elle plonge l'auditeur dans une ambiance paradisiaque que rien ne vient troubler. Le timbre cristallin des lamellophones se mêle à la sonorité profonde et lancinante des gongs et à celle, plus sourde, des tambours ponctuant les différentes séquences de compositions majestueuses. Ces dernières usent d'un matériel mélodique simple parfois limité à trois tons provenant de l'une ou l'autre des échelles dites *slendro* (pentatonique) et *pelog* (heptatonique). Toute référence aux critères occidentaux d'appréciation est ici inapplicable: la musique javanaise exprime avant tout la permanence d'un état intérieur, d'une sorte d'extase sobre.

Signalons qu'un *gamelan* d'une rare qualité a pu exceptionnellement être sorti des vitrines du musée de Jakarta pour cet enregistrement: le *martapura slendro*, peut-être antérieur au XVe siècle, qui n'avait pas été joué depuis plus de cent ans.

1 LP GREM, G 1004.
Auteur: Jacques Brunet.
88/1986

JAVA 420
Langen Mandra Wanara
Opéra de Danuredjo VII
(enregistrement intégral)

Développé dans la plus somptueuse des ambiances de cour orientale, l'opéra javanais témoigne d'un raffinement inégalé. Trois siècles et demi de présence hollandaise ne sont pas parvenus à entacher la synthèse unique de cultures autochtone, hindoue et islamique, qui coexistent si admirablement dans ce spectacle total. Et, bien que sa conception ne date que de la fin du siècle dernier, cette chorégraphie du prince Yudanegara (Danurendjo VII) s'inscrit intégralement dans l'esthétique traditionnelle javanaise; elle en constitue même le parachèvement.

Après un demi-siècle d'abandon, le *langen mandra wanara* a pu presque miraculeusement être sauvé de l'oubli grâce aux efforts conjugués de quelques vieux danseurs du Sultanat de Jogjakarta, de la radio indonésienne et de l'ethnomusicologue français Jacques Brunet. Entreprise dès 1973, cette réhabilitation magistrale a permis que, deux ans plus tard, soit pour la première fois enregistrée – en une seule nuit! – l'intégrale de l'œuvre, soit près de deux heures et demie de musique. Sa présente réédition sous forme de deux disques compacts accompagnés du livret complet de l'opéra mérite donc d'être saluée avec enthousiasme.

Ceux qui ont eu la chance d'assister sur place à une représentation de théâtre javanais auront ressenti l'irrésistible pouvoir de fascination exercé par sa texture. Renforcée par la densité constante du tissu sonore, l'action se déroule comme hors du temps, ou plutôt dans un temps mythique où nos critères ordi-

naires d'appréciation n'ont plus cours. A la fois inaccessibles et dramatiquement réels – ne sont-ils pas l'incarnation des pulsions de notre âme? –, les personnages du Ramayana trouvent ici une de leurs figurations les plus saisissantes. Même détachée de son contexte visuel, cette musique distille un nectar précieux, à consommer avec toute l'attention et le respect qui lui sont dus.

2 CD Ocora, C 559014/15.
Auteur: Jacques Brunet.
112/1988

JAVA 421
Art vocal
★★★

La réédition en disques compacts de la collection «Sources musicales» de l'Unesco se poursuit à un rythme accéléré. Mais on regrettera que, contrairement à d'autres producteurs, Auvidis se contente de reproduire tel quel le matériel des microsillons, sans chercher à l'enrichir d'enregistrements inédits. De plus, comme ici, l'illustration de couverture ne correspond pas toujours au contenu. Mais de nombreux chefs-d'œuvre musicaux du monde peuvent ainsi réapparaître sur le marché, et c'est quand même l'essentiel!

On doit à Jacques Brunet de nombreuses publications sur l'Indonésie, et notamment sur Java. L'art vocal présenté dans ce volume correspond plus précisément au genre poétique dit *macapat*, élaboré lors de l'islamisation de l'île et mis en musique avec la sobriété et la douce élégance que requiert l'esthétique javanaise. *A cappella*, accompagnées d'une seule cithare *kacapi* ou d'un petit ensemble instrumental, les voix se caractérisent par un timbre nasillard et par une émission uniforme, quelque peu soporifique, tout au plus rehaussée par de légers effets de vibrato. A défaut d'en comprendre les paroles, on retiendra surtout le message de quiétude absolue qui émane de cette musique d'un autre monde.

1 CD Auvidis / UNESCO, D 8014.
Auteur: Jacques Brunet.   128 / 1989

BALI   422
Le Râmâyana
★★

La musique de Bali est à celle de Java ce que la transe est à l'extase, ce que le feu est à l'eau. D'une vigueur étonnante, elle sait se renouveler tout en conservant sa spécificité, malgré l'influence corrosive d'un tourisme de masse de plus en plus envahissant. Cependant, la fonction spirituelle des arts, qui a toujours été leur raison d'être, disparaît progressivement, en particulier dans le Sud de l'île, où ont été réalisés ces enregistrements: le *Râmâyana* n'est plus joué en offrande aux dieux, mais bien souvent au profit exclusif d'étrangers en mal d'exotisme; quant au *ketjak*, cette prodigieuse expression du génie balinais, il semble avoir perdu son rôle originel de rite d'exorcisme, destiné à protéger la population des calamités.

Ce disque fournit peu de nouvelles informations par rapport aux publications antérieures sur la musique balinaise; il en propose les deux aspects les plus accessibles, et par là même les plus connus, à travers trois pièces qui ont du moins le mérite d'être longues et représentatives: un *ketjak* d'une grande intensité, enregistré dans la région de Den Pasar, et deux extraits de la musique instrumentale servant à accompagner les représentations de l'épopée hindoue, par le *gamelan semara budaya* du village de Kuta.

1 LP Playa Sound, PS 33529.
Auteur: François Jouffa.   88 / 1986

BALI   423
Musique pour le Gong Gédé
Gong Gédé de Batur
Gong Gédé de Tampaksiring
★★★★

Lorsqu'il ne résonne pas pour les impératifs de l'industrie touristique, le *gamelan* est toujours, à Bali, le signe audible de la fête. Il est rare que le soir, d'un coin ou d'un autre de la petite île, ne parviennent à l'oreille les effluves sonores de quelque célébration rituelle, filtrés par les rumeurs de la forêt tropicale auxquelles ils se confondent. Ces enregistrements recueillis en 1972 par Jacques Brunet présentent une des formations instrumentales les plus vénérables de Bali, le *gong gédé* ou «grand *gamelan*», dont seuls trois ou quatre villages ont maintenu l'usage. Parmi ceux-ci, Batur jouit d'un statut privilégié car, situé à proximité d'un volcan sacré, son temple est le lieu d'une dévotion particulière. Constitué de près de quarante instruments, d'une tessiture totale dépassant sept octaves, l'orchestre de Batur possède un répertoire remontant probablement au XVe siècle. Ce disque en propose trois exemples, représentatifs des styles dits *gending lelambatan* (grandes compositions lentes) et *gending gangsaran* (compositions rapides). La cohésion de l'ensemble est maintenue par un jeu de gongs à la sonorité feutrée, le *terompong*; sans jamais dominer, celui-ci lui imprime sa coloration distinctive.

Plus brillant, le *gamelan* de Tampaksiring démontre l'étendue des ressources expressives balinaises, qui s'épanouissent dans le cadre strict de la structure mélodique pentatonique. Tout est ici affaire de contrastes: au niveau du timbre entre les différents types de métallophones, à celui du tempo, dont les ruptures sont marquées par les grands gongs et les tambours, ou encore dans la dynamique suscitée par une ornementation complexe et constamment renouvelée. Ainsi, sans jamais se renier et tomber dans le piège de l'occidentalisation, la musique balinaise fait preuve d'une étonnante vitalité, manifestée dans le plus total respect des canons traditionnels.

1 CD Ocora, C 559 002.
Auteur: Jacques Brunet.
109/1988

THE INTOXICATING GAMELAN 424

Mandala Jati Ensemble of Tegas, Bali

JEGOG-BAMBOO PERCUSSION 425

Sangkar Agung Ensemble of Bali

BALI 426
Musique populaire

En dépit des méfaits d'un certain tourisme culturel, Bali demeure un de ces lieux privilégiés de la planète où «art de vivre» n'est pas devenu une expression vide de sens. Contrairement à celle de Java, passablement sclérosée du fait de la disparition des structures sociales qui l'entretenaient, la musique balinaise est aujourd'hui d'un dynamisme admirable, portée par une ambiance où domine encore le sens du sacré: de nombreux genres musicaux nous apparaissant comme éminemment traditionnels y sont en fait souvent de création récente, ce qui n'est d'ailleurs en soi pas incompatible.

L'un des plus prestigieux *gamelans* de Bali est le *semar pegulingan* du village de Tégès, magnifique orchestre de métallophones aux sonorités cristallines dirigé de main de maître par I Made Geridem. Galvanisés par ce merveilleux musicien, les membres de l'ensemble font ici preuve d'une cohésion parfaite. Celle-ci se manifeste autant dans les pièces purement instrumentales que dans l'accompagnement des anciennes danses de cour comme le *Legong*, qui commémore la vision des nymphes célestes qu'eut le roi mythique Agung Karta.

Moins répandu, mais d'une beauté tout aussi saisissante, le *gandrung* est un *gamelan* constitué d'instruments de bambou, dont le *jegog*, un grand lamellophone, constitue la base. Un des rares ensembles spécialisé dans son jeu est celui du village de Sangkar Agung qui, lui aussi, démontre une virtuosité spectaculaire.

La différence entre musique savante et musique populaire est ici ténue, tant la symbiose entre les différents genres est totale. Ainsi les exemples de «musique populaire» sélectionnés en 1972 par Jacques Brunet font-ils apparaître des formations, des timbres, des situations de jeu très variés, mais soudés par leur principe organique. Du *ketjak*, version vocale du *gamelan*, aux ensembles de guimbardes imitant le coassement des grenouilles, en passant par les représentations épiques du théâtre d'ombres, l'esthétique balinaise est une démonstration magistrale du principe d'unité dans la diversité qui gouverne tout art traditionnel, dans le plein sens du terme.

2 CD Victor/Ethnic Sound Series,
VDP-1207 et VDP-1208.
Auteur: Ohashi Chikara.
1 CD Auvidis/UNESCO, D 8003.
Auteurs: Jacques Brunet, Ngac Him.
124/1989

BALI   427
Hommage à Wayan Lotring

MAHABHARATA   428
Wayan Krit
A Virtuoso Shadow Play in Bali

Personnage quasi légendaire à Bali, Wayan Lotring était un musicien de génie. La preuve: de nombreuses pièces de l'actuel répertoire «classique» des *gamelans* sont de sa composition; et lorsque les étrangers s'extasient devant la pureté immémoriale d'une chorégraphie comme le *lègong kraton*, directement inspirée de la plus antique mythologie, peu d'entre eux se doutent qu'elle ne fut créée que vers 1915 par un jeune homme d'à peine vingt ans! Il en va de même pour la musique du théâtre d'ombres ou pour celle qui accompagne les évolutions du *barong*, le fameux dragon protecteur de l'île.

Réanimé en 1972 à la demande pressante de Jacques Brunet, après une trentaine d'années de silence, le *semar pegulingan* de Lotring nous offre dans ces enregistrements toute la douceur et la plénitude de la grande musique balinaise. Contrairement aux modernes *gong kebyar*, d'une clinquante virtuosité conçue pour épater les touristes, la musique paradisiaque du vieux maître est toute en nuances, calquée sur les rythmes subtils et les timbres délicats d'une nature luxuriante. Grâce au disque compact, nous pouvons aujourd'hui savourer l'art immortel de cet être habité des dieux.

Mais l'héritage de Lotring perdure, comme en témoigne une production japonaise entièrement consacrée à la musique du *wayang krit* – ou plutôt du *wayang kulit* –, l'inimitable théâtre d'om-

bres balinais. La grande épopée hindoue de Mahabharata – souvenez-vous de la version de Peter Brook – sert ici de trame aux prouesses vocales d'un maître de cérémonie à la fois narrateur et porte-parole de tous les personnages incarnés par les figurines de cuir. Sa voix d'outre-tombe est merveilleusement soutenue par quatre grands métallophones à dix lames, dont les polyphonies sont parmi les plus beaux joyaux de la musique indonésienne.

2 CD Ocora, C 559 076 / 77.
Auteur: Jacques Brunet.

1 CD Victor / Ethnic Sound Series, VDP 1293.
Auteur: Ohashi Chikara
133 / 1990

PHILIPPINES   429
Musique des hautes terres palawan

Chez les Palawan des montagnes philippines, la musique paraît surtout destinée à la «contemplation sonore», si l'on en croit le commentaire de Nicole Revel-MacDonald. Cette dimension contemplative est en effet la première qualité qui frappe à l'écoute du répertoire lyrique auquel est dédiée la première face de ce disque. Interprétés alternativement par les femmes et les hommes, ces chants d'amour empreints d'une profonde douceur donnent une image délicate de l'univers musical palawan. Les voix y sont toujours accompagnées par deux instruments, dont les timbres se marient comme le *yin* et le *yang*: la cithare tubulaire *pagang*, jouée par les femmes, et le luth à long manche *kusjapiq*, apanage exclusif des hommes.

En face B apparaissent deux orientations distinctes de la musique instrumen-

tale, l'une récréative, l'autre cérémonielle. La première, appelée la «petite
musique des choses», est illustrée par
une série de courts solos de luth, de
guimbarde et de flûte évoquant le monde
naturel ambiant et les animaux, réels ou
mythiques, qui peuplent l'imaginaire
palawan. Et pour conclure, un extrait de
musique de fête est exécuté par le *kulin-
tang*, ensemble de percussions constitué
de gongs et d'un tambour. Le caractère

rituel de cette commémoration du Maître
du Riz, dans laquelle prédomine la composante rythmique, contraste vivement
avec le climat intimiste et courtois de ce
qui précède.

**1 LP Le Chant du monde, collection
CNRS / Musée de l'homme, LDX 74865.
Auteurs: Nicole Revel-MacDonald,
José Maceda.
107 / 1988**

ASIE
ORIENTALE

CHINE DU NORD 430
Musique du théâtre d'ombres
Par la troupe paysanne de Luochuan
(Shaanxi)

Enregistré lors de la venue en France du théâtre d'ombres de Luochuan, ce disque présente une tradition villageoise vigoureuse et colorée, apparemment égale à elle-même depuis plus de dix siècles. Ce «parent pauvre» de l'Opéra de Pékin offre avec le spectacle musical urbain des similitudes frappantes dont, ne pouvant juger ici de la composante visuelle – signalons le livre de Jacques Pimpaneau : *Des poupées de l'ombre, Le théâtre d'ombres et de poupées en Chine* (Paris, 1977), qui fournit une excellente introduction au sujet –, on relèvera l'aspect musical : même expressivité exacerbée des voix, même type d'instrumentation, même déroulement en séquences musicales s'articulant sur les phases successives de l'action scénique.

Mais la musique de ce théâtre d'ombres est plus qu'un simple commentaire au jeu des figurines : c'est un art à part entière, doté de ses règles et de sa saveur distinctives. Le discours musical de ces artistes-paysans repose sur un double contraste permanent, d'une part entre les passages narratifs et les parties lyriques, et de l'autre entre le phrasé linéaire d'instruments mélodiques au timbre nasillard (vièles, luths, hautbois) et l'apparent désordre d'un foisonnement de percussions (tambours, gongs, cloches, cliquettes), destinées à souligner les temps forts du récit autant qu'à en marquer les périodes rythmiques.

Après un long extrait de la pièce intitulée *La Lanterne aux lotus*, qui décrit les péripéties amoureuses d'une déesse et d'un jeune lettré, le disque se termine sur un fragment de *L'Epingle à cheveux*, une très belle romance interprétée dans un style assez archaïque.

Espérons que ce premier volume de la série «Chine» de l'Association française des Amis de l'Orient sera bientôt suivi d'autres réalisations aussi dignes d'intérêt.

1 LP Espérance / Traditions classiques de l'Orient, ESP 8417.
Auteur : Isabelle Duchesne.
90 / 1986

CHINE 431
Anthologie musicale de l'Orient, vol. 32

Malgré l'éminence des interprètes et l'indéniable valeur du matériel musical, ce choix de quelques fleurons de la tradition savante chinoise se révèle décevant. Il se situe en effet à mi-chemin entre l'anthologie introductive et la présentation quelque peu approfondie de l'un ou l'autre de ses aspects. Le néophyte n'en retire qu'une vue très partielle de la tradition instrumentale chinoise, et l'auditeur averti reste sur sa faim. De plus, au moins deux des six enregistrements publiés font déjà partie d'autres collections accessibles en Europe.

Cela dit, chaque pièce prise isolément est un pur délice. L'expressivité vigoureuse du luth *pipa* est mise en valeur d'une façon saisissante dans le martial *Shimian maifu* («La grande embuscade») de Li Tingsong. Par contraste, le jeu de la cithare *zheng*, sœur du *koto* japonais, dénote un toucher limpide, tout en finesse et en subtile élégance dans l'évocation musicale des «Oies sur une plage de sable». Mais c'est avec le *qin*, l'emblème des lettrés de la Chine ancienne, que nous touchons à la quintessence de l'instrument confucianiste ; les trois grands maîtres présentés ici témoignent de la transparence de cette musique intime et allusive. De Guan Pinghu, à qui l'on doit la réinterprétation d'innombrables tablatures anciennes, sont proposés deux morceaux: le très classique *Liushui* («Eaux courantes») et *Ao'ai* («Le chant du pêcheur»), jusqu'alors inédit hors de Chine. Pour conclure, Fu Xuezhai, cousin du dernier empereur mandchou, est associé au grand compilateur Zha Yiping pour une savoureuse «Ode à la fleur de prunier» pour *qin* et flûte *xiao*.

1 LP Bärenreiter-Musicaphone / UNESCO, BM 30 SL 2032.
Auteur: Wang Qun.
98 / 1987

NAN KOUAN   432
Musique et chant courtois de la Chine du Sud

Le *nan kouan*, ou «style du Sud», est incontestablement un des joyaux de la musique chinoise. Cet art courtois issu des longues ballades chantées de l'époque Song (960-1278) s'est perpétué à Taïwan au sein de quelques familles de vrais amateurs, dans le meilleur sens du terme. Révélés en 1983 par une tournée européenne, la chanteuse Tsai Hsiao-yüeh et l'ensemble du Conservatoire Nan Sheng-She de Taïnan avaient offert à ceux qui ont eu le privilège de les entendre un moment de bonheur total, un de ces trop rares instants de pure éternité que seuls des artistes d'exception sont parfois capables de communiquer à leur auditoire.

Parfaitement restituée par le CD, cette musique entièrement codifiée ne se livre pourtant pas aisément. Apparemment, rien ne se passe: les longues mélopées pentatoniques se déroulent, sobres, élégantes, sans aspérités. Portée par un accompagnement instrumen-

tal d'une retenue et d'une concision extrêmes, une voix aux subtiles inflexions évolue, souple, nasillarde et haut perchée. Et le miracle se produit: un scintillement d'harmoniques jaillit d'une ligne mélodique aux intonations absolument justes. Le dosage des timbres et des ingrédients sonores relève du sens confucianiste de la mesure le plus accompli; le *nan kouan* est l'art de l'Invariable Milieu.

1 CD Ocora, C 559 004.
Auteur: Kristofer Schipper.
108 / 1988

CHINE   433
Musique classique instrumentale
★★★★

Enregistré auprès de musiciens réfugiés à Taïwan et à Hong Kong, ce choix de pièces instrumentales présente les aspects saillants de la «musique élégante» chinoise. On n'y regrettera que l'absence du *qin*, la cithare emblématique des lettrés confucianistes. Sans entrer dans les détails, le commentaire rappelle brièvement les bases philosophiques essentielles à une juste appréciation de l'esthétique musicale chinoise.

A l'écoute de la flûte *ti-tse* (*dizi*, selon la transcription courante pinyin) et du luth *p'ip'a* (*pipa*), on perçoit la profonde symbiose de cette musique avec les forces de la nature; leurs timbres se marient comme le vent et l'eau pour déployer les douces vagues de mélodies délicates. Les quatre pièces pour cithare *cheng* (*zheng*) qui font suite permettent de confronter deux idéaux sonores différents: tels les fils ténus reliant le Ciel et la Terre, les cordes de soie confèrent à l'instrument un caractère intime et organique, propre à évoquer les plus nobles aspirations de l'âme; en comparaison, la sonorité acide des cordes de cuivre –

récemment adoptées par certains artistes – lui font passablement perdre de cet esprit pour privilégier un jeu brillant, extraverti, plus en accord avec « l'air du temps ». Pour conclure, deux compositions d'ensemble fournissent des exemples du style du Sud, *nan kuan* (*nanguan*), et de celui du Nord de la province de Canton, le *chao-chou* (*chaozhou*), qui se sont développés parallèlement à l'opéra classique.

1 CD Playa Sound, PS 65005.
Auteur: Hubert de Fraysseix.
113 / 1988

CHINE 434
Musique classique

L'anthologie réalisée en 1977 par Jacques Pimpaneau était sans aucun doute l'une des meilleures introductions disponibles à la musique de chambre chinoise. Comparée à d'autres publications plus récentes, elle offrait en effet un panorama presque complet des pratiques instrumentales de l'ancien Empire du Milieu. La voici reproduite en disque compact et, qui plus est, augmentée de sept nouvelles plages sélectionnées par François Picard. Grâce à cette heureuse initiative, trois instruments absents de l'édition originale sont portés à notre appréciation: la flûte *xiao*, la cithare *yangqin* à cordes frappées et le luth *sanxian*, proche du *shamisen* japonais.

    Contrairement à la musique populaire, souvent orchestrale et plutôt tonitruante car destinée aux fêtes de plein air, la tradition savante chinoise est un art de solitaires, ou du moins réservé à une élite de lettrés. D'une esthétique délicate, presque fragile, elle met en jeu des énergies subtiles, visant à harmoniser le microcosme humain aux forces de l'univers. Ce principe trouve son parachèvement avec l'art du *qin*, ou *guqin*, la cithare à sept cordes exaltée par les sages confucianistes. Un des mérites de ce disque est de réunir des enregistrements rares, effectués vers 1960, des trois meilleurs joueurs de *qin* de ce siècle: Guan Pinghu, Zha Fuxi et Pu Xuezhai (la transcription de leurs noms a été quelque peu écorchée dans la notice). Mais c'est dans leur ensemble que ces documents, pour la plupart antérieurs à la révolution culturelle, contribueront à la pleine reconnaissance de cet art d'amateurs, dans le plus noble sens du terme.

1 CD Ocora, C 559039.
Auteur: Jacques Pimpaneau. **118 / 1989**

CHINE 435
Musique classique vivante
par le Cercle d'Art Populaire
★★

FOUR VIRTUOSI PLAY 436
CHINESE TRADITIONAL
MUSIC, Vol. 2
Lam Fung (pipa), So Chun-bo (zheng), Wong Kuen (xiao, di), Cheng Tak-wai (sheng), Hong Kong Virtuosi Folk Ensemble
★★

Avec le récent volume « *Chine: Musique classique* », Ocora soumettait à notre ravissement quelques fleurons de l'ancienne tradition Han. De sa version rénovée par les soins du Cercle d'Art Populaire n'en subsiste qu'une pâle contrefaçon. Passées à la moulinette de l'uniformisation nationale, les mélodies des diverses provinces chinoises perdent l'essentiel de leur caractère. Comme on pouvait s'y attendre, les plages les plus intéressantes sont les brillantes démonstrations d'orgue à bouche, de luth, de flûte et d'ocarina qui émaillent ce disque. Par contre, les morceaux d'ensemble se révèlent d'un esthétisme assez mièvre et insipide.

Un commentaire semblable pourrait être appliqué a la nouvelle production des solistes de Hong Kong. Ici aussi, seules les pièces en solo ou en formation réduite méritent une certaine attention. Mais l'accompagnement orchestral infligé à une partie du répertoire par le *Hong Kong Virtuosi Folk Ensemble* est d'un goût tout simplement exécrable!

1 CD Ocora, C 559 049.
Auteur: François Picard.

1 CD Hong Kong Records Co.,
HK 8.242.122.
Auteurs: Lai Kin, Keith Anderson.
129/1990

FANTASTIC PIPES OF CHINA 437
Lyu Hong-jun
★★★

Polyinstrumentiste au talent raffiné, Lyu Hong-jun nous propose ici un voyage lyrique dans le temps et l'espace chinois. Ses arrangements délicats soulignent la pureté de ligne de ces anciennes mélodies, en les rehaussant, quand il le juge nécessaire, d'un discret accompagnement de cordes ou de percussions. Pour chaque pièce, il utilise un instrument différent, adapté au répertoire qu'il aborde. Avec l'antique ocarina *xun* ou la flûte *xiao*, il retrace quelques épisodes glorieux du passé de la Chine, alors que, au son de la clarinette double *hulusi*, de l'orgue à bouche *yu-sheng* ou du hautbois *guan*, ce sont les airs traditionnels des minorités du sud qui sont évoquées.

Au-delà de la diversité des styles, son disque parvient à dégager un agréable sentiment d'unité esthétique, un peu à la façon d'une toile impressionniste. Lyu Hong-jun évite l'écueil de la froide démonstration organologique en imprimant toujours à ses interprétations une touche personnelle. Même si la saveur en est quelquefois un peu doucereuse, sa musique n'en reste pas moins très plaisante à l'écoute.

1 CD Victor/Ethnic Sound Series,
VDP-1117.
Auteur: Morita Minoru.   126/1989

FOUR VIRTUOSI PLAY 438
CHINESE TRADITIONAL
MUSIC
Loo Kah-chi (er-hu), Lam Fung (pipa), So Chun-bo (gu-zheng), Wong Kuen (xiao)
★★★

DUN HUANG 439
Music of the Tang Dynasty (618-907)
Ye Xu-ran (pipa), Central Folk Orchestra
★

MUSIC OF THE SONG 440
DYNASTY (960-1279)
Liu De-hai (pipa), Liu Ming-yuan (ban-hu), Zhu Run-fu (di), Fan Shang-e (zheng), Li Xiang-ting (gu-qin)
★

ANCIENT CLASSICS FOR 441
CHINESE PLUCKED
INSTRUMENTS
Plucked-Instrument Ensemble, Beijing. Liu De-hai (direction)
★

Après le Japon, c'est la Chine qui s'éveille à la production de disques compacts destinés au marché international. Quatre publications récentes proposent un tableau disparate de la musique chinoise telle que l'encourage aujourd'hui le gouvernement de Beijing. Cette réhabilitation du patrimoine ancien est en soi louable, mais les solutions proposées sont loin d'être toutes satisfaisantes.

Le premier volume est consacré à la musique de chambre pour vièle (*er-hu*), luth (*pipa*), cithare (*gu-zheng*) et flûte (*xiao*). Les diverses combinaisons de ces instruments, en duo, en trio ou en quatuor, font ressortir une palette de timbres châtoyante, servie par des interprètes d'une impeccable virtuosité. Le choix des pièces témoigne de la variété de sources ayant alimenté le répertoire classique chinois : airs populaires de la région de Shanghaï, musique d'ensemble cantonaise, adaptation d'œuvres pour le *gu-qin* et, finalement, compositions contemporaines dans le style traditionnel du *chaozhou*.

A Dun Huang, une oasis de la province de Gansu, a été découvert un précieux manuscrit musical daté de 933 après J.-C., soit peu après la chute de la dynastie des Tang (618-907). Fondée sur une transcription du musicologue Ye Dong, la restitution qu'en donne Ye Xuran au *pipa* a quelque chose d'un peu trop sage et d'académique qui rappelle les premiers essais européens de réinterprétation des codex médiévaux. Mais ces vingt-cinq courtes pièces groupées sous forme de suite sont néanmoins d'un intérêt archéologique certain.

On se serait en revanche volontiers passé des cinq morceaux pour luth et ensemble qui concluent ce disque, tout autant que de l'adaptation orchestrale des œuvres du moine taoïste Jiang Baishi (*ca*. 1155-1221) censée illustrer la musique de l'époque des Song. Prétendument arrangée «dans l'esprit de l'original », cette guimauve d'un goût douteux ne trompera personne.

C'est hélas! aussi une version rénovée des «anciens classiques pour instruments à cordes pincées » que nous soumettent Liu De-hai et ses musiciens. On y retiendra quand même quelques solos de *pipa* assez intéressants. Mais d'une manière générale, on reste là avec le sentiment frustrant d'un rendez-vous manqué.

4 CD Pacific Music / Hong Kong Records, HK 8.242101, 242109, 242110 et 242111. Auteurs : Lai Kin, Keith Anderson. 125 / 1989

CHINE   442
L'art du qin
Li Xiangting

La musique de *qin* est par excellence l'évocation des éléments : elle fait résonner le feu, l'air, l'eau et la terre, au point qu'on croit parfois y entendre scintiller l'éther, la quintessence du monde des sons. Adepte des cordes métalliques, Li Xiangting est sans aucun doute un grand virtuose ; et pourtant, l'art du *qin* n'est en rien une musique de virtuose. La cithare confucéenne est au contraire l'instrument du contemplatif solitaire, ou du cercle restreint des lettrés, qui partagent le bonheur intimiste d'une musique proche du silence.

C'est peut-être cette qualité qu'on aimerait rencontrer davantage dans le jeu de Li Xiangting : le silence... Plus démonstratif qu'expressif, il adopte des tempos nettement supérieurs à l'usage, laissant à peine respirer ses mélodies, un peu comme s'il craignait le vide. Mais n'exagérons rien : sa musique est admirable, rayonnante de générosité ; et les partisans des cordes de soie admettront que, en portant le *qin* sur le devant de la scène, cet artiste chevronné est bien l'un des plus sûrs ambassadeurs de leur univers esthétique.

1 CD Ocora, C 560 001. Auteur : François Picard.   136 / 1990

CHINE 443
Fanbai: chant liturgique bouddhique
Leçon du soir au temple de Quanzhou

CEREMONIAL MUSIC 444
from the Temple of the Imperial Chinese Court
Buddhist Ensemble of the Monks from Zhihua Temple

Ces deux images sonores du bouddhisme chinois restituent les deux faces principales d'une tradition spirituelle millénaire: l'une immuable et ésotérique, qui repose sur les préceptes les plus exigeants de son fondateur, l'autre plus pompeuse, depuis longtemps destinée au service du pouvoir.

La très ordinaire «leçon du soir», enregistrée intégralement et commentée par François Picard, fournit un remarquable exemple de la psalmodie des communautés monastiques appelée *fanbai*, qui est à l'origine du *shômyô* japonais. Réalisée dans l'enceinte du temple Kaiyuan de Quanzhou, dans la province du Fujian, la prise de son en situation nous plonge presque physiquement dans l'espace sacralisé; ainsi, lors de la circumambulation qui constitue le point culminant du rituel, l'auditeur peut véritablement «voir» passer les moines devant lui, tant les micros captent avec précision la dynamique spatiale de la cérémonie.

Comparée à l'austérité de cette dernière, la musique du temple de Zhihua est évidemment plus «élégante», ne serait-ce que par la présence d'instruments à vent (flûte, hautbois, orgue à bouche). Elle se trouve ainsi nantie d'une majesté propre à susciter les grâces de la défunte cour impériale. Mais ne nous leurrons pas: il s'agit ici d'une reconstitution effectuée, nous dit-on, par des moines musiciens qui se sont «joints à l'Orchestre bouddhiste de Beijing». Même aseptisée par les impératifs du studio, leur démonstration n'est pas dépourvue d'intérêt esthétique. Mais comment ne pas lui préférer le souffle de l'indicible exhalé par les moines de Quanzhou?

1 CD Ocora, C 559 080.
Auteur: François Picard.

1 CD Tao 8, 26 0483.
Auteur: Keith Anderson.
128/1989

AN INTRODUCTION 445-448
TO CHINESE OPERA
Vol. 1: Kun Opera/Sichuan Opera
Vol. 2: Qin Opera/Ping Opera/Yu Opera
Vol. 3: Jing Opera/Cantonese Opera
Vol. 4: Shanghai Opera/Huang Mei Opera

THE WORLD OF 449
PEKING OPERA
Peking Opera Theater of China

★★★

Vitrine culturelle de la République Populaire, l'opéra chinois a depuis longtemps conquis un large public friand de beaux costumes et de légendes exotiques. Le temps des ballets révolutionnaires à la gloire du Grand Timonier est révolu; les ravissantes ouvrières en bleu de travail qui virevoltaient martialement, la faucille à la main, ont aujourd'hui fait place à de pauvres paysannes exploitées par des courtisans riches et véreux, à la solde de cruels monarques. Le message subsiste donc, mais paré des plus somptueux atours du Céleste Empire.

Dans sa forme «rénovée», l'opéra chinois comporte de nombreux styles régionaux, dont l'anthologie publiée à Hong Kong permet d'évaluer les différences. Caractérisés par un abondant usage de percussions – gongs, claquettes et crécelles notamment –, l'opéra Yu de la province de Henan et celui du Sichuan mettent en évidence les voix fluettes et suraiguës des chanteuses; dans le district de Huang Mei, le vieux fonds de mélodies et de danses populaires est mis en scène dans des reconstitutions bucoliques qui, dès les années vingt, ont fait les beaux jours du jeune cinéma chinois; à l'opposé, le style raffiné de Kun semble essentiellement destiné à une audience de lettrés, avec ses chants mélismatiques et son orchestration élaborée. Mais le plus prestigieux demeure l'opéra de Pékin (*Jing Opera*), dont la diversité de techniques et de timbres apparaît comme une synthèse des styles nationaux. Un spectacle enregistré dans un théâtre de Tokyo nous convaincra de son impact sur le public japonais.

**4 CD Hong Kong Records,
HK 8.880043-46.
Auteurs: Liu Huai-yuan et Keith Anderson.**

**1 CD Victor Ethnic Sound Series,
VDP 1102.
134/1990**

TURKESTAN CHINOIS / XINJIANG   450

Musiques ouïgoures

Parmi les joyaux de notre univers musical, il y a les perles noires, qui sont d'autant plus précieuses du fait de leur rareté. Ainsi, ce double album compact réalisé par Sabine Trebinjac et Jean During constitue-t-il le premier document totalement fiable sur la musique d'un des peuples les plus méconnus d'Asie centrale, les Ouïgours. Il démontre en outre de façon remarquable la pérennité d'une tradition musicale éblouissante.

S'il est attesté que les Ouïgours sont les descendants des Huns, l'art du *muqâm* classique, présenté sur le premier disque, remonterait au XVe siècle, période à laquelle l'influence musulmane se stabilise au Xinjiang. Ces compositions vocales et instrumentales sécrètent toute la sève de la «suite islamique» telle qu'elle existe du Maghreb au Turkestan oriental, mais avec un parfum distinctif, rappelant surtout ceux des régions voisines, du Cachemire et du Pakistan septentrional notamment. Luth à long manche, vièles, tympanons: les instruments à cordes dominent, et leurs fluides lignes mélodiques se marient admirablement aux souples inflexions des chanteurs.

Avec le *muqâm* des Dolan, un sous-groupe ouïgour, l'émerveillement se double de surprises avec la découverte de timbres instrumentaux inédits comme celui du *rawap*, un luth dont la technique combine le jeu des cordes mélodiques et celui des cordes à vide, ou du *qalun*, une cithare à mi-chemin entre la *zither* alpine et le *koto* japonais!

Quant aux chansons ouïgoures qui concluent cette réalisation exceptionnelle, elles mettent en valeur des voix superbes et un jeu instrumental d'une dynamique étonnante. Les interprètes paraissent ici prendre un malin plaisir à changer continuellement les points d'accentuation de leur accompagnement rythmique, de façon à brouiller tous les repères métriques de leurs auditeurs.

Une publication d'une qualité et d'une authenticité qu'on ne saurait passer sous silence.

**2 CD Ocora, C 559092-93.
Auteurs: Sabine Trebinjac et
Jean During.**

POLYPHONIES VOCALES 451 DES ABORIGÈNES DE TAÏWAN

Ami - Bunun - Païwan - Rukaï

Documents d'archives

En 1943, au plus fort de la guerre, une mission scientifique japonaise rapportait de Taïwan une collection d'enregistrements sonores fascinants. Partiellement publiés une dizaine d'années plus tard par Constantin Brăiloiu dans sa fameuse *Collection universelle de musique populaire enregistrée* (rééditée en 1984), ces documents avaient révélé l'existence, chez les «primitifs» formosans les plus irréductibles, de pratiques vocales polyphoniques tout à fait extraordinaires.

Cette étonnante découverte resta pourtant sans lendemain jusqu'au jour où, sur l'initiative de la Maison des cultures du monde de Paris, une délégation taïwanaise vint en 1988 en faire la démonstration à un public ébahi. Nous retrouvons ici une partie de ce programme parisien, complétée par une sélection de pièces provenant des archives du *Folk Music Research Center* de Taipei. Quatre des dix groupes ethniques aborigènes vivant actuellement à Taïwan, les Ami, les Bunun, les Païwan et les Rukaï, se partagent le bonheur de nous surprendre par une prodigieuse diversité de chants plurilinéaires d'une beauté saisissante. Relevons pour les connaisseurs une nouvelle version du curieux chant bunun de germination du millet (*pasibutbut*), dont Brăiloiu disait déjà que «rien de plus extravagant, selon toutes nos notions musicales, n'a sans doute jamais frappé nos oreilles européennes...»

1 CD Inédit / Maison des cultures du monde, W 260011.
Auteurs: Lu Pin-Chuan, Hsu Tsang Honei.
131/1990

CORÉE 452

Musique instrumentale de la tradition classique

Ensemble Jong Nong Ak Ohô

Comparée à celle de ses voisins la Chine et le Japon, la musique savante coréenne frappe par son apparence de liberté, particulièrement sensible dans un genre solistique comme le *san-jo*. Ce disque en offre une démonstration magistrale avec un solo de cithare *gomungo* interprété par le virtuose Kim Sön-han. Encadré par une métrique sobre et rigoureuse, son improvisation se développe, hachée, faite de contrastes saisissants entre des coups de plectre vigoureux et d'imperceptibles ornementations, qui s'étirent et se prolongent indéfiniment jusqu'à se confondre avec le silence. Dans un registre plus doux, une pièce de flûte *taegum* fait ressortir un timbre éolien, rehaussé par le frémissement d'un petit mirliton.

Mais l'œuvre maîtresse de cette sélection est une longue suite pour ensemble instrumental intitulé *Ryon san hö-sang*. Reproduites intégralement – plus de cinquante minutes au total –, les neuf parties de cette composition majestueuse résument probablement la quintessence de l'esthétique musicale coréenne. Au fil d'une accélération très progressive s'installe un climat sonore impersonnel, extatique, tissé de pure énergie.

1 LP Ocora, 558 701.
Auteur: Lucie Rault-Leyrat. 108/1988

CORÉE 453

Musique de cour

L'idée confucéenne selon laquelle la musique a le pouvoir de concourir à l'harmonie cosmique ou au contraire d'engendrer les pires catastrophes a trouvé un terrain d'application fertile au Pays du matin calme. Eminemment hiératique, la musique savante coréenne est depuis des siècles régie par des canons stricts visant à fournir aux pompes de la Cour l'environnement sonore approprié, tout en offrant à ses bénéficiaires une voie exemplaire de perfectionnement moral. Les différents genres de cet art noble sont aujourd'hui perpétués par l'Institut national de musique classique de Séoul, qui apparaît comme le plus sûr garant de leur intégrité dans le contexte contemporain.

La juste appréciation d'une telle musique doit nécessairement passer par une réévaluation de notre sens de la durée, et le rôle du disque est d'en apporter les moyens : la récente publication de Lucie Rault-Leyrat était à cet égard remarquable. Rien de tel ici, et l'échantillonnage proposé ne répond pas aux exigences d'un art peut-être difficile, mais combien lumineux. Extraits de suites orchestrales, chants lyriques ou solos instrumentaux, ces joyaux épars sont hélas ! mal valorisés par un écrin trop étriqué et une prise de son médiocre. C'est dommage !

1 CD Playa Sound, PS 65023.
Auteur : Trân Quang Hai.   **120 / 1989**

PANSORI/SHIMCHONG-GA 454
The Ideal of Korea Epic Vocal Art
Jung Jung Min (chant),
Park Jong Sun (puk)
★★★★

SINAWI   455
The Ideal of Korean
Shaman Music
Sinawi - Haegum Sanjo - Ajaeng Sanjo

SAMUL AND HOJOK SINAWI 456
The Ideal of Korean Traditional Wind Ensemble
Sinawi - Piri Sanjo - Taepungnyu
★★★★

THE MEMORIES   457
OF KAYAGUM
Soung Gumnyon (kayagum), Chi Soungja (chango)

Peut-être plus encore que celles de Chine ou du Japon, la musique coréenne nous réserve des surprises ineffables. Imaginez par exemple l'art du conteur, sur la place du marché – puisque tel est le sens étymologique du terme *pansori* – élevé au rang d'un art classique, raffiné à souhait ! Imaginez une de nos grandes divas déclamant des heures durant les épisodes les plus passionnants de la Chanson de Roland ! C'est ce type de bonheur que les Coréens peuvent savourer en toute quiétude avec une interprète comme Jung Jung Min. D'une expressivité prodigieuse, ses ariosos sont soutenus par un seul percussionniste, dont les interventions discrètes sont ponctuées d'exclamations admiratives. A défaut d'en comprendre le sens, on demeure ébloui par la technique vocale et le swing d'une telle performance. Il ne nous reste qu'à apprendre le coréen !

Les autres disques de cette sélection ne présentent pas ce handicap, puisqu'il s'agit de musiques purement instrumentales ; mais quelles musiques ! Issues des anciens rites chamaniques, les différents genres du *sinawi* sont de fantastiques improvisations collectives qui nous emportent dans un torrent de sensations, un peu à la manière des vieilles fanfares de la Nouvelle-Orléans.

On retrouve la même émotion, mais plus épurée avec le *sanjo*, qui est la formule du solo instrumental accompagné d'un tambour. La cithare *kayagum*, le hautbois *piri*, ou encore deux instruments aux cordes frottées par l'archet, la vièle *haegum* et une autre cithare appelée *ajaeng*: autant de timbres délicats générateurs de subtiles jouissances, autant de registres d'un art au potentiel inépuisable.

4 CD Victor / Ethnic Sound Series, VDP 1362, 1363, 1364 et 1097. Auteurs: Fujimoto Juichi et Chi Soungja. 128 / 1989

CORÉE   458
Byon Kyu Man: taegum
Musiques traditionnelles et contemporaines de Corée
★★★

Simple tube de bambou percé d'une embouchure et de six trous de jeu, le *taegum* serait un instrument banal s'il ne comportait en outre un orifice supplémentaire, recouvert d'une fine membrane faisant office de mirliton. Et c'est là que réside le secret de son timbre fragile, un peu voilé, qui évoque si bien les brumes du Pays du matin calme. Coréen résidant à Paris, Byon Kyu Man nous propose une longue et sobre méditation à travers les paysages de la Corée ancienne et contemporaine. Son disque débute par quatre pièces du répertoire traditionnel, dont certaines sont des adaptations d'œuvres vocales ou orchestrales. Dépouillées des contrastes sonores de leur «version originale», elles mettent en évidence une esthétique fluide, moins saisissante que celle du *shakuhachi* japonais, mais néanmoins très agréable. Quant aux deux derniers morceaux, probablement de composition récente, ils s'en démarquent par

leur tracé mélodique. Mais une notice sommaire et peu précise ne nous en dit hélas rien.

1 CD ADDA, 581116. Auteur: Bruno Letort. 139 / 1990

MOD   459
Korean Kyonggi minyo
★★★

HAN   460
Korean Namdo minyo
★★★

Autant qu'on puisse en juger, ces deux disques présentent une version assez folklorisée des musiques villageoises du centre (*Kyonggi minyo*) et du sud-ouest (*Namdo minyo*) de la République de Corée. Fort beaux, il faut le dire, ces chants populaires sont ici interprétés par de grands solistes classiques, ce qui leur fait perdre une part de leur crédibilité.

Mais le procédé, également courant en Occident, se révèle fécond: ainsi magnifiés, ces «intangibles trésors culturels» – c'est le titre décerné en Corée aux genres musicaux bénéficiant du soutien du gouvernement – deviennent pour les chanteurs les prétextes de prodigieuses performances vocales. Ils mettent en outre en évidence les timbres fascinants des instruments nationaux: la flûte *taegum*, la cithare *kayagum*, la vièle *ajaeng* et le hautbois *piri*, soutenus par les pulsations métronomiques du tambour. Graves et dramatiques dans le sud-ouest, plus enjoués dans le centre, ces chants mettent en évidence un aspect significatif de l'actuelle recherche d'identité culturelle des artistes coréens.

2 CD Victor/Ethnic Sound Series, VDP 1365, 1366. Auteurs: Kwon Oh Sung, Fujimoto Juichi. 132 / 1990

JAPON   461
Musique du nô: Shakkyô
(Pont en pierre)

★★★★

Le *nô* est peut-être le genre théâtral japonais qui a le plus marqué les Occidentaux. Cette fascination est certainement liée à l'attrait qu'exercent chez nous les traditions spirituelles extrême-orientales, notamment le bouddhisme zen et les arts dont il a favorisé l'épanouissement: le tir à l'arc, la calligraphie, la peinture, les arts floraux, et bien sûr la musique.

Le caractère à la fois hiératique et dépouillé de l'esthétique zen (centrée sur la «manifestation du vide») apparaît de façon saisissante dans ce disque. Poussant la stylisation à l'extrême, cette musique totalement codifiée est d'un abord ardu; elle combine une grande économie de moyens à une force expressive peu commune. Les voix gutturales parfaitement maîtrisées des acteurs-chanteurs – toujours des hommes – produisent d'étonnants effets de vibrato et de crescendo, passant sans transition du cri suraigu au sanglot; elles évoluent sur un accompagnement instrumental sobre et déroutant, fourni par une petite flûte traversière (*nô-kan*) et trois tambours (*ko-tsuzumi*, *ô-tsuzumi* et *taiko*), qui interviennent sous forme de ponctuation venant renforcer les séquences particulièrement intenses.

Cet enregistrement présente l'intégrale de *Shakkyô* («Pont de pierre»), chef-d'œuvre de Motomasa (1394-1432), un des maîtres de l'époque «classique» du *nô*. Le thème en est celui de l'initiation et de l'acquisition de la sainteté, symbolisées par le passage du Pont reliant notre monde à la «terre pure», paradis des *bodhisattva*.

Le texte de présentation, écrit par le compositeur Akira Tamba, fournit une excellente introduction générale à cette œuvre et à son contexte. On regrette toutefois l'absence d'un livret qui permettrait de mieux suivre l'action et faciliterait l'accès à cette musique difficile, mais prodigieuse.

1 LP Ocora, 558 629; 1 CD, C 559 005.
Auteur: Akira Tamba.
78/1985

JAPON   462
Shômyô: chant liturgique
bouddhique, secte Shingon
Kôbôdaïshi Mieku

★★★★

Impressionnant de hiératisme, le *Shômyô* nous plonge au cœur du bouddhisme ésotérique japonais. Ce plain-chant liturgique, exécuté aussi bien en sanscrit qu'en chinois ou en japonais, apparaît à plus d'un égard comme un équivalent oriental du grégorien. On y trouve la même alternance de longues monodies mélismatiques en solo avec des psalmodies chorales rythmées au tempo lent, le même caractère profondément méditatif, éloigné des turbulences du monde.

Faisant suite à un autre disque de cette collection consacrée à l'école Tendai (Japon 2, OCR 558 559), cet enregistrement présente des extraits d'une cérémonie de la secte Shingon dédiée à son fondateur Kûkai, mort il y a plus de onze siècles. Ces mélodies d'une extrême sobriété, parfois discrètement soulignées d'un accompagnement de percussions, sont l'écho d'une alchimie spirituelle difficilement sondable: Il faut abandonner tout critère d'ordre esthétique pour y goûter tant soit peu.

L'enregistrement digital met bien en valeur le ciselé des voix, et une brève présentation permet de se faire une idée de la signification de ces chants dans leur contexte religieux. Il faut toutefois relever une ou deux erreurs apparaissant çà et là dans le texte de la plaquette: ainsi, le terme sanscrit de *çabda-vidya*, dont dérive celui de *Shômyô*, est improprement traduit par «voix claire», alors qu'il signifie littéralement «connaissance du (ou par le) son». Quoi qu'il en soit, nous avons ici un témoignage sonore de première qualité sur une des grandes traditions monastiques du Japon.

1 CD Ocora, C 558657.
Auteur: Akira Tamba.   **105/1987**

JAPON   463
Shakuhachi, musique zen

Comme celle de son parent spirituel le *ney* proche-oriental, la musique de *shakuhachi* combine les vertus du vent et du feu. Les mélodies intenses et épurées de la flûte japonaise ont en effet quelque chose d'«élémentaire». Facteurs d'éveil, elles ébranlent notre conscience ordinaire en traduisant dans la durée le coup de baguette ou le tintement de cloche du maître zen.

Les deux grands artistes Nôtomi Judô et Yamaguchi Gorô proposent chacun ici une longue méditation sur le souffle. Le premier interprète une pièce d'origine religieuse, *Kokû-Reibo*, paysage sonore aride inspiré par l'évanescence du monde phénoménal. Quant à *Mukaiji-Reibo* par Yamaguchi, à la fois plus élégant et plus dramatique, il transporte son auditeur en un monde onirique où la flûte de bambou se fait le vecteur du songe.

Si l'esthétique du *shakuhachi* devait être définie en quelques mots, elle pourrait tenir en ces deux formules apparemment contradictoires: «plénitude austère» et «manifestation du vide».

1 LP Auvidis, AV 4508; 1 CD 6508.
Auteur: Alain Saron.   **99/1987**

LE VÉRITABLE   464
ESPRIT DU VIDE
Shakuhachi –
Andreas Fuyû Gutzwiller
★★★

Personne ne songerait plus à douter de l'étonnante capacité qu'ont les Japonais d'assimiler la culture occidentale, et notamment sa musique. Cependant, la réciproque demandait encore à être démontrée. C'est aujourd'hui chose faite, grâce à la démarche et au talent d'interprètes comme Andreas Gutzwiller, devenu un authentique maître (*shihan*) de la flûte japonaise *shakuhachi*.

Rattaché à l'école de Kurosawa Kinko, ce musicien suisse s'est totalement imprégné de l'«esprit du vide» (*shin kyorei*) caractérisant les arts du bouddhisme zen. Son jeu, qui fait preuve d'un remarquable contrôle du souffle et de l'émission des sons, est pleinement mis au service de la dimension méditative de cette musique. Chaque note, indépendamment de la mélodie qui la sous-tend, devient en elle-même une cellule signifiante; le son de la flûte est perçu comme le prolongement direct de la respiration du musicien, ce qui met en évidence le rôle de technique spirituelle traditionnellement attribué à la pratique du *shakuhachi*.

A l'écoute de quatre pièces présentées dans ce disque, rien ne permet de déceler le moindre «accent» étranger, la moindre intonation déplacée; la musique d'Adreas Gutzwiller atteint donc le centre de la cible, à l'égal de l'unique flèche des maîtres-tireurs à l'arc de l'ancien Japon.

1 LP Jecklin, 588.
89/1986

JAPON 465
Gagaku

Hiératique et envoûtante, la musique impériale japonaise est empreinte d'une majesté qui ne trahit pas son origine. Signifiant littéralement «musique élégante», le *gagaku* traduit bien l'idéal de splendeur sobre d'une cour dont le monarque incarne le principe solaire. De puissantes masses d'une matière sonore pourtant fluide progressent inexorablement, semblables au flux d'un océan insondable. Les subtiles dissonances des flûtes et des orgues à bouche s'insinuent jusque dans la moindre fibre sensible de l'auditeur. Stridentes, quasi insoutenables, elles dégagent néanmoins un sentiment de paix, ne serait-ce que par la dignité et la rigueur qui en émanent.

L'héritage shintoïste perdure dans ce art : on pressent dans son agencement les échos d'un ordre cosmique prédéterminé ; les mélodies diaphanes se développent avec une lenteur raisonnée, paraissant calquée sur le mouvement des astres. Chaque coup de tambour écarte un voile, ouvrant de nouveaux espaces à la contemplation. Aucun sentiment humain ne transparaît dans cette musique, ce qui est peut-être l'indice le plus sûr de la parfaite maîtrise de l'ensemble Ono Gagaku Kaï. Tout sonne juste, parce que rien n'est laissé à l'appréciation individuelle de l'exécutant – un concept pour nous difficilement recevable, mais dans lequel réside sans doute la clé de l'esthétique extrême-orientale. L'alchimie raffinée du *gagaku* paraît tout entière axée sur l'idée centrale du *satori*, de l'illumination, point de jonction du temps et de l'éternité.

1 CD Ocora, C 559 018.
Auteur : Akira Tamba.
109 / 1988

MIYAGI MICHIO 466
Rokudan

JAPON 467
Sanjyugen
★★

GAGAKU 468
Musique de la cour impériale
★★★★

Parmi les éditeurs japonais, Victor s'impose actuellement comme le plus productif dans le domaine qui nous intéresse ici. Son catalogue accorde bien sûr une large part à la production nationale ; on y appréciera notamment la publication d'enregistrements anciens d'un des plus grands musiciens japonais du siècle : Miyagi Michio (1895-1956). Compositeur fécond, père du *genda hogaku* ou «musique contemporaine pour instruments traditionnels», Miyagi est aussi respecté comme le rénovateur de l'art du *koto*, la fameuse cithare à chevalets mobiles. Interprète à la sensibilité extrême, il est un de ces personnages clés qui ont contribué à réanimer la veine de l'identité culturelle japonaise, passablement tarie au sortir de l'ère Meiji. Sa version de *Rokudan*, la célèbre composition de Yatsuhashi Kengyô, est un petit bijou.

La modernisation de la musique japonaise a par ailleurs donné naissance à toutes sortes d'hybrides, comme cette cithare à trente cordes qui ressemble plus à une harpe qu'à un *koto*. Sous le titre de *Sanjyugen* nous est proposé un curieux mélange de pentatonisme à l'orientale et de recherche de timbres rappelant davantage la démarche d'un John Cage ou d'une Alice Coltrane que celle de Miyagi. Peu convaincante, cette musique prospective n'aurait pas sa place dans ces pages si elle ne témoignait d'une vitalité et d'une invention toutes japonaises.

Deux mots encore sur un troisième disque de la même série, qui nous plonge dans les splendeurs hiératiques de la Cour impériale. Ce volume sur le *gagaku* complète judicieusement celui précédemment publié par Ocora en offrant un choix d'œuvres complémentaire. Malheureusement, nous n'en saurons pas plus, la notice étant exclusivement en japonais!

**3 CD Victor, VDR 1090, 1020, et 1021.
Auteurs: Kikkawa Eishi et O Tadamaro.
122/1989**

NOHGAKU-BAYASHI   469
**The Percussion and
Flute Ensemble accompanying
Noh plays**
★★★★

BIWA   470
The Lute of the Minstrel
★★

SANUKAITO   471
**Sounding Stones from
the Stone Age**
★★★

Ces trois nouvelles productions nous convaincront, s'il le fallait encore, de l'originalité de l'esthétique japonaise. La musique du théâtre *nô* n'est certes pas l'une des plus faciles à aborder, surtout en l'absence de son complément visuel; mais son hermétisme est d'une nature qui ne devrait pas rebuter les amateurs d'avant-garde occidentale. On y rencontre en effet une approche des timbres et des lignes mélodiques à certains égards comparable: des voix faisant alterner cris et gémissements, une flûte aux striden-

ces déroutantes, et des percussions plus expressionnistes qu'organiques. Mais ce que le *nohgaku-bayashi* nous démontre surtout, c'est peut-être l'élasticité de la notion de durée, et la valeur musicalement significative attribuée au silence.

On retrouve des principes semblables dans l'art du *biwa*; les enregistrements de la grande Tsuruta Kinshi nous en avaient en leur temps déjà fourni un aperçu magistral. Les sonorités sèches et acides du luth japonais se prêtent à de multiples traitements; en voici trois, un peu arbitrairement réunis en un compact néanmoins agréable: tout d'abord en compagnie de la flûte *fue*, avec une pièce à l'esprit très méditatif; puis en accompagnement de la voix dans un épisode du *Heike-monogatari*, la célèbre épopée du Japon médiéval; et enfin en trio, avec flûte et cithare, dans une composition contemporaine. Toutes sont intéressantes et remarquablement interprétées, mais leur disparité nuit en définitive au rayonnement de chacune.

En japonais, «lithophone» se dit *sanukaito*, et c'est sur ce vénérable instrument que Toshiyuki Tsuchitori est allé chercher les échos du Japon primitif. Après son expérience au sein de la compagnie de Peter Brook, cet alchimiste-musicien s'attaque à un défi d'envergure: celui de faire reparler des pierres sonores, taillées par ses ancêtres il y a plus de douze mille ans! La musique n'est assurément pas d'époque, mais elle s'avère d'une sorte de beauté rudimentaire, somme toute assez séduisante.

**3 CD JVC-Victor, VDR 25227, 25226
et 25222.
140/1991**

JAPON   472
**Ensemble des Instruments
Traditionnels du Japon**
★★

JAPON   473
Musique semi-classique et folklorique
★★★

Il est des titres qui induisent en erreur. Ainsi, cet Ensemble des Instruments Traditionnels du Japon n'offre-t-il que le reflet d'une déchéance, celle subie par la musique de chambre japonaise dès l'aube du XXᵉ siècle. Suivant l'air du temps, de nombreux compositeurs nippons ont cru devoir innover en adaptant certaines techniques occidentales à leur musique. La création d'instruments nouveaux comme le *koto* basse à dix-sept cordes par Miyagi Michio a par exemple permis le développement d'œuvres aux effets polyphoniques souvent peu convaincants. Force est de reconnaître que les recherches d'un Toshi Funagawa dans son «Chemin vers Izumo» ou celles d'un Akira Yuyama avec le «Capriccio pour trois *kotos*» traduisent une perte évidente d'inspiration. Le très classique «*Rokudan*» pour *koto* seul de Yatsuhashi Kengyô (1614-1685) leur reste infiniment préférable; les extraits interprétés ici avec sensibilité par Mikiko Haga nous en convaincront.

Présenté par Shigeo Kishibé, un choix d'enregistrements un peu hétéroclite présente quelques images d'un Japon plus populaire, dans lequel trois œuvres dites «semi-classiques» pour luth *shamisen*, pour cithare *koto* et pour flûte *shakuhachi* voisinent avec des fragments de musiques de fêtes villageoises. Survivances de rites et de légendes aux saveurs âpres, ceux-ci nous transportent dans une ambiance archaïque que retracent parfois les meilleurs films de Kurosawa.

1 CD Arion, ARN 64054.
1 CD Auvidis / UNESCO, D 8016.
Auteur: Shigeo Kishibe

KODO   474
Heartbeat Drummers of Japan
★★

On savait les Japonais capables de tout... Ce ne sont pas ceux qui ont assisté au show de Kodó qui viendront démentir ce propos. La prestation scénique de ces athlètes du rythme est en effet un spectacle hallucinant, une sorte de ballet martial et hiératique d'une étonnante intensité. Et même si la dimension rituelle n'y est que simulée, on se laisse facilement entraîner par les volutes d'une vertigineuse spirale sonore. Mais il faut *voir* les «tambours de feu» de l'île de Sado; la restitution sur disque de leur spectacle n'en donne qu'un pâle reflet, et la fascination du premier instant résiste mal à l'emprise du temps.

1 CD Sheffield, CD-LODO.
124 / 1989

JAPON   475
Tambours O-Suwa-Daiko
★★★★

ONDEKOZA   476
New
★★★★

SOUTH KOREA   477
Samulnori
«Records of changes»
★★★★

Une des expressions musicales d'Extrême-Orient assurément les plus frappantes – dans tous les sens du terme! – est celle des ensembles de percussions, héritiers des anciennes cliques militaires japonaises et de la musique

des théâtres shintoïstes *kagura*. Orchestrées comme de véritables spectacles de
ballet, leurs prestations ont conquis un
large public, au Japon comme à l'étranger. Kodo est peut-être le groupe qui a
fait le plus parler de lui, mais il ne fera
pas oublier d'autres formations tout
aussi impressionnantes comme O-Suwa-
Daiko ou Ondekoza.

Dix ans séparent l'enregistrement
de ces deux disques, et cette distance
montre une évolution intéressante, significative de la modification du regard
qu'ont les musiciens japonais sur leur
héritage: d'une certaine manière, O-
Suwa-Daiko fournit un témoignage fidèle
de l'antique tradition martiale et rituelle,
alors que le récent enregistrement
d'Ondekoza en présente plutôt une évocation, dans laquelle la technique instrumentale, la créativité des interprètes et
la sophistication de la prise de son prennent une importance accrue.

Un esprit semblable anime la démarche de SamulNori, un quatuor de percussionnistes coréens, dont le répertoire
est enraciné dans la musique des rituels
chamaniques *kut*. Ici aussi, la tradition
est assimilée comme une langue vivante,
dont le vocabulaire et la syntaxe servent
à exprimer une sensibilité et une perception du monde contemporaines. Si les
musiques traditionnelles sont pour vous
autre chose que d'intangibles pièces de
musée, écoutez les immenses tambours
taiko du Japon ou les gongs *k'kwaeng-
wari* de Corée: ils respirent au rythme
du monde.

1 CD Auvidis/UNESCO, D 8030.
Auteur: Iyori Takei.

1 CD JVC-Victor, VDR-1662.

1 CD CMR, CD 3002.
Auteur: Suzanna Samstag.
143/1991

OCÉANIE

LES ABORIGÈNES 478
Chants et danses de l'Australie du Nord
★★

En 1988, l'Australie fêtait en grande pompe le bicentenaire de l'implantation européenne. Depuis deux siècles donc, ceux qu'on appelle les Aborigènes subissent les contrecoups d'une colonisation sans appel. Eux, dont l'établissement en ces terres daterait d'il y a quarante mille ans, ont été réduits à un état de misère sociale, économique et morale que les bienfaits de la «civilisation» ne sont pas près de compenser. Qu'est-il alors advenu de leurs traditions culturelles? Eh bien, ils les exportent! Ultime et dérisoire témoignage d'un art de vivre déclaré désuet, les exhibitions de chants et de danses aborigènes qu'accueillent parfois les théâtres occidentaux frisent le pathétique.

Invité en 1979 par la maison de la culture de Rennes, un groupe d'Aborigènes *Maiale* et *Mandalbingu* de la Terre d'Arnhem s'y étaient produits dans le cadre prestigieux du défunt Festival des arts traditionnels. Enregistré à cette occasion, ce disque génère un sentiment ambigu: on se sent à la fois fasciné par les énergies vitales mises en jeu et décontenancé par l'insolite de la situation. Les sonorités d'outre-tombe du *didjeridu*, une trompe faite d'un simple tube de bois évidé, se réfèrent à un univers mythologique insondable, que des incantations monocordes contribuent à évoquer. «En entendant le cri du hibou *mook-mook*, l'homme se souvient de la mort», racontent les anciens. Mais qui se rappellera d'eux le jour où le *didjeridu* cessera de sonner?

1 CD Arion, ARN 64056.
119/1989

ILES SALOMON 479
Musique fataleka et baegu de Malaita
★★★★

Première réédition en compact des documents mélanésiens de Hugo Zemp, ce volume présente les traditions musicales de deux sociétés vivant à Malaita, la plus peuplée des Iles Salomon. A l'époque des enregistrements, les Fataleka et les Baegu avaient conservé leurs particularismes culturels à peu près intacts, malgré leur christianisation. Leur musique instrumentale est dominée par les ensembles de flûtes de Pan, qu'on retrouve aussi chez les fameux 'Aré'aré chers à Zemp. Fait étonnant, la technique de jeu en groupes alternés est ici la même que celle des ensembles de *sikus* andins, comme si une même intuition avait guidé ces peuples, par ailleurs si divers. Fragiles, pleines de mystères, ces polyphonies sont d'une douceur quasi paradisiaque; elles respirent au rythme de la nature.

Chez les Baegu, on rencontre aussi l'arc musical, ainsi qu'un curieux instrument appelé *sukute*, fait de deux tuyaux de bambou frappés et insufflés à la fois; les Fataleka, pour leur part, aiment à consulter les ancêtres avant de prendre une décision importante, comme le signalent les très beaux chants divinatoires par lesquels débute ce disque. Vingt ans après sa récolte, cette musique sans artifices demeure un témoignage émouvant d'une humanité alors préservée des atteintes de «la Civilisation». L'est-elle encore?...

1 CD Auvidis/UNESCO, D 8027.
Auteur: Hugo Zemp.
132/1990

POLYPHONIES DES ILES SALOMON   480
Guadalcanal et Savo

CHANTS KANAKS   481
Cérémonies et berceuses
★★★

Visités en 1974 par Hugo Zemp, les habitants des Iles Salomon n'ont pas attendu l'arrivée des Européens pour pratiquer la polyphonie vocale. Ainsi à Guadalcanal, la plus grande île de l'archipel, les femmes chantent des airs sans paroles appelés *rope*, qui s'inspirent des sons de la nature, des animaux ou de la vie au village. Dans les exemples soumis à notre appréciation, deux voix intenses brodent un contrepoint d'une beauté saisissante sur l'assise d'un bourdon choral. On retrouve d'ailleurs des techniques tout-à-fait semblables chez les ensembles de flûtes de Pan qui les précèdent dans ce disque.

Dans l'île de Savo, à laquelle est consacrée la dernière partie de cette sélection, des chœurs mixtes participent aux veillées funéraires, aux cérémonies commémoratives ou aux danses assises appelées *silaru*. Là aussi, la superposition des lignes mélodiques crée une texture d'une remarquable densité organique. Réédition augmentée d'un matériel précédemment publié sur microsillon, ce disque est de ceux qui détruisent nos préjugés ethnocentristes les plus tenaces en matière de polyphonie.

Quant aux Kanaks, si leurs vicissitudes ont récemment défrayé la chronique, ils n'ont jamais passé pour un peuple particulièrement musicien, dans le sens courant du terme. Les cérémonies et berceuses réunies sur cet autre volume de la Collection CNRS/Musée de l'homme ne démentiront peut-être pas cette opinion, mais elles constituent une documentation indispensable à une meilleure intelligence de leur culture. En compagnie de Lionel Weiri, Jean-Michel Beaudet a sillonné la Grande Terre néo-calédonienne et les Iles Loyauté pendant près de quatre ans afin de récolter ces marques de l'identité kanake. Dédiée à la mémoire de Jean-Marie Tjibaou, la présente publication rend pleine justice au message que les Mélanésiens souhaitent nous adresser, aujourd'hui.

1 CD Le Chant du Monde/CNRS/Musée de l'homme, LDX 274 663.
Auteur : Hugo Zemp.

1 CD Le Chant du Monde/CNRS/Musée de l'homme, LDX 274 909.
Auteurs : Jean-Michel Beaudet, Lionel Weiri et Kaloonbat Tein.
139/1990

TAHITI - BORA BORA   482
Le juillet polynésien
★★

1989 était certainement la bonne année pour rééditer ce «juillet» polynésien. Si ces célébrations exotiques de la prise de la Bastille conforteront les anti-indépendantistes, elles n'en restent pas moins fidèles à l'image de marque propagée par les agences de voyage. Peut-être plus que les expériences atomiques qui ont secoué le Pacifique, les impératifs du tourisme ont porté un coup à la musique et à la danse traditionnelles de l'archipel de la Société. Encore sensibles dans les batteries de tambours et dans certains chants – écoutez à ce propos l'étonnant *himévé tarava* de Bora Bora – les réminiscences culturelles maori ont sinon été intégrées à un folklore bon enfant, dans lequel les guitares et les ukuleles font la part belle aux roucoulades des vahinés.

1 CD Arion, ARN 64088.
Auteur : Gérard Krémer.   **132/1990**

ANTHOLOGIES, DIVERS

COLLECTION UNIVERSELLE DE MUSIQUE POPULAIRE ENREGISTRÉE

établie par Constantin Brăiloiu

Crées à Genève en 1944 par l'ethnomusicologue roumain Constantin Brăiloiu, les Archives internationales de musique populaire (AIMP) se proposèrent de recueillir le plus grand nombre de documents enregistrés dans le monde entier, afin de constituer un patrimoine international de musique populaire.

De 1951 à 1958, la Collection universelle fut publiée sous la forme de 40 disques 78 tours. De tirage limité, elle ne s'adressait en principe qu'aux institutions spécialisées. En 1983, vingt-cinq ans après, les AIMP ont décidé de rééditer intégralement la collection. Ce ne sont là pas moins de 169 documents originaux, regroupés géographiquement sur six disques, qui sont désormais accessibles au grand public. La rareté et la richesse de ces documents, recueillis par des ethnologues et des ethnomusicologues de renom, dont Brăiloiu lui-même, entre 1913 et 1953, rendent cette collection particulièrement précieuse.

AIMP I : **AFRIQUE**
Haoussas, Touaregs, Peuls, Ethiopiens, Pygmées, Babinga, Baoulés, Kabyles

La première face de la série est entièrement consacrée à des enregistrements recueillis au Niger par Jean Gabus en 1948. La vie musicale des sédentaires Haoussa y est brièvement illustrée par un conteur plein de verve (il vivait encore en 1980) et une batterie de tambours d'aisselle et à timbre frappés en fonction de l'intensité du combat qu'ils accompagnent.

Peu d'instruments chez les nomades Touareg nigériens, mais surtout des chants dont l'un est entonné par un homme et une femme, fait rarissime actuellement chez ces mêmes nomades de Tahoua (et non du Hoggar). Plus remarquable encore est ce que Brăiloiu a appelé «musique à programme», approche pré-sémiologique du langage musical,

qu'un berger, joueur de flûte oblique, utilise pour raconter la vie de son troupeau.

La musique des nomades Peul Bororo est aussi essentiellement chantée. Mais ici, les motifs descendants abondent.

La face B est moins homogène géographiquement. On notera la distinction que fait Brăiloiu entre la musique des Ethiopiens, des «Africains» et des Kabyles.

Mais on retiendra surtout ce chant de prière d'un vieillard à voix de fausset du Nord de l'Ethiopie, une remarquable pièce de *sanza* du Moyen-Congo et le fameux yodel des Pygmées congolais, entonné pour la chasse à l'éléphant. La Côte d'Ivoire est représentée par les enregistrements de Gilbert Rouget : voix à la tierce des fameux duos de chanteurs Baoulé avec accompagnement de harpe fourchue.

VDE 30-425.

AIMP II : **ASIE ET ESQUIMAUX**
Turcs, Géorgiens, Hindous, Japonais, Formosans, Takasago, Chinois, Esquimaux Caribous

Cet album nous fait voyager de Turquie jusqu'en Chine. Sur la face A, un enregistrement remarquable présente un joueur de flûte (*kaval*) d'Anatolie, ce qui permet à Brăiloiu d'évoquer une fois encore la «musique à programme» : le récit des mésaventures amoureuses d'un jeune prétendant. D'amour, il est question encore dans le chant d'un troubadour s'accompagnant au *saz*, où s'ajoute la douleur d'une épopée interminable. Un contraste frappant est offert par les chœurs géorgiens. Ce n'est plus ici la complainte d'un soliste, mais la rigueur et la complexité d'une polyphonie rurale très élaborée.

Seuls deux documents, recueillis par Alain Daniélou en 1951, illustrent la musique populaire hindoue avec un chant lyrique et un chant épique.

Sur la face B, on reste dans la musique rurale avec des chants japonais qui ressemblent étrangement à des chants de travail responsoriels africains.

Les Takasago et les Bunun de Formose nous donnent une magistrale leçon de recherche collective de la note ultime, chantée sur la syllabe «O». Jamais atteinte, cette note est poursuivie dans l'aigu, à travers les «battements» qui évoquent le bourdonnement d'une formation aérienne au plus fort de la Seconde Guerre mondiale.

Les seuls représentants du continent américain, les Inuit du Caribou, figurent sur ce disque. Logique, étant donné leur parenté avec le monde asiatique. Jean Gabus a passé de nombreux mois chez eux en 1938-1939. Il est le premier à avoir enregistré leurs chants de chasse et de danse (*piherk*) accompagnés du tambour sur cadre (*krillaut*).

VDE 30-426.

AIMP III : **EUROPE 1**
Roumanie, Grèce, Bulgarie

Dans le premier des quatre disques consacrés à l'Europe, Brăiloiu s'est attaché à décrire sur la face A les formes chantées et dansées archaïques ou récemment introduites en Roumanie, sa patrie, et dans les régions roumanophones. Contrastes en Roumanie : la *doïna* (chant à structure variable et libre) s'oppose à une danse récente accompagnée d'un petit orchestre à cordes. Le chant long (*hora lunga*) avec gloussements et accents de gorge est intimiste, tournant toujours autour du même centre tonal. Les chansons de Banat sont au contraire plus extériorisées : des chants d'amour. Ceux des Ukrainiens roumanophones sont en mode mineur et répètent inlassablement l'échelle mélodique. Le document le plus impressionnant est sans doute cette lamentation funèbre pleine de spontanéité, chantée par une mère ayant perdu ses deux enfants. Les Macédo-Roumains de Grèce chantent des plaintes funèbres en chœur, mais aussi des pièces nuptiales à l'arrivée du mari.

Sur la face B, on remarquera l'introduction de pièces instrumentales, avec notamment la *lira* grecque à 3 cordes (*kementze*). En outre, il est étonnant d'avoir pensé à recueillir les chants des Judéo-Espagnols à Salonique (Léon Algazi, 1951).

VDE 30-427.

AIMP IV : **EUROPE 2**
Yougoslavie, Italie, Corse, Pays basque, Portugal

Chez les Serbes et les Bosniaques de Yougoslavie, on reprend contact avec des instruments pastoraux et ruraux absents du disque précédent. Cornemuse, flûtes de roseau et *supilki* (flûte à bec), ainsi que la flûte à bec double (*dvoinitzé*) alternent et donnent une bonne idée des tendances musicales du sud-est européen et des influences de l'Orient méditerranéen. Les cordophones, telle la *guzla* à une corde, accompagnent de monotones psalmodies, alors que la *tamburitza* (luth à long manche) est associée à la danse. Un vrai bain de fraîcheur.

De la Yougoslavie, on passe tout naturellement à l'Italie où la pureté d'une voix féminine surprend, surtout quand elle s'associe à un chœur de femmes chantant à l'unisson un *pianto* (lamentation), récitatif issu du plain-chant. Un peu incongru! En contrepartie, la vigueur du «chant de taquinerie» des Abruzzes est saisissant. Un tambourin et une guimbarde sicilienne complètent l'inventaire des instruments. Depuis quelques années, on assiste à une remise en valeur de l'antique instrument sarde, le *launeddas*, une clarinette à trois tuyaux dont un bourdon, jouée avec la technique de la respiration circulaire.

En Corse voisine, point de clarinette triple, mais des polyphonies lyriques à trois voix masculines (*paghiella*), des complaintes (*voceri*) et des ballate, improvisations sur le souvenir.

Des Basques, on retiendra notamment les cris d'appel des femmes montagnardes (*irrintzina*) et les concours d'improvisation en public. Le disque s'achève sur les chœurs portugais à polyphonie classique.

VDE 30-428.

AIMP V: **EUROPE 3**
Français, Wallons, Flamands, Irlandais, Gaels, Anglais

L'attrait de la face A du disque réside surtout dans le premier chant: c'est le plus ancien document de la collection (1913). Il s'agit d'une «rude mélopée rustique», une «Briolée aux bœufs», bref,

d'un chant de labour berrichon.

L'essentiel de la face B, consacrée aux Irlandais et Anglais, est nettement plus attrayant, notamment grâce à la *mouth music* ou *lilting*, qui consiste à chanter une mélodie de danse (*reel* ou *jig*) en imitant un instrument avec la langue, que cet instrument soit une cornemuse ou un violon.

VDE 30-429.

AIMP VI: **EUROPE 4**
Suisses, Allemands, Autrichiens, Norvégiens, Estoniens, Russes

La face A réunit des exemples des trois pays germanophones. Au-delà de ce que le cor des alpes et la montée à l'alpage, avec son concert de cloches de vache et de cris, peuvent avoir de «folklorique», il faut savoir que ces rituels sont toujours spontanément pratiqués dans certaines vallées helvétiques, au même titre que le carnaval de Bâle, par exemple.

Le *Hackbrett*, cithare-sur-table à cordes frappées du Haut-Valais, demeure l'instrument préféré des paysans de cette région. Il est parent du *santur* iranien, du *dulcimer* anglais et du tympanon. A retenir, parmi la succession des chanteurs allemands et autrichiens, ce chœur de garçons du Tyrol du Sud et leur chant des Rois qui se distingue nettement des autres exemples présentés.

La face B se présente sous la forme d'un recueil systématique de chants et d'instruments de Norvège, d'Estonie et de Russie, parmi lesquels on mentionnera la guimbarde, l'arc à archet et les appels au bétail.

François Borel

6 LP VDE / AIMP, 30-425 / 430.
Auteurs: Constantin Brăiloiu,
Laurent Aubert, Jean-Jacques Nattiez.
81 / 1985

RIS-ORANGIS   489
Musiques vivantes
★★

Il y a du meilleur et du pire dans ce pot-
pourri hétéroclite présenté sous l'étiquette inattaquable de «musiques vivantes».
Disque-souvenir destiné avant tout aux fidèles du festival de Ris-Orangis, ce double album offre un tableau assez décousu
des différentes tendances actuelles du
folk revival, du *bluegrass* à la bourrée
d'Aubrac, en passant par le balafon camerounais et la renifle dans tous ses états.

On appréciera particulièrement la
doina et le *joc* roumains de la famille
Petreus, dans la meilleure tradition du
Maramuresh, les *polkas* des Suédois
Bjorn Stabi et Per Gudmundson, ou encore la suite de quadrilles québécois en
hommage à Marcel Messervier. Par contre, l'accordéon jazzy de Bernard Lubat
ou le pseudo-blues ringard de Xavier
Lacouture n'enthousiasment pas, et les
arrangements de *Gallegos* de Milladoiro
sont trop bien léchés pour «sonner vrai».

Comme tous les «*best of...*», cette
production reste superficielle et frustrante, car elle appâte constamment et
ne rassasie jamais.

2 LP Ris-Orangis, 84001/002.
96/1987

MUSIQUES DE   490
L'ISLAM D'ASIE
Pakistan, Turquie, Inde, Indoné-
sie, Malaisie, Brunei
★★★

Contrairement à une opinion trop répan-
due, l'islam n'a jamais interdit la pratique
de la musique. Dès son éclosion, il a été
et il reste une source d'inspiration constante pour d'innombrables musiciens ancrés dans la tradition du Prophète. Les
six zones culturelles réunies dans ce double album en témoignent avec éloquence,
même si leur regroupement est quelque
peu arbitraire : ces fragments de «musiques de l'islam d'Asie» ne visent évidemment pas à l'exhaustivité, beaucoup s'en
faut ; ils sont le bilan d'une manifestation
présentée à Paris sur ce thème par la
Maison des cultures du monde.

Consacré aux expressions du soufisme turc et indo-pakistanais, le premier
disque illustre des formes, sinon des
interprètes, déjà connues en Occident :
dans un majestueux *ilahi* extrait d'une
cérémonie des derviches tourneurs d'Is-
tambul, la répétition de la *shahâdah* (pro-
fession de foi) sert de colonne vertébrale
à de longues improvisations de *ney*.
Quant à la chanteuse pakistanaise Abi-
dah Parveen et au groupe de Mahmoud
Nizami de Delhi, ils présentent deux
genres liés à la confrérie *chîshtiyya* : un
ghazal, poème amoureux aux résonances
mystiques, et un chant extatique à la
manière des *qawwal* indo-pakistanais.

Mais les enregistrements les plus
inédits sont ceux provenant d'Indonésie,
de Malaisie et du petit Etat de Brunei,
dans l'île de Bornéo. Cette rencontre
entre l'islam et le monde malais a suscité une profusion de coutumes musicales, où dominent le chant et les percussions ; le *salawat dulang*, l'*indang* des
femmes ou les chants du *mauled* de Sumatra et de Johore Bharu en fournissent
des exemples éloquents : Une curiosité
conclut ce disque : un extrait de cérémonie de mariage – reconstituée – dans lequel les métallophones et les flûtes indigènes se mêlent à une esthétique vocale
plutôt indienne et aux sons d'un accordéon... bien de chez nous.

Malgré un panorama partiel, cet album a le mérite de mettre en évidence
le principe d'«unité dans la diversité» qui
caractérise toujours le paysage culturel
islamique.

2 LP Inédit/Maison des cultures du
monde, MCM 4-5.
Auteur: Françoise Gründ.   104/1987

PERCUSSIONS D'ASIE 491
Bali - Birmanie - Chine - Inde - Sri Lanka - Thaïlande

Signalons encore un album qui, sous le titre trompeur de *Percussions d'Asie*, propose un pot-pourri de pièces glanées à gauche et à droite. On ne saurait nier la valeur de certains de ces documents de terrain, mais leur regroupement arbitraire ne semble obéir qu'à des impératifs d'ordre commercial. Rien, sinon, ne saurait justifier la présence ici de la prière d'un moine tibétain, d'une séquence de théâtre birman, ou d'un *râga* du soir indien massacré par un *sitar* complètement désaccordé.

1 CD Playa Sound, PS 65026.
Auteur: Gérard Krémer.
124/1989

LES MUSIQUES 492-494
DU RAMÂYÂNA
Vol. 1 : Inde
Ramlila (théâtre danse); Chant du Ramâyâna; Hymne à Rama

Vol. 2 : Cambodge
Reamker (ballet)

★★★

Vol. 3 : Bali-Sunda
Wayang Wong (théâtre masqué); Wayang Golek (théâtre de marionnettes)

Attribué au sage Valmiki, le Ramâyâna est depuis des siècles une des sources d'inspiration les plus fécondes de l'hindouisme. De l'Inde à l'Asie du Sud-Est, jusqu'à Bali, poètes, chanteurs, acteurs, danseurs, peintres et sculpteurs n'ont cessé de célébrer les hauts faits du roi mythique Rama, incarnation de Vishnu et vainqueur du démon Ravana. Sans prétendre à l'exhaustivité, ces trois volumes produits par Catherine Basset présentent un panorama sonore des principales expressions de cette inépuisable épopée.

Toute sélection peut engendrer le regret de ce qui n'y figure pas, et le volume consacré à l'Inde n'offre peut-être pas le choix le plus significatif qu'on aurait pu en attendre. Le fameux épisode du tournoi, chanté par Vinay Bhide dans le stade du Maharashtra et, plus encore, l'hymne de Tyagaraja en hommage à Rama, magnifiquement interprété par la grande M. S. Subbulakshmi, sont d'une sensibilité exquise. Le long extrait du Ramlila, le «Jeu de Rama», dans la version du Kala Kendra, est par contre moins judicieux: influencée par la musique légère de l'Inde du Nord, son orchestration moderne ne donne qu'une idée très partielle de la riche tradition théâtrale associée au culte de Rama. Pourquoi ne pas avoir inclus des fragments du Yakshagâna du Karnataka, de la musique des danses Chhau d'Inde orientale ou, surtout, des innombrables formes existant au Kerala, comme le Kathakâli, le Ramanâttam ou le Kutiyâttam?

En Asie du Sud-Est, le Ramâyâna s'est transmis sous deux formes principales: le théâtre d'ombres dans sa variante populaire, et le ballet de cour, aussi bien en Thaïlande qu'au Laos et au Cambodge. C'est une version cambodgienne qui a ici été retenue, enregistrée à Paris en 1964, soit avant les bouleversements politiques qui allaient causer la dispersion de la Troupe royale khmère. Connue sous le nom de Reamker, elle nous permet d'apprécier le chœur et l'orchestre de la Cour de Phnom Penh au grand complet. Xylophones, métallophones, jeux de gongs, hautbois, tambours et cymbales constituent l'orchestre *pinpeat*, dont la musique simple, mais raffinée joue sur la complémentarité des timbres instrumentaux.

Le troisième disque, peut-être le plus riche, permet de comparer les deux principales expressions indonésiennes du Ramâyâna : Celle de Bali et celle de Java. Le Wayang Wong balinais, danse masquée plutôt que théâtre, est accompagné par un petit *gamelan* appelé Batel Pewayangan, comportant quatre métallophones *gender*, une flûte de bambou et des percussions. Cette formation, qui est aussi celle du théâtre d'ombres, met en valeur les sonorités cristallines des *gender*, dont la technique atteint des sommets de virtuosité. Quant au théâtre de marionnettes Wayang Golek du pays Sunda, à l'Ouest de Java, sa musique est fascinante ; après un long prologue mettant en évidence le jeu délicat de la vièle *rebab*, la partie narrative oppose un couple de chanteurs et le récitant, le *dalang*, dont la voix d'outre-tombe contraste avec les suaves mélopées de ses partenaires.

3 CD (vendus séparément) Ocora, C 560014-15-16.
Auteur : Catherine Basset.
143 / 1991

MÉMOIRES DES PEUPLES   495
Musiques traditionnelles du monde
★★★

LE TOUR DU MONDE   496
EN MUSIQUE
★★

MUSIQUES DU MONDE   497
★★

DISAPPEARING WORLD   498
Endangered cultures from remote regions
★★★

A ceux qui voudraient se faire une idée générale des musiques traditionnelles du monde, quatre compagnies proposent une compilation de leurs principaux titres en un disque compact. Ces « panoramas sonores » permettent d'apprécier la diversité de catalogues prestigieux, autant que l'orientation propre à chacun.

L'une des plus fameuses collections, celle de l'UNESCO, a été confiée en 1987 à Auvidis. Elle comporte actuellement trois volets : *Musiques et musiciens du monde*, *Anthologie des musiques traditionnelles* et *Musiques traditionnelles d'aujourd'hui*, qui reprennent et augmentent l'essentiel des anciennes séries publiées dès 1961 (*Anthologie des musiques de l'Orient et d'Afrique*, *Atlas musical* et *Sources musicales*). Exigeante sur le plan de la qualité et de l'authenticité, la Collection de l'UNESCO fait connaître ce qui mérite d'être apprécié des expressions musicales les plus originales de la planète.

Arion et Playa Sound se signalent également par une abondante production ; mais ces deux marques sont soumises à des impératifs économiques plus lancinants, du fait de leur totale indépendance vis-à-vis de l'institution. Assurément courageuse, cette position implique de leur part un certain nombre de concessions aux goûts du public, qui se traduisent par des matériaux assez hétéroclites et des livrets inégalement documentés. Le potentiel commercial d'un disque n'est évidemment pas le gage de son manque d'intérêt, mais il entraîne parfois des surprises quant à son contenu.

La quatrième de ces anthologies diffère des précédentes en ce qu'elle ne présente pas une collection de disques, mais une célèbre série télévisuelle. Ayant produit une cinquantaine de films, *Disappearing World* de la Granada Television britannique est une des plus importantes émissions européennes dans le domaine de l'ethnographie engagée. En réunissant une vingtaine de témoignages musicaux de «cultures en péril de régions isolées», ce florilège a le mérite d'attirer notre attention sur de merveilleuses civilisations à la survie précaire.

1 CD Auvidis/UNESCO, D 8200.

1 CD Arion, ARN 64080.

1 CD Playa Sound, PS 66000.

1 CD Saydisc, CD-SDL 376.

136/1990

LIVRES

LA MUSIQUE ET LA TRANSE

Esquisse d'une théorie générale des relations de la musique et de la possession

Gilbert Rouget

«Ce livre est un livre d'ethnologie, ou plus exactement d'ethnomusicologie», signale Rouget dans l'introduction de *La musique et la transe*, indiquant que la musique y est envisagée plus comme fait social qu'en tant que système formel. La relation entre la pratique musicale et l'ensemble de phénomènes très divers qu'il est convenu d'appeler «transe» pose en effet de multiples questions, auxquelles cet ouvrage fondamental apporte des réponses convaincantes, toujours circonstanciées et, à plus d'un égard, définitives.

Partant de ses observations sur la musique des cultes de possession en Afrique occidentale, l'auteur dégage un ensemble de régularités qui lui permettent de distinguer par exemple la transe de l'extase, ou l'exorcisme du chamanisme. Dans quelle mesure la musique est-elle le moteur de ces pratiques? Est-ce la musique en soi qui agit? La personnalité de son producteur est-elle en cause, ou est-ce la subjectivité de son destinataire qui est déterminante? La réédition de cette «Esquisse d'une théorie générale» contribuera à détruire quelques préjugés tenaces, tout en répondant à certaines de nos interrogations sur la nature profonde de la musique.

Nouvelle édition revue et augmentée, Gallimard, Paris, 1990, 621 p.
142/1991

MUSIQUES ET RITES AFRO-AMERICAINS:

La marimba éclôt dans les étoiles

Vincent Doucet

Il avait tout pour devenir un grand spécialiste des civilisations afro-américaines: une curiosité encyclopédique, un esprit aventurier, une sensibilité artistique aiguë, et ce goût inné pour la communication qui l'avait très tôt mené à collaborer à Radio France. De 1980 à 1983, Vincent Doucet réalisa ainsi de nombreuses émissions aux titres suggestifs: *Rituel et danse de Las Turas, Mare-Mare, danse caraïbe du jaguar et de la lune, Sur les traces de Juyungo, ou la danse de la marimba des Noirs d'Equateur*, ou encore, la dernière: *La marimba pond ses œufs dans les astres*. Mais en 1984, alors qu'il n'avait que vingt-cinq ans, ses recherches sont interrompues, «suspendues dans le silence d'une nuit éternelle...», comme l'écrit sa mère dans l'émouvante préface de cet ouvrage posthume.

En artisan du verbe, Doucet concevait ses interventions radiophoniques comme de véritables tableaux vivants; leur transcription, assortie d'un choix de notes de voyage, se révèle d'une lecture captivante. Ni complaisants, ni pédants, ses récits touchent juste; ils sont de plus constamment enrichis par l'apport de nombreux invités.

Aussi évoque-t-il avec Jorge Luis Borges les sources du tango, qui allait devenir au début de ce siècle un nouvel art de vivre, «une nouvelle manière de marcher», selon l'expression savoureuse de l'écrivain argentin. D'Equateur, l'histoire fabuleuse du royaume fondé en 1550 par un groupe d'Africains rescapés du naufrage de leur négrier sert de prétexte à de longues digressions collectives sur l'origine mythique de la marimba. Celle-ci est aussi le fil conducteur d'un vibrant hommage au «réalisme magique» du poète guatémaltèque Miguel Angel Asturias.

Plus technique, et pourtant d'un style limpide, un long essai sur la musique vénézuélienne et son contexte cérémoniel démontre l'étonnante maturité intellectuelle du jeune chasseur de sons. Hanté par le souci du mot juste, de l'expression percutante, il manie «une langue aussi luxuriante que les paysages décrits», qu'il évoque la forêt amazonienne ou le paysage intérieur du groupe Cobra, un des mouvements artistiques les plus radicaux de l'après-guerre, auquel appartenait son père, le peintre Jacques Doucet.

Grâce à ce livre en forme de célébration – célébration de l'énergie vitale qui anime tout véritable art populaire –, nous n'oublierons pas le trajet lumineux de Vincent Doucet, un trajet aussi fugace et ardent que celui de l'éclair.

**Editions de l'Harmattan,
Paris, 1989, 257 p.
126/1989**

LES SANZA   501
François Borel

Ce catalogue raisonné fournit une large documentation sur le monde étonnamment divers des lamellophones africains, appelés *sanza*, *mbira*, *likembe*, *marimbula*, etc, par leurs usagers. Rappelons que cet instrument, parent éloigné de la guimbarde, est constitué d'un clavier comportant un nombre variable de languettes, et d'un corps de résonance, planchette ou caisse, souvent pourvu de petits anneaux métalliques vibrants. Parfois désigné du terme malencontreux de «piano à pouces», la *sanza* est généralement utilisée comme instrument de délassement, comme «remède contre la fatigue», ainsi que le note l'auteur; mais il peut aussi être intégré à un contexte cérémoniel.

François Borel présente ici un inventaire systématique de cent deux *sanza*: chacune est minutieusement décrite et l'ensemble est réparti en douze groupes typologiques établis selon leur morphologie et les matériaux utilisés pour leur fabrication. Plus organologique qu'à proprement parler ethnomusicologique, cet ouvrage est destiné à devenir une base de référence utile à l'étude générale de cet instrument, à l'égal des *Sanza du Congo* de J.-S. Laurenty (1962) ou du *Soul of Mbira* de P. Berliner (1981), qu'il complète judicieusement.

**Collections du Musée d'ethnographie de Neuchâtel (Suisse), n°3, 1986.
103/1987**

MUSIQUES TSIGANES   502
ET FLAMENCO
Bernard Leblon

Le *flamenco* a déjà fait couler beaucoup d'encre, presque autant que de larmes; et pourtant, comme le confirme ce beau livre, le mystère de ses origines est loin d'être élucidé. Cet art singulier demeure «un phénomène musical à part, inclassable, unique en son genre»; il «déroute et séduit, passionne ou irrite, mais ne peut laisser indifférent», confesse l'auteur.

Les opinions les plus fantaisistes ont été émises sur le rôle joué par les Gitans dans sa gestation. Certes victime du *duende*, de l'envoûtement exercé par son sujet, Bernard Leblon ne succombe cependant pas aux attraits du romantisme, et c'est sur la base d'une solide documentation qu'il retrace les pérégrinations de ces «Egyptiens» d'Inde en Occident, jusqu'à leur implantation en Andalousie. Dans cette osmose gitano-andalouse qu'est le *flamenco*, il cherche à déterminer la part des Gitans en comparant ses rythmes à la métrique de la musique indienne, ou en évaluant les traits communs aux chants des Rom de Hongrie et des Kalé andalous. Force lui est alors de reconnaître une émotion commune, qui «jaillit toute écorchée, du fin fond des entrailles», trahissant toujours l'interprète tsigane.

Editions de L'Harmattan, Paris, 1990, 206 p.
143/1991

FLAMENCOS 503
Une approche du grand chant flamenco et de la poésie populaire chantée en Andalousie
Mario Bois

Le *flamenco* s'implante de plus en plus fermement en France. Il y tient ses inconditionnels, ses interprètes – gitans ou convertis –, ainsi que quelques spécialistes comme Mario Bois, grâce auxquels l'art andalou est désormais accessible aux amateurs. A côté de son anthologie, dont certains disques sont recensés dans ces pages, il est aussi l'auteur d'un ouvrage de vulgarisation très plaisant sur le *flamenco*. «Il y a des livres savants, celui-ci ne l'est pas», écrit-il dans son préambule : option pleinement assumée, qui se traduit par une approche délibérément dégagée de tout souci académique. Que celui qui désire s'informer sur les divisions du *compas* ou sur la métrique de la *soleá* cherche ailleurs, la littérature ne manque pas ; Mario Bois parle ici de l'âme du *flamenco*, pas de ses formes.

Cette vision impressionniste est celle d'un amoureux, passionné et partial, qui s'enfuit quant il entend «frémir le boa flamencologue», et qui au contraire s'enflamme lorsqu'il évoque quelque souvenir en compagnie d'un des grands du *cante*. La majeure partie de ce volume est consacrée à un recueil de *coplas*, de paroles de chants *flamencos*, assortis d'une traduction française assez libre.

Toujours chargés d'une lourde intensité émotionnelle, ces poèmes d'une grande beauté témoignent bien de ce sens dramatique de l'existence propre aux Andalous : «Il vaut mieux être mort qu'oublié. Les morts, on les pleure ; les oubliés, on les oublie...»

Relevons encore la présence d'une remarquable iconographie : plus d'une centaine de documents anciens, pour la plupart du XIXe siècle, sont ici reproduits, parmi lesquels on découvre quelques superbes gravures de Gustave Doré.

Editions Max Fourny, Art et Industrie, Paris, 1985.
106/1987

LA VIELLE ET LES LUTHIERS DE JENZAT 504
Jean-François Chassaing

Après son livre sur *La Tradition de la cornemuse en Basse-Auvergne et Sud bourbonnais* (Moulins, 1983), Jean-François Chassaing s'attaque au monde des facteurs de vielles avec cette monographie à la fois historique et ethnographique. D'une lecture agréable, abondamment illustré, cet ouvrage ravira les amateurs de musiques à bourdon, folkloristes ou «folkeux» de tout poil, en leur fournissant une solide documentation sur un de leurs principaux instruments emblématiques.

Considéré dès la Régence comme un divertissement de salon, cultivé par les dames de la cour de Louis XV, l'art de la vielle à roue se réfugie à partir de la Révolution dans les bals populaires, notamment en Bretagne, à Paris, et surtout au centre de la France, dans l'Allier et le Puy-de-Dôme. C'est là, dans le village de Jenzat, aux confins septentrionaux des plaines d'Auvergne, qu'allait éclore une des plus grandes dynasties de facteurs de vielles, les Pajot, descendants d'un certain Jean Pajot, fils de notaire. Par une minutieuse approche généalogique de cette famille d'artisans, l'auteur brosse un tableau riche en anecdotes de ce qu'il appelle «l'aventure/tradition de la vielle et des luthiers», et à travers elle d'un phénomène social significatif de la vie rurale à l'aube de l'industrialisation. Or, si «l'image de la vielle est revendiquée, dans toutes les provinces du centre, comme un "marqueur" de l'identité régionale», cette étude démontre que «c'est parce que dans un village de l'Allier, une poignée d'artisans adroits a su, peu à peu, imposer sa propre diction instrumentale et créer un véritable courant culturel».

Réservant l'analyse de la musique et de la facture de vielles proprement dites à des publications ultérieures, Chassaing limite cet exposé à la dimension anthropologique de son sujet. Traçant d'abord l'histoire et l'inventaire des luthiers jenzatois, il s'intéresse ensuite à l'aspect économique du métier, et conclut sur une description de la vie quotidienne des luthiers. On apprend ainsi, par exemple, que, à côté de leur activité principale, ces messieurs exécutaient toutes sortes de menues besognes, parmi lesquelles celles de fabricants de toupies et... d'arracheurs de dents.

Aux Amoureux de Science, Teilhède, 63460 Combronde, 1987.
111/1988

LE CHANT DE MARIN   505
Guide du répertoire traditionnel

Guide aussi anonyme que le répertoire qu'il décrit, *Le Chant du marin* évoque un monde hautement romantique pour ceux et celles qui n'en étaient pas; un monde d'épreuves et de camaraderie, d'amour et de haine, dans lequel on s'engageait corps et âme sans jamais savoir si on en reviendrait. Mais l'univers dur et fascinant de la marine à voile est révolu, et sa mémoire est célébrée avec respect et nostalgie par ceux qui n'oublient pas, qui ne veulent pas qu'on oublie cet épisode héroïque de l'histoire de l'humanité.

Rythmée par le caprice des éléments, la vie des marins était faite d'immenses moments de labeur et de pauses parfois interminables, au cours desquelles il fallait lutter contre le cafard du grand large. Ainsi se développa un répertoire de chants adaptés à chaque circonstance de la vie en mer: à déhaler, à ramer, à hisser ou à virer; les chants de travail sont volontiers des chants à répondre, nécessitant sur chaque navire la présence d'un bon «meneur», essentiel à l'ambiance du bord. Aussi éphémère que l'effort qu'il sous-tend, «le chant cesse avec la manœuvre, peu importe qu'il soit terminé ou non: il n'est justifié que par sa fonction.»

Il n'en va pas de même avec les chants de détente qui, eux, étaient volontiers accompagnés par le violon, la vielle, parfois le fifre et le biniou, mais surtout l'accordéon diatonique, «instrument de bord par excellence» et «gage de bon moral de l'équipage». Les dimanches et les jours de fêtes, comme celui du fameux «passage de la ligne», célébré entre tous, complaintes et danses se disputent la vedette. Là aussi, les bons chanteurs, ceux que les anglophones appellent *shantymen*, jouissaient d'un prestige particulier.

Grâce à la conscience de certains marins, qui ont consigné leur répertoire dans de modestes «cahiers de chansons», ces témoignages savoureux ont été sauvés de l'oubli. Faisant état de tout un vocabulaire spécifiquement maritime, parfois cru mais toujours imagé, ces cahiers ont été à la base de l'actuelle réhabilitation du chant de marin, à laquelle s'attache notamment depuis une vingtaine d'années le collectif Le Chasse-Marée. Après avoir édité de 1981 à 1985 une remarquable *Anthologie des chansons de mer* en cinq doubles albums microsillon, celui-ci en publie aujourd'hui une sélection en disque compact (SCM 014), assortie de ce très bel album. Richement illustré, ce «guide» ravira tous les amoureux de la mer autant que ceux qui sont sensibles au renouveau de la chanson traditionnelle française.

Le Chasse-Marée, B.P. 159, 29171 Douarnenez Cedex, 1989. 126/1989

CHRONIQUES SARDES 506

Bernard Lortat-Jacob

En douze tableaux qui illustrent autant de stations d'un calvaire allégrement consenti, Bernard Lortat-Jacob nous brosse une fresque de la vie musicale sarde haute en couleurs. Aussi délectable qu'elles soient, les anecdotes qui fourmillent dans ce livre sont avant tout instructives. Elles nous renseignent sur un microcosme à la fois indolent et bouillonnant, fait d'intrigues et de conflits autant que d'un remarquable sens de la solidarité. Mais elles sont surtout de précieuses leçons d'ethnomusicologie de terrain. On y apprend l'art de s'infiltrer dans un milieu et d'y créer l'empathie, de poser les bonnes questions aux bonnes personnes et au bon moment, afin de susciter la révélation des secrets d'école tout en respectant l'intimité de ses interlocuteurs.

L'auteur manie la plume avec élégance et précision. Cultivant le ton badin avec un délice non dissimulé, se mettant en scène sans fausse pudeur, il révèle dans ses *Chroniques sardes* ce que ses collègues préfèrent souvent taire, et fait silence sur ce qui retient habituellement leur attention. En d'autres termes, il se fait le complice des petits héros vantards et des grands artistes illettrés qui peuplent l'univers musical de Sardaigne.

Juillard, Paris, 1990. 165 p. 136/1990

MUSIQUE TSIGANE ET PAYSANNE 507

Fête de salon, fête de village, rituel en Roumanie

Publiée par l'Université Paul-Valéry de Montpellier, la revue *Dialogue* consacre un important numéro à la musique tsigane et paysanne de Roumanie. Les travaux monumentaux effectués au début de ce siècle par Béla Bartók et Constantin Brăiloiu avaient ouvert la voie à des recherches détaillées sur tel ou tel aspect de la musique roumaine. Les deux grands maîtres avaient dans l'ensemble concentré leurs efforts sur la musique paysanne, qui est de ce fait mieux connue hors du pays que celle des professionnels, les *lăutari*, encore aujourd'hui en grande majorité tsigane. Par contre, l'art authentique de ces derniers reste sous-estimé en Occident, car nous avions surtout accès, dans ce domaine, à des «produits frelatés» destinés à la consommation urbaine et commerciale.

Tout autre est la musique des *lăutari* «des villages« ou «des faubourgs», à laquelle sont dédiés ici les articles de Bernard Lortat-Jacob, de Speranta Rădulescu et de Jacques Bouët. Chez les *lăutari*, l'apprentissage de la musique respecte intégralement la méthode d'imitation et d'imprégnation progressive propre à la tradition orale. Chaque musicien doit être capable de jouer de tous les instruments avant de devenir éventuellement soliste (*primas*). Presque toujours violoniste, le *primas* est le chef du *taraf*, défini comme un ensemble instrumental – ou vocal-instrumental, selon les régions – à géométrie variable.

Les traditions paysannes sont abordées par Anca Giurchescu et Maria Kahane, respectivement à travers une étude sur la danse des *călusari*, une ancienne coutume qui perdure dans la plaine du Danube, dont l'auteur rattache l'origine à la catégorie des rites chamaniques, puis par une analyse du système pentanonique, qui développe les vues de Brăiloiu sur le sujet.

En complément, une cassette enregistrée présente un choix de chansons et de danses par cinq *taraf* de Valachie. Relevons en particulier la superbe suite de «chants d'amour» interprétée par les *lăutari* du village de Clejani: un régal!

Revue Dialogue n°13-14, Boîte 245,
Université Paul-Valéry, B.P. 5043,
34032 Montpellier Cedex.
99/1987

ESSAI SUR LA CHANSON POPULAIRE GRECQUE   508
Samuel Baud-Bovy

Dans ce remarquable ouvrage, Samuel Baud-Bovy récapitule plus d'un demi-siècle de recherche ethnomusicologique menée en Grèce. Sans prétendre couvrir tous les aspects de la chanson traditionnelle de ce pays, l'auteur y brosse néanmoins un tableau de ses caractéristiques fondamentales, visant à faire ressortir «la vocation qui a été de tout temps celle de la Grèce: opérer la synthèse de l'Orient et de l'Occident». De l'Antiquité à nos jours, cette synthèse s'est effectuée à travers l'intégration successive de divers courants culturels, dont les cinq sections de cet essai présentent les lignes directrices.

Le premier chapitre met en évidence la «continuité sans faille dans l'évolution de la langue et de la musique grecque», notamment par la comparaison entre la métrique ancienne et la versification de certains chants actuels, en particulier dans le Dodécanèse. L'examen des chants villageois sacrés et profanes – qui est le thème du deuxième chapitre – démontre l'étroite parenté mélodique de ces deux répertoires. Cette relation est renforcée par le fait que «chant d'église et chant profane sont émis par les mêmes gosiers».

L'auteur mentionne plus loin les «deux grandes classes» de la musique populaire grecque: «celle du continent et celle des îles». La première serait dans l'ensemble dérivée de la dorienne, seule musique «vraiment grecque» selon Platon, par opposition aux modes d'Asie mineure. Le chevauchement des aires, provoqué au cours de l'histoire par les fréquents brassages de populations, n'a pas pour autant aboli les spécificités locales, qui seraient encore bien marquées, surtout dans les chansons a cappella des femmes, «par excellence gardiennes de la tradition».

Dans la partie consacrée aux «marches de la Grèce», il est question de toutes les zones d'interpénétration entre la Grèce et ses voisins. Il y apparaît que l'antagonisme ancestral entre Grecs et Turcs n'est pas aussi marqué qu'on l'a souvent cru. L'auteur souligne à ce propos les longues périodes où chrétiens et musulmans «vivaient en bonne intelligence, échangeant leurs coutumes, leurs danses et leurs chants».

La chanson urbaine, dont traite le dernier chapitre, est plus sujette aux modes que celle des campagnes. Ainsi, après avoir longtemps été marquée par un engouement pour la musique persane, elle prend par la suite une tournure tonale calquée sur le modèle français. Vers 1930, l'apparition du *rebétika*, symbolisé par le *bouzouki*, allait donner à la musique des villes une nouvelle orientation, marquée par un esprit rebelle. Les rengaines actuelles, commercialisées par le disque et la radio, n'en sont qu'une parodie mise au goût du jour.

Dans l'ensemble, ce livre offre une analyse pénétrante du sujet; son intérêt est, en outre, rehaussé par de nombreux exemples musicaux fournis par deux cassettes et transcrits avec minutie dans un fascicule attenant. Nous avons certainement ici la meilleure introduction à la chanson populaire grecque écrite en français.

Fondation ethnographique du Péloponnèse, Nauplie, 1983.
Distribution: Minkoff Reprints, Genève.
83/1985

OUM KALSOUM, 509 L'ETOILE DE L'ORIENT
Ysabel Saïah

Les admirateurs d'Oum Kalsoum ne manqueront pas de se procurer cet ouvrage de la journaliste Ysabel Saïah. Son récit vivant, empreint d'une certaine naïveté, est parfois d'un sentimentalisme excessif: mais, à travers la biographie enthousiaste de la chanteuse, il brosse un tableau attachant de la société égyptienne de son époque. Oum Kalsoum y est présentée comme le miroir de son peuple et de son temps, des premiers remous indépendantistes à l'accession au pouvoir de Sadate, en passant par la présidence du *zahim* Nasser, dont elle a toujours ardemment défendu la cause. Sa carrière fulgurante paraît en grande partie due à cette faculté extraordinaire qu'elle avait de galvaniser ses auditeurs en se faisant le porte-parole de leurs aspirations aussi bien amoureuses que politiques ou religieuses.

Etre d'exception, elle l'a été dès son enfance, puisque c'est à l'école coranique, normalement réservée aux garçons, que la fille d'un modeste *imam* villageois forma sa voix au chant et à la psalmodie. De cette éducation rigoureuse, la «dame» garda une diction impeccable, qui lui permit d'interpréter le répertoire du chant profane avec un bonheur inégalé. Il est à ce propos dommage qu'Ysabel Saïah ne fasse qu'effleurer la dimension musicale

de cet apport magistral à la chanson égyptienne. Mais son hommage s'adresse davantage à l'égérie du monde arabe qu'à l'artiste en tant que telle. Il n'en est que plus vibrant.

Denoël, Paris, 1985.
98/1987

LES ORIGINES DE LA 510 MUSIQUE ARMÉNIENNE
Sirvat Kazandjian

Le peuple arménien est surtout célèbre en Occident pour les nombreuses vicissitudes qu'il a subies depuis près d'un siècle. Mais sa culture, et plus encore sa musique traditionnelle, restent mal connues du grand public. Appartenant au domaine caucasien, l'actuelle République d'Arménie soviétique, située entre la Géorgie, l'Azerbaïdjan, l'Iran et la Turquie, constitue aujourd'hui l'ultime lambeau de patrie d'une communauté disséminée aux quatre coins du monde.

La jeune compositrice et musicologue Sirvat Kazandjian, née en Ethiopie et formée au Conservatoire d'Erevan, s'adresse dans cet intéressant ouvrage autant à l'amateur éclairé qu'au professionnel exigeant. Laissant pour l'instant de côté la musique savante et la musique contemporaine, elle ne traite ici que de la musique traditionnelle arménienne jusqu'à la fin du XIXe siècle, dans une perspective à la fois historique, sociologique et musicologique.

L'auteur commence par situer la musique arménienne dans son contexte, rappelant l'ascendant exercé par la théorie grecque antique sur celle d'Arménie, en particulier dans sa conception modale, fondée sur l'enchaînement des tétracordes. Elle énonce ensuite les bases de la notation neumatique arménienne, délaissée vers la fin du XVIIIe siècle, et dont l'étude systématique n'a été entreprise que récemment.

Une brève description des instruments, anciens et actuels, nous montre les étroits liens de parenté existant dans ce domaine avec les traditions voisines, caucasiennes et persanes. Puis, dans une perspective proche de celle des grands ethnomusicologues d'Europe de l'Est, Bartók et Brăiloiu notamment, Mme Kazandjian passe en revue les différentes composantes de la musique paysanne arménienne: musique de danse, chants de travail – tels les chants de labours appelés *horovel* –, chants rituels de noces, de fête, et lamentations funéraires, romances – au sein desquelles elle regroupe les chants épiques, héroïques et historiques –, satires, berceuses et chants d'amour, ainsi que les chants d'émigrés, dont les premières traces apparaissent déjà au XVIᵉ siècle.

Une section importante est consacrée à l'art des *achough*, équivalents arméniens de nos troubadours, dominés par la personnalité de Sayat Nova (1717-1795), encore actuellement célébré comme le plus grand poète arménien.

Après un bref chapitre sur la musique de l'Eglise arménienne, de tendance monophysite, ce très beau livre se conclut sur un hommage rendu au R.P. Komitas (1869-1935), chantre de l'unité nationale et père de l'ethnomusicologie arménienne.

Editions Astrid, Paris, 1984.
85 / 1986

LA MUSIQUE   511
IRANIENNE, TRADITION
ET ÉVOLUTION
Jean During

Cette étude d'une grande densité est centrée sur la musique iranienne de tradition savante, que l'auteur oppose d'une part au genre léger perpétué par les «divertisseurs» (*motreb*), et de l'autre aux formes hybrides résultant de la modernisation du goût. Consistant en une refonte et une mise à jour d'une thèse de musicologie, ce volume complète judicieusement les publications précédentes telles que le livre de N. Caron et D. Safvate: *Iran. Les traditions musicales* (1966); il met notamment en évidence le problème crucial de l'évolution – ou de la décadence – actuelle des formes et des styles.

A cet égard, le contexte social est bien sûr déterminant. Par rapport à l'art des grands maîtres, professionnels, amateurs éclairés ou derviches, de l'époque Qâjâr, la baisse de niveau des musiciens actuels serait provoquée par l'absence d'un environnement adéquat et par la montée de l'idéologie du progrès, nécessairement accompagnée du «snobisme de l'occidentalisation». Dans ce cadre, de nombreux interprètes modernes pallient leur manque de connaissance du répertoire traditionnel par toutes sortes de greffes et d'innovations engendrant un style dégénéré et insipide.

L'analyse détaillée des bases de la pratique musicale que nous soumet Jean During montre bien que son approche est autant celle du musicien averti que celle du musicologue. C'est ainsi qu'une large place est accordée à la description des instruments – y compris la voix – et de leurs techniques, qui déterminent le style, défini comme la «synthèse des éléments mélodiques, techniques et expressifs».

Une section non moins importante est dédiée aux aspects théoriques et formels de la musique iranienne. Après avoir défini les systèmes modaux que sont les sept *dastgâh* et leurs cinq dérivés (*âvâz*), l'auteur traite du *radif*, terme englobant les notions de modèle de développement modal en rythme libre, de répertoire, ainsi que d'expression et d'esthétique. A la science du *radif* doit s'ajouter l'art de l'ornementation et de l'improvisation, dont la qualité se juge, contrairement à ce qu'on pourrait penser, plus à la «conformité et à l'enchaînement traditionnel des structures modales» qu'à «l'invention spontanée» de mélodies nouvelles.

Ainsi, c'est par la connaissance et le respect de règles très strictes que le musicien pourra accéder à l'état de grâce et d'inspiration appelé *hâl*, et par là même en communiquer les effluves à son auditoire. Ces considérations amènent l'auteur à aborder pour conclure la question des rapports entre musique et mystique en islam iranien; il relève en particulier la fréquente utilisation de celle-là par les soufis comme moyen d'élévation spirituelle.

Editions Recherche sur les Civilisations. Mémoire n°38. Paris, 1984.
82/1985

MUSIQUE DE   512
L'INDE DU NORD
Alain Daniélou

Signalons la réédition chez Buchet/Chastel du livre d'Alain Daniélou sur la *Musique de l'Inde du Nord*. Cet ouvrage de vulgarisation a le mérite d'aborder les différentes composantes de l'art musical hindoustani de façon claire et systématique. A cet égard, il constitue certainement une des meilleures introductions générales au sujet accessible en langue française.

Après un bref aperçu historique, l'auteur expose les grandes lignes de la théorie musicale telle qu'elle est énoncée dans les anciens traités classiques. Le chapitre consacré aux notions de *râga*, traduit par «mode musical», et de *tâla*, «cycle rythmique», ainsi qu'aux techniques vocales et instrumentales, laissent entrevoir que, outre sa connaissance du sanscrit, l'auteur est rompu

aux secrets de la pratique musicale. Pour conclure, Daniélou présente les principaux instruments, la situation du musicien dans la société indienne, ainsi que, choisis de manière un peu arbitraire, divers aspects de la musique religieuse et populaire indienne.

On regrettera que, par rapport à l'édition originale de 1966, quelques données n'aient pas été mises à jour: la bibliographie notamment ne recense, hormis les livres de Daniélou lui-même, aucune publication postérieure à 1948, et la discographie a été supprimée. Par ailleurs, il faut noter une certaine partialité des jugements de l'auteur, qui tend par exemple à nier systématiquement toute influence externe à la tradition hindoue dans le développement de la musique indienne, et en revanche à exagérer celle de l'Inde sur les autres cultures musicales. On s'explique mal son désir de minimiser à tout prix l'apport de la civilisation islamique dans le sous-continent; quant à l'origine hindoue de la méthode de solmisation de Guido d'Arezzo, cette assertion aurait mérité quelques commentaires...

Buchet/Chastel, Paris, 1985.
84/1985

DHRUPAD   513
Laurence Bastit

DHRUPAD,   514
Poèmes classiques et thèmes d'improvisation des principaux râgas de la musique de l'Inde du Nord
Alain Daniélou

Deux récentes publications permettent au lecteur de langue française de se familiariser avec les bases du chant *dhrupad* de l'Inde. Judicieusement illustrée, une brochure éditée par la *Dhrupad Society* présente une série de courts articles réunis par Laurence Bastit, dont il faut signaler l'introduction historique mettant en relief le caractère sacré de la tradition du *dhrupad*. D'autres contributions, dues notamment à Romila Thapar, éminente historienne indienne, et au célèbre indologue Alain Daniélou, rappellent le rôle fondamental qu'ont joué et que jouent encore les *gharana*, à la fois clans et écoles, dans la transmission du *dhrupad*. Outre une description succincte de la cithare *rudra-vînâ*, du luth *tanpura* et du tambour *pakhawaj*, trois instruments utilisés dans le *dhrupad*, cette plaquette fournit encore quelques données bibliographiques sur les sept représentants actuels de la dynastie des Dagar. On aurait aimé y trouver aussi une présentation des autres écoles du *dhrupad*, lesquelles, si elles ne jouissent pas du prestige de la *Dagarvânî*, connaissent pourtant aujourd'hui un renouveau notoire.

En complément, le dernier livre d'Alain Daniélou propose un choix d'une quarantaine de «Poèmes classiques et thèmes d'improvisation des principaux *râga* de la musique de l'Inde du Nord». Les textes sont donnés avec leurs mélodies, transcrites en notation musicale occidentale, et assortis de leur traduction française. Des compositions en *dhrupad* y sont mises en parallèle avec d'autres, provenant des principaux styles traditionnels indiens: *dhamar*, *khyâl*, *tappa*, *tellânâ* et *bhajana*. Mais attention! Il ne s'agit pas d'un recueil de partitions destinées à être exécutées telles quelles, ce qui serait absolument contraire à l'esprit de la musique de l'Inde, qui ne vit que par la transmission orale de son répertoire et de ses techniques. Ce florilège, dont les sources ne sont malheureusement pas mentionnées, doit plutôt être abordé comme un hommage de l'auteur aux mille saveurs de la musique indienne.

Dhrupad Society, Paris, 1986. Editions Nulle Part, Paris, 1986.   92/1986

SANGEET   515
La musique indienne: discographie, bibliographie

Cet opuscule est destiné à orienter l'auditeur dans ses choix en la matière. Judicieusement intitulée – le mot sanscrit *sangeet* (*sangîtâ*) désigne à la fois le chant, la musique instrumentale et la danse –, cette plaquette s'adresse à un public large. Quelques définitions claires et condensées des composantes fondamentales de la culture musicale indienne ainsi qu'une description de nombreux instruments sont complétées par une bibliographie introductive et un choix de très belles illustrations en couleurs. Mais la partie centrale, certainement la plus utile, est un recensement des principaux disques indiens accessibles en France.

Classés en vingt-quatre rubriques (instruments, musique vocale, régions, genres, musiques de film, anthologies, etc.), plus de deux cent soixante entrées figurent à ce catalogue, assorties chacune d'un bref commentaire. De quoi appâter plus d'un amateur!

Discothèque des Halles, Paris, 1986. 101/1987

L'HISTOIRE FABULEUSE   516
DU THÉÂTRE KATHAKALI
A TRAVERS LE RAMÂYÂNA
Milena Salvini

Il y a près d'un quart de siècle que les dieux et les héros de l'Inde ont entrepris la conquête de l'Occident, non de façon belliqueuse tel Arjuna se lançant à corps perdu dans la bataille de Kurukshetra, mais pacifiquement, par les voies édifiantes du théâtre. Celle à qui nous devons pareil bonheur nous livre aujourd'hui le fruit d'observations patiemment glanées au cours de ses nombreux séjours au Kerala, la patrie du Kathâkali. Abondamment illustré, son ouvrage nous plonge au cœur d'un univers théâtral, chorégraphique et musical régi dans ses moindres détails par un symbolisme sacré, et dont l'apprentissage, imposé au futur acteur dès son plus jeune âge, revêt les formes d'une véritable ascèse. Mais le monde du Kathâkali est aussi celui de son vaste répertoire, que l'auteur aborde à travers un résumé des principales scènes du Ramâyâna, l'une des deux grandes épopées hindoues. Jamais pédants, les récits de Milena Salvini traduisent un constant émerveillement face à ce spectacle total, en comparaison duquel certains de nos opéras sembleront bien mièvres et futiles.

Editions Jacqueline Renard, Paris, 1990, 185 p.
144 / 1991

THE NEW GROVE 517 DICTIONARY OF MUSICAL INSTRUMENTS

Pour les lecteurs anglophones, signalons une récente publication d'une importance capitale : celle du *New Grove Dictionary of Musical Instruments*, achevée en 1984 par Stanley Sadie en complément au monumental *New Grove Dictionary of Music and Musicians* en vingt tomes, paru en 1980. Ces trois imposants volumes de plus de huit cents pages chacun constituent pour le professionnel,

musicien ou musicologue un outil de travail indispensable ; quant à l'amateur, ils lui fourniront une documentation inépuisable sur les instruments de musique du monde entier.

Un des grands mérites du *New Grove* est de ne privilégier aucune musique, aucun style, aucune culture ni époque, au détriment des autres. Si les articles sur l'organologie occidentale, classique et moderne, sont remarquables, une place tout aussi large est laissée aux instruments populaires européens et à ceux des autres civilisations – plus de 10 000 entrées! Dans chaque cas sont décrits avec minutie l'origine, l'aire de diffusion, la fabrication, les techniques de jeu, voire le contexte dans lequel l'instrument est normalement utilisé. Lorsque c'est nécessaire, ces données sont complétées par des informations précises sur sa typologie, ou encore sur les différentes orthographes possibles de son ou ses noms vernaculaires, le tout assorti d'une bibliographie introductive et d'un système de renvois extrêmement pratiques.

Le *New Grove* n'est certes pas le premier ouvrage en son genre visant à une telle universalité – la première édition du *Reallexikon der Musikinstrumente* de Curt Sachs, publiée à Berlin, remonte à 1913 – mais, grâce à la collaboration de plus de quatre cents spécialistes, il en est de loin le plus exhaustif.

Macmillan Press Limited, Londres/Grove's Dictionaries of Music Inc., New York, NY, 1984.
87 / 1986

L'auteur...

Laurent Aubert a une double formation d'ethnomusicologue et de musicien. Ses recherches se sont d'abord concentrées sur le Népal et l'Inde du Nord, dont il a étudié la musique pendant de nombreuses années. Il travaille actuellement au Musée d'ethnographie de Genève, où il est le responsable des collections d'instruments de musique; il y occupe aussi la charge de secrétaire général des Archives internationales de musique populaire (AIMP), instaurées en 1944 par l'ethnomusicologue roumain Constantin Brăiloiu. Depuis 1984, les AIMP ont notamment publié sous sa direction plus de vingt disques, microsillons et compacts, offrant aux professionnels et aux amateurs exigeants un choix de documents sonores de grande valeur, tant artistique qu'ethnographique, sur les expressions musicales des peuples du monde entier.

Laurent Aubert est également le fondateur et l'actuel directeur des Ateliers d'ethnomusicologie, un organisme voué à la diffusion des musiques et des arts traditionnels des cinq continents, qui représentent la Suisse au sein du Comité pour les arts extra-européens. Les principales activités des Ateliers sont l'enseignement, l'édition, l'organisation de concerts et de festivals, de stages et d'animations scolaires... C'est dans ce cadre que Laurent Aubert a créé en 1988 les *Cahiers de musiques traditionnelles*, une importante publication annuelle d'ethnomusicologie à diffusion internationale.

Auteur de nombreux articles édités dans différentes revues et ouvrages collectifs, il exerce une activité régulière de critique musical, notamment dans le mensuel français *Le Monde de la Musique* depuis 1985. Il est aussi producteur d'une émission hebdomadaire sur les musiques traditionnelles à la Radio suisse romande.

INDEX DES AUTEURS

INDEX DES MARQUES

QUELQUES EDITEURS ET DISTRIBUTEURS

Adda	8, rue Jules Verne, 93400 Saint-Ouen. Tél. 40 12 60 30.
Ades	54, rue Saint-Lazare, 75009 Paris. Tél. 48 74 85 30. Commandes : Tél. 30 66 24 40.
AMTA (Agence des Musiques Traditionnelles d'Auvergne)	place Eugène Rouher, B.P. 169, 63200 Riom. Tél. 73 38 87 36.
Ariane	Conservatoire occitan, 1, rue Jacques Darré, 31000 Toulouse. Tél. 61 42 75 79.
Arion	36, av. Hoche, 75008 Paris. Tél. 45 63 76 70.
Ar Men, le Chasse-marée	Abri du marin, B.P. 159, 29171 Douarnenez cedex. Tél. 92 92 66 33.
Association Française des Amis de l'Orient	19, av. d'Iéna, 75016 Paris. Tél. 47 23 64 85.
Auvidis	12, av. Maurice Thorez, 94200 Ivry-sur-Seine. Tél. 46 72 39 39.
Bibliothèque nationale	58, rue de Richelieu, 75002 Paris. Tél. 47 03 81 26.
BMG	9, av. Matignon, 75008 Paris. Tél. 42 99 19 00.
Chant du Monde (Le)	23, rue Royale, 75008 Paris. Tél. 47 42 94 18. Télex : 281579 F.
Club du disque arabe	125, bd. de Ménilmontant, 75011 Paris. Tél. 43 55 27 09.
DAM (Diffusion Artistique et Musicale)	95, rue de France, B.P. 13, 77300 Fontainebleau. Tél. 64 22 07 20.
Dastum	16, rue de Penhoët, B.P. 2518, 35025 Rennes cedex. Tél. 99 78 12 93.
Dom	4, rue du Donjon, 94300 Vincennes. Tél. 48 08 50 21.
Globo Records	47, rue du Liège, 75008 Paris.
G.R.E.M.	1, rue Massue, 94300 Vincennes. Tél. 48 59 51 25.
Harmonia Mundi	Mas de Vert, 13200 Arles. Tél. 90 49 90 49. Télex : 403132.
Harmonie Distribution	31, rue du Maroc, 75019 Paris. Tél. 40 05 94 03. Fax : 40 36 08 36.
Keltia Musique	1, pl. au Beurre, 29000 Quimper. Tél. 98 95 45 82.
Maison des cultures du monde	101, bd Raspail, 75006 Paris. Tél. 45 44 72 30.
Media 7	29, rue de Courbevoie, 92000 Nanterre. Tél. 47 24 24 11.
Musée National des Arts et Traditions Populaires	6, av. du Mahatma Gandhi, 75116 Paris. Tél. 47 47 69 80.
Ocora Radio France	Maison de la Radio, 116, av. du Président Kennedy, 75786 Paris Cedex 16. Tél. 42 30 38 04.
Pathe Marconi Emi	8-10, av. du Maréchal Juin, B.P. 310, 92102 Boulogne-Billancourt Cedex. Tél. 46 04 91 15. Commandes : 22, rue de l'Equerre, Z.I. des Béthunes, B.P. 497, 95005 Cergy-Pontoise Cedex. Tél. 30 37 92 27.
Playa Sound	66, rue de l'Est, 92100 Boulogne. Tél. 46 03 76 81.
Phonogram (Disques Philips)	89, bd Auguste Blanqui, 75013 Paris. Tél. 40 78 70 70. Fax : 45 81 43 87. Commandes : av. Maurice Ravel, B.P. 90, 92164 Antony Cedex. Tél. 46 66 21 02.

Scalen'disc	14, rue de Tivoli, 31000 Toulouse. Tél. 61 55 36 83.
Schott Frères	35, rue Jean Moulin, 94300 Vincennes. Tél. 43 74 30 95.
Socadisc	Centre Commercial, rue Pasteur, 91790 Boissy-sous-Saint-Yon. Tél. 60 82 05 10. Télex: 603065.
Sonodisc	85, rue de Fondary, 75015 Paris. Tél. 45 77 30 34.
Stil Editions	5, rue de Charonne, 75011 Paris. Tél. 48 06 28 19.
T.M.S.	route d'Ormoy, Boissy-la-Rivière, 91690 Saclas. Tél. 60 80 95 28. Télex: 603096 F.
VDE-Gallo	CH-1407 Donneloye. Tél. (4122) 33 15 46.
WEA	14, av. Albert Einstein, 93150 Le Blanc-Mesnil.
Wotre Music	101, rue du Cherche-Midi, 75006 Paris. Tél. 42 22 60 11.

Table des matières

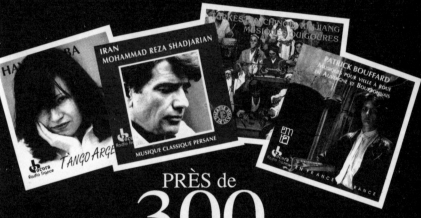

UNE NOUVELLE SÉRIE DE DISQUES COMPACTS
COLLECTION CNRS-MUSÉE DE L'HOMME

TCHAD.
MUSIQUE DU TIBESTI
LDX 274722

"JUUZLI".
JODEL DU MUOTATAL.
SUISSE
LDX 274716

ROUMANIE.
POLYPHONIE VOCALE
DES AROUMAINS
LDX 274803

ALBANIE.
POLYPHONIES VOCALES
ET INSTRUMENTALES
LDX 274897

AZERBAYJAN.
MUSIQUE TRADITIONNELLE
LDX 274901

AFGHANISTAN.
CHANTS DES PASHAI
LDX 274752

LADAKH.
MUSIQUE DE MONASTÈRE
ET DE VILLAGE
LDX 274662

FLÛTES DU RAJASTHAN
LDX 274645

BENGALE.
CHANTS DES "FOUS"
LDX 274715

INDE DU SUD.
MUSIQUES RITUELLES
ET THÉÂTRE DU KERALA
LDX 274910

POLYPHONIES
DES ÎLES SALOMON.
(GUADALCANAL ET SAVO)
LDX 274663

CHANTS KANAKS.
CÉRÉMONIES
ET BERÇEUSES
LDX 274909

INSTRUMENTS
DE MUSIQUE
DU MONDE
LDX 274675

DISTRIBUTION

harmonia
mundi
FRANCE

LE CHANT DU MONDE

COLLECTION C.N.R.S. MUSÉE DE L'HOMME

Enregistrements réalisés "sur le terrain" par des ethnomusicologues ou des ethnologues ayant une longue connaissance des pratiques musicales traditionnelles. Musiques vivantes, choisies d'abord pour leurs qualités musicales, enregistrées dans leur contexte, le plus souvent au cours des fêtes ou des cérénomies, avec les meilleures techniques de prise de son. Notices bilingues (français-anglais) illustrées, fournissant toutes les informations utiles à la compréhension de ces musiques.

INEDIT

UNE COLLECTION
DE MUSIQUES TRADITIONNELLES
DIRIGEE PAR FRANÇOISE GRÜND

POLYPHONIES VOCALES DES ABORIGENES DE TAIWAN
Ami, Bunun, Païwan et Rukaï
CD W 260 011
Cassette W 460 011

MONGOLIE
Musique vocale et instrumentale
CD W 260 009

URSS MUSIQUES DE LA TOUNDRA ET DE LA TAÏGA
Yakoutes, Toungouses, Bouriates, Nenets et Nganasan.
CD W 260 019

CHANTS DES FEMMES DE LA VIEILLE RUSSIE
Traditions de Kiéba, Br'ansk, et des Simielski de Sibérie
CD W 260 018

VOIX DE L'ORIENT SOVIETIQUE
Ouzbekistan, Touva, Kazakhstan, Turkmenistan, Azerbaïdjan, Arménie, Géorgie.
CD W 260 008
Cassette W 460 008

ALEM KASSIMOV
Mugam d'Azerbaïdjan
Vol. 1, Mugam Chargah, Mugam Bayati Shiraz
CD W 260 012
Cassette W 460 012
Vol. 2, Mugam Rast, Tesnif Dashti
CD W 260 015

MUNIR BACHIR, 'UD, en concert à Paris
CD W 260 006
Cassette W 460 006

WASLA D'ALEP
Chants traditionnels de Syrie (Sabri Moudallal)
CD W 260 007

TURQUIE MUSIQUE SOUFIE, Ilâhî et Nefes
par Nezih Uzel (chant) et Kudsi Erguner (ney)
CD W 260 021

MUSIQUES DE L'ISLAM D'ASIE
Pakistan, Inde, Malaisie, Indonésie.
CD W 260 022

HAZANOUT Chants liturgiques juifs
Jérusalem, Samarie, Boukhara, Irak, Maroc et Ashkenazes
CD W 260 005
Cassette W 460 005

LITURGIES JUIVES D'ETHIOPIE
CD W 260 013
Cassette W 460 013

GRECE - EPIRE
Takoutsia, musiciens de Zagori
CD W 260 020

MAROC ANTHOLOGIE "AL-ÂLA"
Vol. 1, Nûbâ gharîbat al-husayn
par l'Orchestre Al-Brihi de Fès, dir. Haj A. Raïs
version intégrale : 6 heures
6 CD W 260 010
6 cassettes W 460 010
Vol. 2, Nûbâ al-'ushshâq
par l'Orchestre Loukili de Rabat, dir. Haj M. Toud
version intégrale : 6 h 30
6 CD W 260 014
6 cassettes W 460 014
9 autres volumes à paraître

ANTHOLOGIE DE MELHÛN
Poésie chantée du Maroc
avec H. Toulali, H. Bendriss, A. Guennoun...
3 CD W 260 016

MAROC MUSIQUE GHARNÂTÎ
Nûbâ Ramal
par l'Ensemble Gharnâtî de Rabat, dir. A. Pirou
CD W 260 017

MAROC ANTHOLOGIE DES RWÂYES
Poésie chantée et musique berbères du Sous
avec Ammouri, Amentag, Demseriya, Bunsir...
4 CD (à paraître).

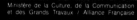

Achevé d'imprimer en avril 1991
sur les presses de l'imprimerie Darantiere
à Dijon-Quetigny

Dépôt légal : 2ᵉ trimestre 1991
N° d'impression : 385